지성에서
영성으로

이어령 지음

열림원

이민아 목사님은 땅에서 하늘처럼 살다 2012년 봄에 주님의 부르심을 받으셨습니다.

나는 아직도 문지방에 서 있습니다.
나는 한 번도 내가 착한 신도, 교인이라고 생각해본 적이 없습니다.
지금도 갈구하는 중이지요. 정말 하나가 되더냐 묻는다면,
기도를 하니까 앵프라맹스, 그 아플 때 어머니의 차가운 손에서 느꼈던
영원히 찢을 수 없는 얇은 막이 찢기더냐고 묻는다면,
모른다고 대답할 뿐입니다.

서문

지성에서 영성으로

요즈음 나는 칠십 평생 동안 한 번도 하지 않던 일들을 하고 삽니다. 세례를 받은 것과 시집을 낸 것이 그렇습니다. 나이를 많이 먹은 사람들이 평소에 하지 않던 일을 하면 망령이 났다고들 합니다. 요즘엔 그것을 점잖게 알츠하이머라고 부르기도 하지요.

그래서인지 사람들은 나를 만나기만 하면 꼭 그에 대해 질문을 합니다. "어쩌다가 예수를 믿게 되었느냐"는 것입니다. 질문은 한 가지이지만 묻는 사람들의 말투는 제각각 다릅니다.

예수님을 이웃집 강아지 이름 부르듯이 하는 안티 크리스천들은 경멸조로 묻고, 카뮈의 경우처럼 신 없는 순교자를 자처하는 예술가들은 배신자를 대하듯 질책하는 투로 말합니다. 다른 종교를 믿고 있는 사람들은 아쉬운 표정으로 금시 혀라도 찰 듯 혹은 한숨을 쉴 것처럼 낮은 목소리로 질문을 합니다.

심지어 어떤 친구는 "예수쟁이 됐다면서—"라고 내뱉듯이 비웃습니다. 오랜 세월 글을 써왔지만 누구도 내 면전에다 대고 '글쟁이'라고 욕하는 사람은 없었지요. 그런데 말입니다. 세례를 받자마자 어느새 나를 '쟁이'라고 부르는 사람들이 이따금 생겨나게 된 것입니다.

예수쟁이라고 욕하는 사람들은 스스로 자신이 '욕쟁이'라는 것을 알 것입니다. 그러기 때문에 나는 아무 대꾸도 하지 않아요. 화내지도 않습니다.

세례를 받자마자 갑자기 성인이 돼서 그러는 게 아닙니다. 그들의 얼굴과 거동에서 나 자신이 그동안 걸어왔던 외롭고 황량한 벌판을 보았기 때문입니다. 남을 찌르지 않고서는 살아갈 수 없는 사막의 전갈 같은 슬픈 운명 말입니다.

그리고 또 성경에 이미 "너희가 내 이름으로 인하여 모든 사람에게 미움을 받을 것이나 나중까지 견디는 자는 구원을 얻으리라"라는 말이 쓰여 있기 때문입니다.

그들의 가슴속에도 거북한 무엇이 암종처럼 자라고 있기 때문에 그러는가봅니다. 겉으로는 강한 싸움꾼인 척하지만, 옆에서 누군가 한마디 훈수를 하고 조금만 역성을 들어주면 금시 어린애처럼 울음을 터뜨리는 약한 무신론자들인 겁니다.

그렇지요. 그들은 대부분이 내 옛 친구들이었습니다. 『거부하는 몸짓으로 이 젊음을』이라는 에세이집을 읽은 사람들은 잘 알고 있을 것입니다. 내가 30대에 쓴 글들인데, 나는 그 책 제목 그대로 신에 대해서도 인간에 대해서도 기성의 모든 권위에 대해 거부하는 몸짓으로 살아온 무신론자였지요. 저항과 부정否定의 삶, '허공을 향해 독침을 찌르고 땅 위에 떨어져 죽은 웅봉雄蜂의 시체'에서 자신의 모습을 보는 처절한 삶이었지요.

세례를 받기 얼마 전인데도 말입니다. 로빈슨 크루소가 무인도에서 생활하던 것처럼 일본 교토의 연구소에서 홀로 지내던 그 시절, 남몰래 써두었던 몇 편의 시를 친구들에게도 보여주고 싶었습니다. 그리고 그때 일기를 쓰면서 간간이 써오던 시를 발표하게 된 것이지요. 그것이 바로 2008년에 처음 출간한 시집『어느 무신론자의 기도』였습니다.

그러자 이번에도 사람들은 세례를 받았을 때와 마찬가지로 여러 질문을 해왔습니다. '왜 시를 썼느냐, 시인이 된 느낌이 어떠냐'고 말입니다. 당연한 반응인 것 같습니다. 절대로 신을 믿지 않을 것 같은 사람이 신앙을 가지니까, 절대로 시를 쓸 것 같지 않던 사람이 시를 썼으니까 뉴스가 되는 것이지요.

나의 글쓰기는 20대에서부터 시작됩니다. 문단에서는 문학평론으로 시작하여 에세이, 소설, 드라마, 시나리오, 심지어 올림픽 개폐회식의 대본까지 썼어요. 대학 강단에서는 누구도 잘 읽어주지 않는 기호론 관계의 연구 논문을 써왔지요. 그리고 알다시피 언론계에서는 신문칼럼을 전담하여 수십 년 동안 집필해왔습니다. 출판계에서는 문학사상 주간을 맡아 광고 카피에서 기사의 헤드라인까지 썼지요. 문화부에 취임하여 관료사회에서 일할 때에는 담화문에서부터 '갓길' 같은 공공 용어까지 만들어내야 했습니다. 이렇게 50년 동안 언어 노동자로 안 해본 일이 없지만 시에 대해서만은 자의든 타의든 성역으로 남겨두었던 것입니다.

세례와 시집을 통해서 한꺼번에 나 자신도 모르게 두 성역을 침범하고 만 것입니다. 그것이 신학적이든 시학적이든 사람들의 관심을 갖게 된 것은 당연한 일이라고 봅니다. "누군가 나무를 자르는 데 여섯 시간을 나에게 준다면 나는 그중 네 시간을 도끼를 고르는 데 쓰겠다"고 한 링컨의 말과는 정반대로 나는 아무런 준비도 없이 이 두 성역의 높은 문지방 위에 오르게 된 것이지요.

나에게 있어서 시와 신은 'ㄴ' 받침 하나가 있고 없고의 차이였지요. 그래서 그러한 물음들에 답하기 위해 『어느 무신론자의 기도』의 시작품에서부터 시작하여 세례를 받을 때까지의 내 일상을 수상형식으로 기록한 것이 이 책입니다. 그리고 나를 이곳에까지 인도한 내 딸 민아의 이야기를 듣고 싶어하는 사람들이 많기에 권말에 그 간증을 함께 엮었습니다. 녹취 원고를 그대로 따서 실은 글이고 또 정리된 글의 양도 그리 많은 편이 아니지만, 이 책 전체의 메시지로 볼 때 그 비중은 내가 차지한 부분보다 더 클 것이라고 생각합니다. 그래서 이 책은 나와 민아의 공저라고 말하는 것이 정직할 것입니다.

『지성에서 영성으로』. 책 제목은 대담하게 붙였지만 나는 아직도 지성과 영성의 문지방 위에 서 있습니다. 이 글을 읽는 분들의 도움이 있으면 나는 그 문지방을 넘어 영성의 빛을 향해 더 높은 곳으로 갈 것입니다. 누구보다도 이 글을 아직 주님을 영접하지 못하고 그 문 앞에서 서성거리는 사람들에게 바치고자 합니다.

일러두기

- 본문의 성경 구절은 대한성서공회의 개역개정판을 따랐습니다.

- 본문 각 페이지 하단에는 플립북(Flip book) 애니메이션 형태로 계단을 오르는 사람이 형상화되어 있습니다. 페이지를 빠르게 넘기면 사람이 움직입니다. 영성의 세계를 향해 뻗어 있는 계단입니다.

차례

서문 6

제1부 교토에서 찾다
01 쌀 한 자루 영혼 한 자루의 무게 17
02 까마귀와 함께 아침을 25
03 지는 꽃의 아름다움 31
04 손님처럼 오는 신들 37
05 잠을 돈으로 사는 사람들 43
06 그림, 그리움, 그리고 손톱으로 긁은 글씨 49
07 창조의 힘 흉내내기 57
08 메멘토 모리 65
09 아버지의 이름으로 71
10 설거지를 할 때가 왔구나 77
11 끈을 잘라라 85

12 휴일에 갈 곳이 없는 사람들 89

13 신앙에 이르는 병 99

14 살찐 새는 날지 못한다 105

15 회개 없이 돌아온 탕자 115

16 낙타의 눈물 123

17 예술의 힘과 사막의 사자 129

18 양치기의 리더십 137

19 한국말로 내리는 눈 145

제2부   하와이에서 만나다

20 전화 한 통으로 바뀐 세상 151

21 그날 새벽이 그렇게 빛나지만 않았더라도 159

22 지성에서 영성으로 가는 아침 뉴스 167

23 버려진 돌로 만드는 신전 173

24 세례는 씻는 것이 아니라 캐내는 것 183

25 이마를 짚는 손 191

26 어머니의 귤 203

27 인력거를 탄 어머니의 부활 213

제3부　한국에서 행하다

28　무지개의 빛깔은 몇 개인가　219

29　문화를 뛰어넘는 기독교　229

30　예수님의 두 손, 바위와 보자기　237

31　제비가 물어다준 신앙의 박씨　243

32　사하라 사막을 적시는 눈물　249

33　무화과나무에 열매가 없을지라도　255

34　아버지 없는 사회　263

35　참된 포도, 시지 않은 포도의 수확　267

36　인간은 시간으로 재고 하나님은 마음으로 재신다　273

제4부　아버지와 딸의 만남

민아의 편지　빨간 우체통의 작은 기적　284

아버지의 편지　너는 나의 동행자　286

37　믿음의 시작　289

38　더이상은 내 힘으로 살 수 없구나　299

39　주님 저를 써주세요　309

40　지상과 천상의 두 아버지　317

제5부　문지방 위의 대화　331

제1부

교토에서 찾다

1

쌀 한 자루 영혼 한 자루의 무게

과학 실험에 의하면 영혼의 무게는
1온스밖에 안 된다고 한다.
라면 한 젓가락의 무게밖에 안 되는 영혼이
있기에 무신론자들도 이따금 기도를 한다.

「어느 무신론자의 기도 1」은 내가 세례를 받기 3년 전 2004년 일본 교토京都에서 쓴 글입니다. 남들은 시라고도 하고 기도라고도 하지만 그저 내적 독백을 메모지에 옮겨놓은 글이었지요. 슈퍼에 가서 장도 보고 밥도 지어 먹으면서 부산 피난 시절의 학생 때처럼 혼자 지내던 때의 일입니다. 하지 않던 일이라 힘도 들고 혼자 지내는 것이 무척 외로웠나봅니다.

더구나 그날 저녁, 슈퍼에서 싸게 파는 특상품 쌀을 보고 앞뒤 가릴 새 없이 자루째 사들고 나온 것이지요. 택시로는 너무 가깝고 걷기에는 너무 먼 거리였습니다. 그런데도 택시를 타면 싸게 산 쌀값의 의미가 없어지니까 객기로 숙소까지 걷기로 한 것입니다. 그런데 손에 든 쌀자루는 그냥 찬바구니가 아니었지요. 손에 들어도, 어깨에 메어도 점점 무쇠처럼 무거워졌어요. 게다가 숙소 건물은 한 걸음 다가가면 두 발짝 물러선다는 마법의 성처럼 보였습니다.

연구소의 숙소는 산기슭의 언덕 위에 있었습니다. 얼마나 외지고 황량했으면 외국인 교수들이 『마의 산』에 나오는 사나토리움이라고 불렀겠습니까. 그래요, 정말 연구소와 외국인 교수 아파트 건물은 꼭 인가로부터 격리된 수용소처럼 보였습니다. 더구나 주말이면 연구소와 숙소 건물 전체가 텅 비었지요.

그날따라 저녁에 빨리 땅거미가 졌고 시가지에서 올려다보이는 산모롱이 어둠 속에는 내 방 창문의 불빛밖에는 보이지 않았지요. 남의 눈에 띄는 것이 싫어서 어두워져야 슈퍼에 갔고 돌아올 때 빈방의 어둠이 싫어서 불을 켜놓고 다녔던 거지요. 그래서 외출했다 돌아올 때면 나는 늘 내 빈방의 창문에서 흘러나오는 불빛을 보며 밤길을 걸었지요.

그날 밤도 그랬어요. 달라진 것이 있었다면 어깨를 짓누르는 쌀자루였지요. 어느 철학자인가가 "사람이 걷는 것은 다리가 움직이는 것이 아니라 마음이 움직이는 것"이라고 했던 말이 생각나네요. 맞아요. 빨리 돌아가야 한다는 급한 마음 때문에 나는 그냥 감각도 없는 다리를 움직이고 있었던 거죠.

그러다가 문득 이상한 생각이 들더라고요. 도둑처럼 쌀자루를 지고 밤길을 걷고 있는 우스꽝스러운 모습이 내 눈앞에 떠올랐던 것이지요. 하지만 내 입에서 흘러나온 소리는 분명 웃음이 아니라 한숨이었습니다. 평생 동안 무거운 짐을 걸머지고 비틀거리며 여기까지 걸어온 자신의 발소리를 그제야 똑똑히 들을 수 있었던 겁니다. '대체 이 쌀자루의 무게는 몇 킬로그램이나 되는 것일까. 평생 읽은 책 무게, 평생 써온 원고지와 컴퓨터의 A4용지, 그 속에 담긴 문자와 정보의 무게는 또 얼마나 될 것인가.'

그러나 등 뒤에서 억누르는 쌀자루의 무게보다도 더 참담했던 것은 내가 목표로 삼고 기를 쓰며 걸어가고 있는 그 창문의 불빛이었지요. 별빛처럼 보였지만 그것은 희망의 별도, 동방 박사를 인도한 구원의 별도 아니었지요. 윤동주 시인의 시 한 구절처럼 그건 분명 남의 나라 땅 다다미 사 조 반의 빈방. 기껏 살아 있는 것이라고는 바퀴벌레밖에 없는 형광등 불빛이었던 것이지요.

그 쌀자루의 무게에 비해 내 영혼의 무게는 얼마나 되는지도 생각해보았습니다. 멕시코의 감독이 만든 〈21그램〉이라는 영화도 있었지만 인간 영혼의 무게는 라면 한 젓가락 정도밖에 안 된다는 말이 있지요. 실제로 미국 매사추세츠 병원에서는 임종 직전의 말기 결핵 환자를 대상으로 3시간 40분 동안 체중의 변화를 관찰한 적이 있었다고 합니다. 그 결과 숨을 거두는 순간 그 환자의 몸무게가 1.25온스$^{35.4g}$ 줄어든 사실을 알게 된 것이지요. 2년 반 뒤에도 임종 직전의 다섯 환자를 똑같은 방법으로 조사해보았더니 역시 영혼의 평균 무게는 1온스$^{28.4g}$였다는 겁니다.

꾸며낸 이야기가 아닌가봅니다. 최근에도 스웨덴의 룬데 박사팀이 정밀 컴퓨터 제어장치로 그 실험의 진위를 검증해보았더니 임종시 환자의 체중 변동은 21.26214그램이었다고 합니다.

어느새 나는 어깨 위의 쌀 한 자루 무게와 내 머릿속 영혼의 무게를 의학실험을 하듯이 예민한 저울로 번갈아 재고 있었던 겁니다. 분노가 치밀었지요. 그것이 영혼을 저울로 달고 있는 과학자들을 향한 것이었는지 너무나도 빈약한 내 영혼에 대한 것이었는지 확실하지 않지만 웃음이 연민이 되고 연민이 분노로 변하고 있는 것만은 분명했습니다.

그러는 동안 어떻게 왔는지는 몰라도 겨우 문 앞에까지 이르러서야 나는 쌀자루를 내려놓을 수 있었습니다. 그리고 방문 앞에서 초인종을 눌렀어요. 아무도 없는 빈방인 줄 번연히 알면서도 나는 초인종을 눌렀지요. 그러면 누군가 반갑게 뛰어나와 문을 열어주고 어서 오라고 얼마나 고생했느냐고 역성을 들어줄 것 같은 생각이 들었던 모양입니다.

물론 미친 짓이지요. 빈방에서 사람이 나올 리 있겠습니까. 초인종을 누르면 누군가 기다리다 문을 열어주는 이 작은 행복조차 누리지 못하고 사는 사람들이 이 세상에는 너무나 많을 것이라는 생각이 들더군요. 그날도 여느 날과 마찬가지로 제 손으로 교도소 쇠문과 같은 방문을 열고 안으로 들어갔지요. 무거운 짐을 내려놓고 내 썰렁한 방 안을 휘 둘러보았습니다. 별처럼 보였던 불빛도 방 안에 들어와 보니 초라한 그냥 전등불이었지요. 늘 보던 그 방이 쌀자루 때문인가 더욱 좁아 보였고요. 짐을 내려놓았는데도 이번에는 방 안의 모든 세간들이 날 짓누르고 있었습니다. 처음 한국을 떠나 이곳에 왔을 때만 해도 사방의 벽뿐, 아무 물건도 놓여 있지 않았는데 불과 몇 달 사이에 온

방 안에는 책이며 책상이며 TV며 그리고 플라스틱 주방용품까지 살림도구들로 꽉 차 있었던 겁니다. 물건을 많이 들여놓을수록 내 몸이 쉴 빈자리는 그만큼 사라지게 된다는 평범한 상식을 그날에서야 깨달았던 것입니다.

그리고 동시에 방을 가득 채우고서도 나를 구속하지 않는 것이 있다면 그것은 빛이고 향기이고 바람과 같은 공기라는 것을 알게 된 것이지요. 그래요. 이 방 안을 물건이나 내 몸뚱어리로 채울 것이 아니라 빛과 향기와 공기처럼 눈에 보이지 않은 영혼으로 가득 채울 수 있다면…… 그런 생각을 하고 있을 때 문득 한 번도 펴보지 않던 성경의 한 구절이 떠올랐지요.

> 수고하고 무거운 짐 진 자들아 다 내게로 오라 내가 너희를 쉬게 하리라
>
> (마태복음 11:28)

전등불이 다시 별빛으로 보였습니다. 컴퓨터가 놓인 책상이 제단으로 보였습니다. 아무 장식도 걸리지 않은 벽이 장막처럼 쳐져 있었습니다. 나도 모르게 경건하게 무릎을 꿇었지요. 하나님을 믿지 않는 사람이 기도를 드리고 있는 모습을 발견했습니다.

무신론자들도 기도를 드린다는 모순어법을 그때 찾았습니다. 쌀 한 자루의 무게와 영혼의 무게를 그때 처음으로 저울질해보았습니다. 빛의 무게, 향기의 무게, 공기의 무게, 영혼의 무게는 그냥 가벼운 것이 아니라 하늘로 상승하고 있었지요.

제1부 교토에서 찾다

많은 사람들은 쌀자루를 채우기 위해서 기도를 드리지만 오히려 이 무신론자는 무거운 쌀자루를 비우고 내려놓기 위해서 그리고 방 안을 물건이 아니라 보이지 않는 영혼으로 채우기 위해서 기도를 올렸던 겁니다. 쓰레기가 쌓여가는 내 방을 빛과 향기로 채우기 위해서 그리했던 것이지요.

어느 무신론자의 기도 1

하나님
당신의 제단에
꽃 한 송이 바친 적이 없으니
절 기억하지 못하실 겁니다

그러나 하나님
모든 사람이 잠든 깊은 밤에는
당신의 낮은 숨소리를 듣습니다
그리고 너무 적적할 때 아주 가끔
당신 앞에 무릎을 꿇고 기도를 드립니다

하나님
어떻게 저 많은 별들을 만드셨습니까
그리고 처음 바다에 물고기들을 놓아

헤엄치게 하셨을 때
저 은빛 날개를 만들어
새들이 일제히 날아오를 때
하나님도 손뼉을 치셨습니까

아! 정말로 하나님
빛이 있어라 하니 거기 빛이 있더이까

사람들은 지금 시를 쓰기 위해서
발톱처럼 무딘 가슴을 찢고
코피처럼 진한 눈물을 흘리고 있나이다

모래알만 한 별이라도 좋으니
제 손으로 만들 수 있는 힘을 주소서
아닙니다 하늘의 별이 아니라
깜깜한 가슴속 밤하늘에 떠다닐
반딧불만 한 빛 한 점이면 족합니다

좀더 가까이 가도 되겠습니까
당신의 발끝을 가린 성스러운 옷자락을
때 묻은 손으로 조금 만져봐도 되겠습니까

아 그리고 그것으로 저 무지한 사람들의

가슴속을 풍금처럼 울리게 하는

아름다운 시 한 줄을 쓸 수 있도록

허락해주시겠습니까

하나님

2

까마귀와 함께 아침을

까마귀를 간밤에 방문한
어둠의 파편들이라고 생각하면
아침 햇살이 더 눈부십니다.

아침 산책로가 갑자기 조용해집니다. 그러자 숲속에서, 길가에서 많은 소리가 들려옵니다. 지금까지 들리지 않았던 소리들입니다. 아닙니다. 그 소리들은 그 이전부터 있었던 것인데 까마귀 소리 때문에 듣지 못했던 것뿐입니다.

인가와 숲의 경계선에 있는 산책로를 지배하고 있는 소리는 높은음자리로 시끄럽게 우는 까마귀 소리뿐입니다. 일본의 까마귀들은 결코 포Poe의 철학적인 까마귀RAVEN들처럼 'Nevermore'라고 울지 않습니다. 오히려 두보杜甫의 시처럼, 외로운 기러기가 한천에서 홀로 슬피 울 때 아무 생각도 느낌도 없이 제가끔 시끄럽게 떠드는 것이 까마귀野鴨無意緖 鳴噪自紛紛지요.

한국에서는 거의 멸종되어 들을 수 없게 된 까마귀 소리를 일본에 와서 처음 들었을 때에는 매우 반가운 생각이 들었습니다. 공해 때문이 아닙니다. 까마귀를 비삼(飛蔘), 말하자면 날아다니는 인삼이라고 생각하는 사람들이 마구 포획하는 바람에 이제는 어디에서도 그 흔한 까마귀를 볼 수도 그 소리를 들을 수도 없게 된 것입니다. 또한 까마귀는 워낙 불길한 새로 알려져 있습니다. 사람들은 까마귀를 보면 죽음을 본 것처럼 질겁하여 쫓습니다. 더구나 아침에 까마귀 소리를 들으면 그날에는 흉사가 생긴다고 믿는 사람들이 많습니다.

검은색에 대해서 인간이 품고 있는 편견일 것입니다. 까마귀는 전신 어디를 보나 칠흑 같은 어둠입니다. 눈까지도 까맣습니다. 그래서 까마귀를 뜻하는 한자의 烏는 새를 뜻하는 鳥 자에서 점 하나를 빼내어 만든 글자입니다. 새의 상형에서 눈이 있는 부분(점)을 없앤 것입니다. 그러고 보면 조감도라는 말을 오감도라고 고친 이상(李箱)의 시는 감각적으로 보나 관념적인 것으로 보나 실감이 납니다.

흉하고 시끄러운 까마귀에 대해 어떤 그리움이 있다면 그것은 어렸을 적 마을, 그것도 썰렁한 흑백 겨울 풍경이 주는 인상 때문일 것입니다. 마을의 어귀에는 으레 고목나무가 있습니다. 그리고 잎이 진 앙상한 가지에는 반드시 두서너 마리의 까마귀가 앉아서 마을 초가지붕들을 굽어보고 있습니다. 흑백사진처럼 모노크롬 일색의 겨울 들판과 마을 풍경에 까마귀보다 더 잘 어울리는 것이 어디 있겠습니까. 사실 좀더 가까운 거리에서 까마귀를 살펴보면 두보가 생각하는 것처럼 정서가 없는 새(無意緖)가 아니라는 생각이 듭니다.

많은 조류학자들의 보고서를 보면 까마귀는 조류 가운데의 영장류라고 할 만큼 똑똑한 새입니다. 일본의 도시 까마귀들은 교통신호등을 이용하여 딱딱한 호두껍질까지도 깨뜨려 먹는다고 합니다. 빨간 신호등이 들어오면 자동차 가로에 호두를 떨어뜨려두었다가 파란불이 들어왔을 때 자동차가 지나가 그것을 깨뜨려주기를 기다린다는 겁니다.

까마귀의 생태를 조사하기 위해서 숲속으로 들어갔던 한 조류학자가 말하길, 연구실에서 보고서를 쓰고 있는데 무엇이 창밖에서 기웃거리고 있더라는 것입니다. 알고 보니 몇 시간 전에 자기가 관찰하던 그 까마귀 녀석이었다는 겁니다. 왜 자신을 추적하고 있는지 알기 위해서 역추적을 한 것이지요.

일본에 와서 가장 먼저 달라진 생활양식도 바로 이 까마귀들과 관련이 있습니다. 서울에서는 까치 소리를 듣고 잠을 깼지만 교토에 와서는 까마귀 소리를 듣고 아침잠을 깹니다. 한국에는 까마귀가 없고 일본에는 까치가 없습니다. 그 차이 때문에 자고 일어난 아침 인상이 달라집니다.

쓰레기장에 쓰레기를 버릴 때도 일본에서는 반드시 쇠망을 덮습니다. 그렇지 않으면 먹잇감을 찾는 까마귀떼들이 온통 쓰레기 봉지를 찢어 사방에 흩어놓습니다. 까마귀는 잡식이라 아무것이나 다 먹는다고 합니다. 쓰레기장은 까마귀의 파티 장소가 되는 셈이지요. 쇠망을 덮었다고 해서 안전한 것은 아닙니다. 오히려 까마귀들과의 게임이 시작되는 것이니까요. 한 마리가 쇠망을 들고 또다른 녀석이 그 틈으로 들어가 쓰레기 봉지를 끌어냅니다. 연구소의 머리 좋은 석학들이 까마귀를 쫓는 별의별 아이디어를 내놓아도 이 까마귀와의 싸움에선

늘 패자가 됩니다.

나는 아침마다 쓰레기장에서, 산책로에서 까마귀와의 싸움을 포기하고 거꾸로 위로의 시 한 수를 적어 그것들과 함께 아침을 시작하는 색다른 출발을 마련했습니다. 까마귀들을 간밤에 방문한 어둠의 파편들이라고 생각하면 아침 햇살이 더욱 눈부십니다. 그리고 노아의 방주 생각도 합니다. 월계수를 물고 돌아온 비둘기 이전에 사실은 먼저 까마귀가 그 사명을 지고 날아갔다 합니다. 돌아오지 못한 노아의 방주 까마귀의 처지를 생각하며 은근히 그 까마귀를 변명하기 위해 시 한 편을 써둡니다. 편견 때문에 괴로움을 당하는 모든 사람들을 위한 시입니다.

까마귀의 노래

내 검은 날개를
첫눈이 내린 아침만큼
희게 하소서
그리고
노아의 방주에서
다시 한번 날아가게 하소서

풀이 있고 꽃이 피는 땅
흙탕물 속에 젖어 있던

것들이 솟아나 몸을 말리는

새로운 땅을 보게 하소서

나의 부리를 고드름처럼

투명하게 하소서

올리브 잎을 물고 돌아와

고하게 하소서

빗살 속에서 마른땅을 보고 온

기쁜 소식을

카나리아처럼 꾀꼬리처럼

아름다운 소리로 고할 수 있는

피리처럼 잘 울리는

목청을 주소서

3

지는 꽃의 아름다움

덧없이 사라지는 아름다움.
죽음의 미학을 일본 미의 근원이라고
흔히 말합니다.

청명한 아침입니다. 구름 한 점 없습니다. 쌀쌀한 아침 공기가 하늘을 더욱 맑게 합니다. 중천에 하얀 반달까지 떠 있어 더욱 하늘이 파래 보입니다. 심호흡을 하면 기도로 흘러 들어가던 공기 방울들이 폐부에서 터지는 감촉을 느낍니다. 기체로 변한 청량음료입니다.

이런 날을 일본 사람들은 '니혼바레^{日本晴}'라고 불렀습니다. 하늘의 기상까지도 제 나라 이름을 붙인 일본 제국주의 시절이 생각납니다.

태풍, 지진, 해일…… 온갖 자연으로부터의 수난을 겪으면서도 그들은 자신들의 자연을 곧잘 자랑합니다. 언제 폭발할지 모른다고 걱정하는 후지산인데도 일본 사람들은 그것을 큰 자랑으로 내세웁니다. 한국의 통신사와 필담을 할 때에도 그들은 후지산으로 기를 꺾으려고 했습니다. 그때 한국 사람들은 금강산으로 맞대응을 합니다. 때로는 "산은 높이에 있는 것이 아니라 신선이 살아야 비로소 명산이 되는 것山不在高 有仙則名"이라는 당시의 추임새로 그들을 가르치기도 했습니다.

하늘, 바다, 산. 이런 자연 풍경은 하늘이 주신 것이기에 한 나라 한 도시의 자랑거리일 수가 없습니다. 풍광이 아무리 뛰어나도 인간이 만든 그 도시의 건축물이 어떤가로 그 도시의 품격이 결정됩니다. 자연이야말로 제국의 것이 아니라 천하의 것, 창조주의 것입니다. 구름 한 점 비 한 방울 만들어낼 줄 모르는 인간들이 맑게 갠 하늘에 어찌 자기 국명國名을 깃발처럼 꽂을 수 있겠습니까. 청명한 날 파란 하늘에는 국경도 없고 민족의 피도 없습니다. 땅에는 성을 쌓고 금을 그어 내 땅 네 땅 하지만 하늘에는 천지창조 그때 그 모양대로입니다. 그동안 땅만 보고 살아온 것이 부끄러운 날입니다.

도쿄에서 H 출판사 사장이 찾아왔습니다. 존경하며 마음으로 의지했던 분이었는데 많이 늙었더군요. 눈도 백내장에 걸린 것 같아 옛날의 그 생기 넘치는 눈동자가 아니었습니다. 그러나 내 첫인사는 "아주 건강해 보이십니다"였어요. 사람들은 자신도 모르게 거짓말을 많이 합니다. 기업하는 사람들이 세금으로부터 도망치기 위해서 이중장부를 만들듯이 사람들은 두 개의 혀로 말합니다. 그러지 않고서는 거미줄 같은 인간관계의 그 끈끈한 사회에서 도망칠 수가 없으니 말입니다. 거짓말은 자신을 보호하는 보호막이며 마찰을 피하는 윤활유이기도 합니다.

거의 10년 만의 재회입니다. 일본 TBS 방송사에서 『축소지향의 일본인』을 방영하기 위해 저자의 허가서가 필요하다는 것입니다. 아직도 나와 이 사장은 내 책 『축소지향의 일본인』으로 맺어져 있다는 것을 새삼 느끼게 됩니다. 그리고 20년 전에 발표한 글인데 아직도 대학 입학시험이나 방송사 같은 데서 인용을 하는 바람에 일본땅에 헌옷을 벗어 던지듯 내버린 나의 20년 전 그 생활들이 어디엔가 살아 숨쉬고 있는 것입니다.

H출판사 사장은 식도락가여서 전통 있는 고급 음식점에서 음식 대접을 합니다. 이번에는 로열 호텔에 있는 간베 깃초吉兆에서 가이세키 요리를 먹었지요. 원래 '가이세키懷石'는 돌을 품는다는 뜻으로 선승들이 수행을 하다가 점심식사 때가 되면 돌을 배에 품고 끼니 대신으로 했다는 데서 유래합니다. 한마디로 양이 적은 간단한 점심식사인데 이것을 최고로 비싼 요리로 승화시켜 전통 음식문화로 계승해오고 있는 것입니다. 우리의 궁중요리와는 발상이 정반대라고 할 수 있지요.

'깃초'의 역사 자체를 봐도 그것을 실감할 수 있습니다. 깃초의 창업자는 요리 하나로 일본에서 처음 인간문화재가 된 사람이라고 합니다. 그에게 있어서 음식점을 내 요리를 만들어 판다는 것은 생계만을 위한 것이 아닙니다. 그렇기 때문에 그가 음식을 만드는 일은 노동이 아니라 예술가의 작업과 같은 것이고 한 걸음 더 나아가면 고행승의 수도와 같은 종교행위일 수도 있습니다. 노동이 예술로, 예술이 종교로 승화되어가는 과정이야말로 생계에서 벗어나고 노동에서 자유로워지는 방법입니다. 일본의 장인 정신이란 바로 가난이 아니라 그 가혹한 노동으로부터 자유로워지려는 이상이었던 것입니다. 아무리 돈이 많아도 돈 자체, 생계 자체에 목적을 둔 사람들은 평생을 노동만

하는 노예나 다름없습니다. 종신형 중노동에 처해 있는 게 오늘의 인간이라는 것이 『석기시대 경제학』을 쓴 마셜 살린스Marshall David Sahlins의 의견입니다.

가이세키 요리처럼 그가 만든 '쇼카도松花堂 벤토'는 도시락을 십자로 나누어 네 개의 칸에 각기 다른 음식을 담도록 고안한 것인데 실은 가난한 서민들이 물건을 정리해 넣어두는 상자를 보고 착안했다고 합니다.

일본인들은 의미 있는 것을 가지고 임기응변하여 새로운 것을 만들어내거나 응용 또는 활용하는 재주가 비상하지요. 그러니까 invention발명보다도 innovation혁신에 강하다는 말이 될 것입니다.

빨간 감잎에 음식을 올려놓은 것이 있어 물어보니 오치바낙엽 요리라고 합니다. 계절 감각을 음식에 담는 것이 일본 요리문화의 특성이지요. 서구인들의 역사가 사회 참여의 역사라고 한다면(자연에서 벗어나서 인간만의 환경을 만들어낸 점에서) 일본인 혹은 동양인 들의 역사는 자연 참여의 역사라고 할 수 있습니다. 인간이 자연의 일원으로 자연계에 참여하려고 하는 문화, 이 차이가 동서를 가르는 중요한 요인이라고 생각됩니다.

아름다운 요리들이 미술 전시회처럼 혹은 조각의 숲彫刻の森처럼 차례차례 전개됩니다. 그것을 한순간에 먹어버립니다. 눈 깜짝할 사이에 그 색채와 향기와 조형성이 무너지고 사라집니다. 덧없이 사라지는 아름다움. 영속하지 않기에 더욱 아름다운 무상無常의 미(이런 말이 있었던가요). 죽음의 미학을 일본 미의 근원이라고 흔히 말합니다. 그들이

벚꽃을 사랑하게 된 것도 피는 꽃보다 지는 꽃의 아름다움을 더 좋아했기 때문이라고 풀이하기도 하지요.

  나는 깃초에서 점심을 먹은 것이 아니라 미를 학살하고 온 것입니다. 먹는다는 것은 생명과 아름다움을 죽인다는 것이기도 합니다.

4

손님처럼 오는 신들

한국의 신들은 출출해서, 심심해서,
심술이 나거나 화가 나서 우리를 찾아옵니다.

앞이 보이는 길을 걷는다는 것은 엄격한 의미에서 걷는 것이 아닙니다. 아마도 다가선다는 말이 더 적합할지 모르지요. 앞이 보이지 않는 구부러진 길을 돌아서는 것, 그래서 새로운 길이 전개되는 것, 그 순간이야말로 걷는 것의 진정한 의미라는 것을 압니다. 산책에 나서 굽은 길을 돌 때마다 어떤 두려움이나 불안을 느낍니다. 예기치 못한 무엇이 불쑥 나타날 것 같은 생각 때문이지요. 예측할 수 없는 것들이 거기에서 기다립니다. 텅 빈 길이라고 할지라도 그것이 나타나는 순간은 작은 모험으로 반짝입니다. 아방튀르^{aventure}, 그렇습니다, 아방튀르. 이것이 보이지 않는 굽은 길(마가리카도 曲り角)을 걸어가는 삶이지요.

언젠가 길을 막 돌아서는데 한 대의 검은 차가 서 있고 거기에 웬 남자 하나가 오줌을 누는 자세로 숲을 향해 서 있는 것이 보였습니다.

무심히 그냥 지나치려는데 자동차의 경적이 울리면서 검은 차 안에서 사람이 외치는 소리가 들려옵니다. 그 남자는 비명을 지르면서 도망치려고 합니다. 소름 끼치는 광경에 머리카락이 솟을 정도였습니다. 그는 아마도 정신박약이거나 정신질환을 앓고 있는 사람이고 검은 차는 그를 수용하고 있는 병원이나 감호소에서 나온 것인지 모르겠습니다. 그를 잠시 풀어주어 운동을 시키려는 것처럼 보였지요.

그때 이후로 돌아가는 길모퉁이에 오면 가슴이 두근거리는 것을 느낍니다. 자동차가 정차해 있는 것을 보면 그 헤드라이트가 나를 노려보는 것처럼 보이기도 합니다. 모퉁이 길은 늘 나를 불안하게 합니다. 무엇인가가 날 기다리고 있기 때문이지요.

    길 위에 흘린 것들

    모퉁이길을 돌아서면
    누가 흘리고 간 것인가
    녹슨 호루라기 같은 것
    찢어진 야구 장갑 같은 것
    길 위에 많은 것들이 떨어져 있다

    모퉁이길을 돌아서면
    돌멩이는 은방울같이 진동하고
    비닐봉지는 아침 나비처럼

가냘픈 바람을 일으킨다

역광 속에서 나를 향해 걸어오는 사람들은
아무 의미도 없이
키 작은 여자애들은 아이스크림을 흘리고 가고
비만한 아줌마들의 개는 오줌을 흘리고 가고
지뢰밭처럼 걷는 노인들은 기침을 흘리고 가고

이국땅 새벽 공기를 마시면서
나는 몰래 한국말로 안녕하세요,
길 위에 인사말을 흘리고 간다

내일 아침 다시 이 모퉁이길을 돌아서면
어제 보던 것들은 다 어디 가고
생과자를 쌌던 은박지, 생라면 봉지들이
이슬에 젖어 운모처럼 빛나고 있겠지

그리고 중풍 걸린 노인이 걷던 길에는
찰스 브론슨처럼 생긴 청바지 입은 청년이
내 소심하게 흘린 인사말 위에 답례를 하듯
불법 복제한 MP3 일본말 엔카 한 곡을
흘리고 가겠지

제1부 교토에서 찾다

저녁에 K교수와 함께 회식을 했습니다. 원래는 대중적인 음식점이었다는데 아주 훌륭한 고급 요리점으로 발전되었다는 것입니다. 작지만 회유식回遊式 정원이 있고 다마카와玉川의 물이 직접 그 정원으로 해서 흐릅니다. 비가 내리고 있어서 더욱 운치가 있어요. 음식도 정갈한 것이 좋았습니다.

K교수는 한국의 샤머니즘에 대해서 물었습니다. 기독교가 한국에서 성행하는 이유에 대해서도 물었습니다. 여러 가지 이유가 있겠지만 한국에서는 신을 하나님이라고 하는데 그때의 '하나'는 '하늘天'과 유일하다는 뜻인 '하나'의 양의성을 가진 말이라 하면서, 샤머니즘은 범신적인 종교이고 유교는 조상신을 천의 개념으로 발전시킨 것인데 이 두 가지 다 유일신을 받아들이는 데 별로 거부감이 없었기 때문이라고 했습니다. 그에 비해서 일본에 기독교가 들어오기 힘들었던 이유로, 천주님인 '데우스デウス'는 일본말의 다이우소큰 거짓말와 음이 비슷하기 때문에 들어올 때부터 거부감을 가졌다는 이야기를 했습니다. 유일신과 범신의 갈등이 있었어도 한국에서는 서로 마찰 없이 공존할 수 있었음을 이야기했지만 그 밖에 이념 지향적인 한국의 관념주의에 비해, 일본의 '모노もの. 물건'의 감각 등은 관념보다 구체적인 피지컬한 세계로 더 발전해간 점을 들기도 했습니다.

H교수도 나에게 샤머니즘에 대해서 물어왔습니다. 기독교에는 교회당, 불교에는 절이 있으며 일본의 신도에는 진자神社. 신사나 신궁이 있는데 한국의 무교 예배당은 어떻게 생겼느냐는 것입니다. K교수에 이어 이번에는 H교수에게 무당 이야기를 들으니 한국문학을 샤머니

즘의 사상과 관련시키려고 했던 김동리 선생 생각이 났고 그분과 논쟁을 했던 기억이 되살아납니다.

나는 간단히 당집이나 남의 집 절간에 세 들어 사는 칠성각의 무속신앙에 대한 이야기를 하면서, 원래 한국의 무속에서 기도하는 장소는 정해지지 않았고 나무든 바위든, 심지어 변소나 장독대나 사람들이 살아가는 곳이면 어디에나 기도의 장소가 있다고 말해주었습니다. 한국의 신은 사람이 사는 곳, 자연이 있는 곳이면 어디에나 있기 때문에 특수한 공간으로 일부러 찾아가지 않는다 해도 그쪽에서 찾아옵니다. 출출해서, 심심해서, 아니면 심술이 나거나 화가 나서 사람 사는 곳으로 접근합니다. 그걸 접신接神이라고 하지요.

그때 사람들은 갑자기 방문한 신들을 잘 대접해서 보내려고 합니다. 그렇습니다, 손님처럼 신들이 옵니다. 비록 귀신이라는 무시무시한 말로 부르기는 하나 그 기본에 깔려 있는 것은 피차 온정으로 풀어가는 사이이지요. 울긋불긋한 천이 매달린 당집이 있으면 늘 피해다니던 어린 시절이 생각납니다. 신이 없어야 오히려 아무 탈 없이 살아가는 사람들, 신에게도 관료들에게 하는 것처럼 뇌물을 바치며 살아갔던 내 시골 이웃사람들의 얼굴이 김치찌개 김 너머로 보입니다.

5

잠을 돈으로 사는 사람들

수면 장애는 마음의 자세,
마음의 쿠션에서 오는 것임을 알았습니다.

주문했던 트루 슬리퍼가 배달되었습니다. 신는 슬리퍼가 아닙니다. 잠을 잘 잘 수 있다고 하여 '트루 슬리퍼^{True Sleeper}'라는 이름이 붙어 있는 저반발성 특수 우레탄으로 만든 매트리스입니다. 이 매트 위에 누우면 척추를 비롯하여 신체의 어느 부분도 압박을 받지 않는다고 합니다. 당연히 혈액순환이 좋아지고 전전반측하지 않고 편안하게 잠을 잘 수 있다는 것이 텔레비전에서 요란하게 선전한 문구입니다. 물론 '나사^{NASA}가 우주선 내 비행사들의 충격을 완화하기 위해 개발한 비스코 엘라스틱 폼 소재 100퍼센트 최첨단 기술 제품'이라는 선전문에 혹해서 산 것은 아닙니다. 한국에서는 장판방 같은 딱딱한 돌침대에서 자다가 교토에 오고 난 다음 침대가 몸에 맞지 않아 잠을 제대로 자지 못했기 때문입니다. 미국 국립수면재단^{National Sleep Foundation}에 의하면 미국 국민의 3분의 2가 수면 자세의 원인으로 수면 장애를 일으키

제1부 교토에서 찾다

고 있다는 사실도 선전문에 빠지지 않았습니다. 그래서 인생의 3분의 1에 해당하는 수면 환경을 개선해야 한다는 것입니다.

이 매트를 깔고 자봤습니다. 결과는 후회였습니다. 수면 장애는 수면 자세나 매트리스의 쿠션과 같은 피지컬한 문제가 아니라 마음의 자세, 마음의 쿠션에서 오는 것임을 알았기 때문이지요.

나사의 하이테크를 저평가하거나 의심해서가 아닙니다. 그 많은 옛 시문의 불면의 호소, 전전반측하는 수면 장애는 님과 이별한 여인의 상투어가 아닌가. 황진이의 서리서리 감고 굽이굽이 펴는 동짓달 기나긴 밤의 과제는 매트리스와 같은 침구에 관한 이야기가 아니잖은가…… 이런저런 생각 때문에 몇 번을 잠을 설쳤고 한번 깨면 여러 가지 자잘한 근심 걱정으로 잠을 이루지 못합니다. 어찌 이런 불면의 밤들을 미국 항공우주국의 기술자들이 해결할 수 있겠습니까. 입회비다 운송비다 소비세다 뭐다 해서 처음에는 19만 원대였던 것이 결과적으로 23만 원을 문 트루 슬리퍼. 그래, 20만 원으로 진정한 수면을 살 수 있다고 생각한 것인지.

NHK가 통계를 낸 것을 보면 일본인의 수면 시간은 2005년 기준으로 주중 7시간 22분이라 되어 있습니다. 1995년 이래 계속 줄어드는 추세로, 일본인들은 노동 시간을 줄여 여가를 즐겼던 것이 아니라 수면 시간을 줄여 그것을 오락이나 취미생활로 돌렸다는 것이 연구가의 결론이지요. 이래저래 수면은 매트리스가 아니라는 뻔한 진리를 20만 원의 학습비를 지불하고 배운 셈입니다. 정말이지 진짜 트루 슬리퍼는 어디에서 살 수 있을까요.

혼자 있는 것에 대해 이제는 익숙해져서 아무런 느낌도 없는 공백 상태입니다. 연구실의 그 많은 책도 결국 나에게는 아무런 의미가 없다는 것을 이곳까지 와서 발견한 셈이지요. 잠이 안 오면 누워서 천장을 봅니다. 병원처럼 아무 장식도 없는 하얀 페인트칠의 천장은 나만의 하늘입니다. 그 많은 소리들, 빗방울들, 그리고 끝까지 말하지 못했던 몇 개의 어휘들, 이런 것들이 생각납니다.

종교가 없어서인지 나는 내 사후의 일들을 생각하지 않습니다. 다만 사라진 것들을 위해서, 영원하지 않은 것들을 위해서 가끔 기도합니다. 그것들을 그리워하고 후회하고 조금은 슬퍼하기도 합니다.

더이상 성장하지 않는 아이처럼 아늑한 시간들의 이불 속에서 잠을 청합니다. 강가에서 반짝이던 것이 모래알들이라는 것을 잘 알면서도 아직도 나는 그 여름 햇빛들을 잊을 수가 없습니다. 익사할 때까지 파란 강물을 헤엄쳐 가는 꿈도 꿉니다.

예수님보다 두 배나 더 살았는데도 나는 내 육신을 고집합니다. 일본에까지 왔으니 더이상 유랑할 땅도 없습니다. 도래인들처럼 이방의 땅을 일구어낼 만한 힘도 없습니다. 아주 겸손하게 우는 새벽 새소리가 들릴 때까지 뜬눈으로 밤을 새울까 합니다.

우리가 잠자는 사이에 뼈들은 골수로부터 피를 만든다고 합니다. 몰래 그 깜깜한 밤을 틈타서 어둠이 시기하지 않도록 아침 햇살 같은 붉은 피를 만들어내는 것이지요. 그럼 이렇게 잠이 오지 않는 밤이 계속되면 어떻게 피를 만드나 걱정이 되기도 합니다. 그래서 잠을 자지 않고 꿈을 많이 꾸는 사람들은 대개 다 빈혈에 걸리는가봅니다.

수면제 스무 알 속의 밤

처음 만난 사람의 이름처럼 외우기 힘든 드랄정
처방전 기호는 SS520
내 긴 겨울밤이 스무 개의 알약 안에
밀봉되어 있다

힐티는 잠 오지 않는 밤을 위해서
글을 썼고
의사와 약제사들은 화학기호로
처방전을 쓴다

벽시계소리가 숨소리처럼
심장소리처럼 잠들지 않는다
돌고래는 한 눈을 뜨고 잔다는데
나는 무엇을 지키기 위해
불침번처럼 두 눈을 뜨고 밤을 지키나

새벽닭도 울지 않는 아파트 시멘트 벽
무엇을 들으려고 귀 기울이는가

드랄정 스무 개 하룻저녁에 한 알씩
스무 날의 겨울밤이
비닐봉지 속에서 미리 잠자고 있다

잠 오지 않는 밤을 위해 힐티는 글을 쓰고
의사와 약제사는 화학기호를 쓰고
한 눈만 감고 잔다는 돌고래를 부러워하면서
하품을 한다

황진이의 동짓달 밤과도 같이
긴 하품 하고 나면
아무 의미도 없는
차가운 눈물이 고인다

6

그림, 그리움, 그리고 손톱으로 긁은 글씨

하늘의 허공은 그림을 원하지 않습니다.
그것 자체가 이미 회화요 빛이요
구도이기 때문입니다.

아침 햇빛이 쏟아지는 베갯잇에

머리카락이 묻어 있다

그것은 어젯밤에 남겨둔 나의 수면

일 밀리의 천 분의 일

밀리퀼리온의 단위로 계산하는

가늘고 가는 수면

타지 못하고 검은 연기로 남은

젖은 낙엽의 葉脈

감각할 수 없는 내 시간의 기록들이

나이테처럼 보인다

간밤의 꿈을 다 전송하지 못한

신호들이

제1부 교토에서 찾다

실리콘 칩의 집적회로에 얽혀

굳어간다

은빛 트럼펫

기상나팔이 울려도 깨지 않은

단절의 線

보이지 않는 사슬의 DNA

나의 쥐라기 공원을 설계한다

그것은 하루치씩 잊혀가는

나의 기억

    아침에 머리카락이 뽑혀 있는 베개를 보면서 쓴 시입니다. 사람들은 머리카락을 싫어하지요. 음식에라도 어쩌다 머리카락이 들어 있으면 뱀을 본 것처럼 질겁을 합니다. 조금 전까지만 해도 자기 육체의 일부, 얼굴의 일부였고 눈썹처럼 자기 표정을 그려주는 선의 하나였는데……

    멀리 있는 사람들에게 편지를 쓰고 싶었습니다. 누구랄 것도 없이 표류당한 사람들이 편지를 써서 밀봉한 유리병에 넣어 파도에 띄우는 것처럼 수취인 없는 편지를 씁니다.

정말 그럴 때가

정말 그럴 때가 있을 겁니다
어디 가나 벽이고 무인도이고
혼자라는 생각이 들 때가 있을 겁니다

누가 "괜찮니"라고 말을 걸어도
금세 울음이 터질 것 같은
노엽고 외로운 때가 있을 겁니다

내 신발 옆에 벗어놓았던 작은 신발들
내 편지봉투에 적은 수신인들의 이름
내 귀에다 대고 속삭이던 말소리들은
지금 모두
다 어디 있는가
아니 정말 그런 것들이 있기라도 했었는가

그런 때에는 연필 한 자루 잘 깎아
글을 씁니다

사소한 것들에 대하여
어제보다 조금 더 자란 손톱에 대하여

문득 발견한 묵은 흉터에 대하여
떨어진 단추에 대하여
빗방울에 대하여

정말 그럴 때가 있을 겁니다
어디 가나 벽이고 무인도이고
혼자라는 생각이 들 때가 있을 겁니다

벽에 걸려 있던 달력을 한국에서 보내온 미로의 그림 달력으로 바꿨습니다. 그것 하나로 방 분위기가 달라집니다. 역시 회화는 벽에 의존하지요. 벽이 없었으면 벽화는 물론이고 벽에 거는 초상화와 그 많은 그림들은 존재할 수 없었을 것입니다.

인간은 벽을 만들었습니다. 허허벌판에서 살 수 없었기 때문이지요. 그러나 동시에 벽 속에서는 감옥이나 동굴 같아서 살아갈 수가 없습니다. 벽에 의지하고 벽에 반발하는 앰비벌런스 ambivalence, 양면가치 병존에서 회화가 생겨나는가봅니다. 그림은 벽에 뚫어놓은 마음의 창이기 때문입니다.

동양의 족자와 병풍이 모두 그렇습니다. 사람들은 세심한 벽을 견디지 못합니다. 공백의 격벽에 대해 절망합니다. 벽은 바람을 막고 풍경을 도살합니다. 눈을 가리고 신체를 묶습니다. 탈옥수들처럼 벽에서 자유로워지기 위해 색채와 선과 구도가 탄생합니다.

에스키모인들은 얼음집에서 긴 겨울을 나기 위해 조각을 한다고 합니다. 그것처럼 우리는 그림을 그리고 그것을 벽에 붙입니다. 현대회화는 벽장식으로부터 벗어나는 것이라고 전위적 비평가들은 목청을 높이고 있지만 누가 뭐래도 회화는 벽을 죽이기 위해서 존재하는 인간정신의 산물입니다.

하늘의 허공은 그림을 원하지 않습니다. 그것 자체가 이미 회화요 빛이요 구도이기 때문입니다. 하늘과 나를 가리는 벽이 있기에, 시야를 가리는 밋밋한 차폐막이 있기에 그림을 붙입니다. 붙인다기보다 뚫는 것입니다. 원시인들이 살던 동굴에서 알타미라 같은 벽화가 발견되는 것은 바로 그 동굴을 뚫어 들판의 짐승, 숲속의 사슴들에게 나아가려고 한 욕망이 있었기 때문일 것입니다. 그림을 붙이는 순간 그만큼의 벽은 사라지는 것이지요.

낡은 달력을 떼고 미로의 달력을 붙여놓고 나는 석기시대의 인간이 최초로 어두운 동굴에 벽화를 그려놓고 좋아했던 것처럼 그렇게 웃습니다. 그리고 그 옛날 이 땅에 잡혀와 탄광에서 젊음을 잃었던 우리 딱한 동포들의 얼굴을 생각합니다.

(아! 관자놀이처럼 뛰는 시를 쓰고 싶습니다.)

아오모리의 벽화

그림은 긁는다에서 나온 말이다
그림은 그리움에서 나온 말이다

그림은 글에서 나온 말이다

일본에 징용온 조선 사람이
아오모리 탄광의 어두운 벽을
손톱으로 긁어 글을 썼대요

어무니 보고 시퍼
고향의 그리움이
글이 되고
그림이 되어
남의 땅 벽 위에 걸렸대요
아이구 어쩌나 어무니 보고 시퍼
맞춤법에도 맞지 않는 보고 싶다는 말
한국말 '싶어'는 참을 수 없는 욕망의 언어
배에 붙으면 먹고 싶어 배고프고
귀에 붙으면 듣고 싶어 귀고프고
눈에 붙으면 보고 싶어 눈고프고
가슴에 붙으면 가슴 아파 가슴고프고

"마음의 붓으로 그려 바친 부처님 앞에 엎드린 이 몸은……"
〈보현십이가〉의 한 이두문자처럼 해독하기도 힘든 그리움이 된대요
옛날옛적 이 일본땅에 끌려온 조선 청년이

탄광 벽을 손톱으로 긁어 글을 썼대요

어무니 보고 시퍼

그림은 긁는다에서 나온 말이다

그림은 그리움에서 나온 말이다

그림은 글에서 나온 말이다

제1부 교토에서 찾다

7

창조의 힘 흉내내기

나는 창조의 힘을 믿습니다.
상상력을 가진 사람은 신을 믿게 되고
신의 존재, 즉 창조자로서의 힘을 결국 인정하게 됩니다.

조녀선의 갈매기들처럼 사람들 역시 먹잇감을 찾기 위해서 저공비행을 합니다. 높이 날 수 있는 날개를 가지고서도 말입니다. 기도는 고공비행을 위한 비상(飛翔)입니다. 쌀자루를 메고 빈방에 들어와 기도를 했을 때 이상의 「날개」 마지막 장면처럼 불현듯 내 겨드랑이가 가려워지는 것을 느꼈습니다. 그리고 처음으로 원고료로 환산할 수 없는 글을 일기장에 옮겨 쓴 것이지요. 분명 그건 마감에 쫓기며 쓰던 글과는 다른 것이었습니다. 남 보라고 쓰는 글도, 내가 보기 위해서 쓰는 글도 아니었습니다.

나만이 아닐 겁니다. 먹을 것이 족하고 목을 적실 물이 넘쳐나도, 그리고 또 추위를 막아주는 단단한 벽이 있어도 어디엔가 나처럼 무거운 쌀자루를 내려놓고 빈방에 앉아서 몰래 기도를 드리고 있는 무신론자들이 많을 것입니다. 겉으로는 태연한 체, 강한 체 오기를 부리다가도 누가 옆에서 조금만 보고 싶다, 사랑한다고 손을 내밀면 금시 울음을 터뜨릴 그런 사람들. 그렇지요. 무신론자이기에 그 기도는 더욱 절실하고 더욱 높게 울릴 수 있지요.

지금까지 세계는 두 쪽으로 갈라져 있었잖아요. 육신과 영혼, 지성과 영성, 마귀와 천사, 땅과 하늘, 순간과 영원, 그리고 불신자와 신자. 하지만 저녁이 되고 황혼이 땅으로 내려앉으면 빛과 어둠의 경계는 사라지고 말 것입니다. 믿는 자와 믿지 않는 자의 구별이 분명하지 않은 그레이존gray zone의 노을이 뜹니다. 마치 하나님의 영이 공허와 흑암의 물 위를 떠다니시는 창세 이전의 공간과 비슷한 그런 시간 말입니다.

미네르바의 부엉이가 날갯짓을 하는 시간이지요. 누구보다도 창작을 하는 사람, 예술을 하는 사람들을 위한 시간이지요. 예술가를 지망했던 젊은 시절, 나는 하나님을 믿지 않으면서도 성경의 창세기를 자주 읽었지요. 무엇보다도 "빛이 있으라 하시니 빛이 있었다"는 구절이 나에게는 큰 감동으로 다가왔어요. 생각해보세요. 그 칠흑 같은 어둠, 아니, 그저 어슴푸레한 박명薄明이라도 좋습니다. 그 어둠을 무너뜨리며 창조된 빛이 쏟아져나오는 그 눈부신 순간을 생각해보세요. 돌연히, 그것도 말씀 그대로 빛이 되는 창조의 순간. 그래요, 시인도 그러한 빛과 창조의 순간을 위해 목숨을 걸지요. 하지만 어느 말, 어느 음악, 어느 그림이 천지창조 첫째 날 같은 감동을 자아낼 수 있겠습니까.

예술가가 아니라도 좋습니다. 하나님을 믿지 않는 사람이라도 이 창조의 순간과 감동을 부정하지 못해요. 왜냐하면 우리가 매일 보고 있잖아요. 동녘 하늘에 최초의 빛이 떠오르며 어둠이 무너지는 그 장엄한 광경을 말입니다. 그런데 누구도 하나님처럼 그 빛을 보고 기뻐할 줄 모릅니다.

그 빛이 "하나님의 보시기에 좋았더라"라는 그 대목을 보십시오. 창조는 바로 만족이요, 그 기쁨이었던 것이지요. 아주 짧은 한마디 말이지만 "보시기에 좋았더라"는 창조물에 대한 감상법입니다. 하나님은 만드시는 분이요, 동시에 그것을 감상하시는 하나님이신 겁니다. 그러기에 하나님은 딱 한 번 만드시지요. 빛을, 하늘을 그리고 땅을 두 번 만드시지 않아요.

인간은 하나님을 흉내내서 무엇인가를 만들지만 똑같은 것들을 수십 번 수백 번 만들면서 그때마다 불만과 후회와 아쉬움에 한숨을 쉽니다. 그리고 하나님은 창조를 하실 때 그냥 기뻐하신 것이 아니라 반드시 그것에 이름을 지어 부르십니다. 다시 한번 조심스럽게 성경을 읽어보세요.

"하나님이 빛을 낮이라 부르시고 어둠을 밤이라 부르시니라." 이를테면 창조한 것에 이름을 다는 명명작업命名作業으로 창조는 비로소 완성됩니다. 하나님은 시인이었던 것입니다. 처음 만들어진 낯선 것에 이름을 지어 부르시는 호명작용呼名作用 글 쓰는 사람들의 최고 최대의 꿈이란 바로 새롭게 인식된 사물에 새로운 이름을 붙이는 작업인 것입니다.

창조를 완성한 여섯째 날에도 하나님은 분명 이렇게 말씀하셨지요. "하나님이 지으신 그 모든 것을 보시니 보시기에 심히 좋았더라 저녁이 되고 아침이 되니 이는 여섯째 날이니라." 천지를 창조하시는 하나님, 창조하신 것을 보고 좋아하시는 하나님, 그리고 이름을 붙여 호명하시는 하나님. 만약 당신이 시를 안다면, 시인이 무엇을 하는 사람인가를 이해한다면, 어찌 하나님의 존재를 의심하고 등을 돌리겠습니까. 무신론, 유신론의 벽을 깨고 기도를 드릴 수 있는 사람들이 바로 시인이라는 존재입니다.

나는 그때까지 평론, 칼럼, 에세이 같은 산문을 써왔지요. 엄격한 의미로 그것은 창조가 아닙니다. 창조에 대해서 토를 다는 일이지 그 글 자체가 창조일 수는 없지요. 그러던 내가 시의 형식을 빌려 기도를 드렸다는 것은 이미 내 마음이 산문에서 시로 옮겨가고 있음을 의미하는 것으로 풀이될 수 있을 겁니다. 과학자들, 비록 인문학을 하는 학자라고 해도 그들을 크게 존경하지 않았던 이유도 거기에 있었지요.

진화론은 다윈이 아니라 바로 하나님이 하시는 일이라고 생각합니다. 하나님은 딱 한 번 창조하시지만 그 창조물들은, 하나님의 창조정신 속에서 태어난 자연물들은 잠시도 멈추지 않고 반복하지 않고 새롭게 진화하며 변하고 있는 것이지요.

바다의 수위가 늘 같습니까. 밀물 썰물과 조수의 간만으로 그 거대한 바다의 물높이는 늘 같은 날이 없지요. 별들은 같은 자리에 있지 않으며 태양은 떴다 급히 집니다. 달이 차고 기우는 것을 보셨습니까. 변화 속의 규칙이요, 혼란 속의 질서. 그러기에 나는 복사기와 자판기처럼 같은 일을 반복하는 따분한 세미나장보다는 연구실 창밖으로 바람 부는 벌판을 내다보는 것이 더 좋았습니다.

거기에는 항상 움직이는 새와 바람이 있었고 햇빛이 있었지요. 「바람 부는 날」이라는 시를 쓴 것도 바로 그런 때였습니다.

바람 부는 날

바람이 불면 나무는 짐승이 된다
나무는 더이상 섬유질의 기둥이 아니다
이파리마다 갈퀴가 되고
가지는 일제히 몸을 흔들며 포효한다

나뭇등걸은 마디마디
신경을 지닌 척추처럼
굽기도 하고 펴지기도 한다

바람이 불면 나무들은 짐승이 된다
때로는 뿌리들도
육식동물들처럼 이빨로 벌판을 문다
길을 따라 늘어선 가로수들도
줄 밖으로 나와 제가끔 다른 방향으로
뛰어간다
바람이 불면 나무도 풀도
성난 독수리가 되어

수직으로 하늘을 향해 깃을 세운다
바람 부는 날에는 나무꾼이나 목재상이나
대패를 든 목수들까지도
황급히 몸을 낮춘다

발톱을 세우고 벌판을 달리는
쥐라기 공룡이 된 나무가 두렵다
바람 부는 날은
목숨이 진한 짐승처럼
나도 나무처럼
빨간 바람개비가 된다

교토의 생활은 내 눈을 다시 논어에서 성경으로 돌리게 했습니다. 아시지요. 논어를 모르는 사람, 공자나 유교에 대해서 관심이 없는 사람도 '학이시습지學而時習之이면 불역열호不亦說乎'라는 논어의 첫 장 첫 귀를 잘 알고 있을 겁니다. 그랬지요. 지금까지 내가 알고 있었던 것은 배우는 것의 기쁨이며 즐거움이었지만 성서의 첫 장은 창조하는 것의 기쁨이며 그 즐거움에 관한 것이었습니다.

그래서 하나님을 믿지 않았을 때에도 '단 한 번만이라도 좋으니 창조주의 권능으로 별을 만들 수 있는 힘을 달라'고 기도를 드렸던 것입니다. 내 외로운 가슴속에 존재하지 않는 별 하나를, 마음속에 반딧불만 한 별 하나만이라도 지닐 수 있게 된다면 당신을 위해 내 안의 모든 말들을 다 바치겠다고 한 것입니다. 그래서 단 한 번이라도 좋으니 무쇠처럼 굳어진 저 시장바닥의 사람들 가슴을 풍금처럼 울릴 수 있게 하는 아름다운 시 한 줄을 쓰게 해달라고 기도를 드렸던 것입니다. 천지창조 엿샛날 같은 느낌으로, 최초의 아담 같은 마음으로 시 한 줄을 쓸 수만 있다면 다시는 글을 쓰지 않아도 좋다고 말입니다.

메멘토 모리

숨쉴 때마다 그 호흡 속에 그분은 계신다.
까닭 없이 눈물이 흐를 때 그분은 그곳에 계신다.
다만 우리가 모르고 있을 뿐.

왜 창조인가. 왜 인간이 창조를 말하는가. 그것은 인간은 누구나 죽기 때문입니다. 죽음보다 강한 것이 창조의 욕망입니다. 죽음을 넘어설 수 있는 힘이 하나님의 모습을 닮은 인간의 창조력입니다. 문학을 하게 된 것도 그리고 마지막에 세례를 받게 된 것도 아마 여섯 살 때 체험한 '메멘토 모리'의 말 때문이었을지 모릅니다.

메멘토 모리

목숨은 태어날 때부터
죽음의 기저귀를 차고 나온다.

아무리 부드러운 포대기로 감싸도

수의壽衣의 까칠한 촉감은 감출 수가 없어
잠투정을 하는 아이의 이유를 아는가

한밤에 눈을 뜨면
어머니 숨소리를 엿듣던
긴 겨울밤
어머니 손 움켜잡던
내 작은 다섯 손가락

애들은 미꾸라지 잡으러 냇가로 가고
애들은 새둥지 따러 산으로 가고
나 혼자 굴렁쇠를 굴리던 보리밭 길

여섯 살배기 아이의 뺨에 무슨 연유로
눈물이 흘렀는가
너무 대낮이 눈부셨는가
너무 조용해 귀가 멍멍했는가

굴렁쇠를 굴리다 흐르던 눈물
무엇을 보았는가
메멘토 모리
훗날에야 알았네

메멘토 모리

'메멘토^{Memento}'는 라틴어로 '기억하다, 생각하다'는 뜻입니다. 그리고 '모리^{Mori}'는 죽음을 가리키는 말입니다. 그러니까 '메멘토 모리'라는 말은 '죽음을 생각하라' '죽는다는 걸 생각하며 살라'는 것을 의미하는 것이지요. 앞의 시에서 쓴 그대로 친구도 없이 혼자서 대낮에 보리밭 길을 굴렁쇠를 굴리며 지나가다가 울던 기억이 아직도 생생합니다. 싸운 것도 아니고 돌부리에 차인 것도 아닙니다. 귀가 멍멍하도록 고요한 대낮, 새하얀 햇빛 한복판에 서서 아무 이유 없이 뺨을 타고 내리던 눈물방울을 느꼈지요.

생각해보세요. 학교에도 들어가기 전 여섯 살짜리 아이가 무엇 때문에 울었을까요. 그리고 비밀처럼 아무에게도 말하지 않고 그것을 혼자 마음속에 간직해왔을까요.

대체 그 대낮의 허공 속에서 나는 무엇을 보고 느꼈을까요. 이유도 없이 흘린 눈물의 의미는 무엇이었을까요. 내가 말하는 죽음이란 숨이 멈추는 육신의 죽음만을 두고 하는 소리가 아닙니다. 죽음은 손에 잡히는 모든 것과 그 관계 사이에 존재하고 있는 것들이지요. 색채가 있는 것, 형태가 있는 것, 숨쉬는 것. 이 모든 것들은 아무리 힘껏 잡아도 손가락 사이로 새어나가는 모래 같은 것이지요.

메멘토 모리는 나와 나 아닌 사람, 그리고 나와 나 아닌 사물들과의 거리를 나타내는 말이기도 하지요. 아이에게는 신과 다름없는 어머니와 나 사이에도 거리가 있다는 것을 그날의 눈물이 가르쳐준 것입니다. 밤에 혼자 눈을 뜨면 어머니의 숨소리는 들리지 않고 칠흑 같은 어둠 속에서 벽시계의 시계추 소리만이 들려왔지요. 그럴 때면 몰래 주무시는 어머니의 코에 고사리같이 작은 손을 대봅니다. 그러고는 뜨거운 숨결을 느끼고 나서야 안심하고 다시 잠이 듭니다.

백년도 살지 못하는 인간들이 돌을 쌓아 천년 가는 성과 도읍을 세우는 까닭도 생명이 쉬 사라진다는 것을 알기 때문입니다. 죽음이 내 곁에 있다는 것을 눈치챈 그때부터 나의 곁에는 늘 하나님이 계셨던 것입니다. 아이들과 공을 차고 놀 때에도, 감기에 걸려 콧물을 훌쩍거리며 혼자 누워 있을 때에도 내가 손을 뻗기만 하면 손이 닿을 수 있는 가까운 거리에서 하나님이 지켜보고 계셨습니다. 목숨 속에, 나의 숨결 속에 그분은 계셨습니다.

이렇게 간절하게 살고 싶은 그 욕망을 통해 우리는 그분을 만납니다. 그분이 바로 우리의 생명인 까닭입니다. 하나님이 믿기지 않을 때에는 그냥 '목숨'이라고 불러보세요. 혹시 압니까. 이 뜨거운 나의 생명 속에 나도 모르게 숨쉬는 호흡의 리듬, 바다의 썰물과 밀물처럼 나의 날숨과 들숨의 운율을 타고 그분의 음성이 들려올지.

새끼손가락에 와 닿는 어머니의 입김을 느끼고 나서야 잠이 드는 여섯 살짜리, 그 양 볼에 흘렀던 눈물의 의미를 나는 알게 된 것입니다. 메멘토 모리를 통해 어머니와 나의 관계, 하나님과 나의 관계는 가까워집니다. 죽음보다 강한 사랑. 모든 창조는 사랑으로부터 나온다는 것을 하나님을 믿기 전에는 몰랐습니다.

지금까지 내가 써놓은 글들이 아무리 아름답다 해도 독이 든 버섯인지도 모릅니다. 누구에게도 보여주지 않은 내 교토 일기에는 죽음의 원죄 속에서도 무언가를 사랑하고 긍정하려고 몸부림친 낭자한 피의 흔적들이 엎질러진 잉크 자국처럼 번져 있습니다. 나에게 하나님은 행복이 아니라 언제나 그렇게 슬픔과 외로움으로 다가오는 존재입니다. 무릎을 깨뜨리거나 코피가 나면 엄마를 부르며 집으로 달려가는 아이처럼 상처를 입어야만 하나님을 부르며 달려가지요.

죽음의 의식 없이는 생명을 느낄 수 없는 것이 인간의 조건입니다. 죽음이 아니면 들을 수 없는 하나님의 음성, 이 원죄에서 벗어나 영원한 생명 속에서 어머니를 만나고 싶습니다. 아버지를 따르고 싶습니다. 그렇게 하나님을 만나보고 싶습니다. 무신론자는 '아멘'이라고 하지 않고 '메멘토 모리'라고 합니다. 교토 시절만 해도 나는 신 없는 이 방의 사람으로 주님을 생각했던 것이지요.

나만의 일이 아닐 겁니다. 한국 사람들은 유난히 죽는다는 말을 많이 쓰지 않습니까. 말끝마다 좋아 죽겠다고 하고 슬퍼 죽겠다고 하고 우스워 죽겠다고 합니다. 배가 고프면 배고파 죽겠다고 하고 배가 부르면 이번에는 배불러 죽겠다고 하는 사람들. 처음에는 그런 동족들이 싫고 부끄러웠지요. 하지만 죽음은 삶의 극한 언어라는 것을 알게 되고 그것이 바로 하나님을 잊지 않고 살아가는 메멘토 모리라는 것을 알았지요.

'살기죽기'라고 하지 않고 '죽기살기'라고 말하는 사람들, "To be or not to be" 햄릿 대사도 "사느냐 죽느냐"가 아니라 "죽느냐 사느냐"라고 번역하는 사람들. 사는 것보다 죽는 것을 먼저 생각하는 한국인

이야말로 메멘토 모리의 철학적 종교적 민족이 아니겠습니까.

다만 라틴어로 말하면 의미심장한 철학적 언어요 종교적 잠언으로 들리고, 한국말로 좋아 죽겠다고 하면 속된 생각, 부정적 의미로 생각해온 것이 우리의 과오였던 것입니다.

남의 나라 말에는 자기가 죽는 것과 남을 죽이는 것이 확연히 구별되어 있습니다. 한자어를 보세요. 죽는 것은 '사死'이고 죽이는 것은 '살殺'이지요. 일본어로 죽다는 '시누死ぬ'이고 죽이는 것은 '고로스殺す'입니다. 영어는 'die'와 'kill', 불어는 'mourir'와 'tuer'지요. 그런데 유독 한국말에는 그렇게 죽는다는 말을 많이 쓰면서도 '살殺'이라는 말은 없습니다. '죽인다'는 말이 있지 않느냐 할지 모르나 '죽인다'는 '죽다'의 사역동사였던 것입니다. '먹다'와 '먹이다'처럼 말입니다. 요즘 아이들이 '널 죽인다'고 하지 않고 '너 죽을래'라고 하는 것도 마찬가지 맥락입니다. 순수한 '살해殺害'에 해당하는 말은 한자어로밖에는 표현할 수 없습니다. 감동적인 순간, 최고의 기쁨과 만족을 느끼는 순간, 한국의 아이들은 이렇게 말합니다. '죽인다' '죽여준다'. 이제 아시겠습니까. 그때 굴렁쇠를 굴리던 여섯 살짜리의 종교적 충동을.

9

아버지의 이름으로

> "당신이 위키피디아의 도움을 필요로 하듯이
> 위키피디아는 당신의 도움을 필요로 합니다"
> 인터넷 백과사전의 이 선전문에 하나님이란 말을 대입해보라.

사람들은 누구나 자신의 섬을 갖고 삽니다. 로빈슨 크루소처럼 무인도에서 표류 생활을 할 때가 있습니다. 나의 교토 생활 역시 그런 표류도에서의 삶이었고 그 섬을 통해서 조금씩 영성의 키가 자라고 있었습니다. 어렸을 때 높은 마루에서 떨어지는 꿈을 꾸면서 키가 컸듯이 영성의 키는 죽음의 심연으로 추락하는 악몽을 통해서 성장해가는가봅니다.

'올 이도 갈 이도 없는 밤이란 또 어찌하리오'라는 고려 때의 노래 「청산별곡」이 생각나는 밤들. 낮에는 연구실에서 그럭저럭 지내지만 밤에는 혼자 누워 천장만을 쳐다봅니다. 온종일 혼자 방 안에 있을 때도 있었습니다. 내 이웃들은 모두가 인사도 변변히 나누지 않고 지내는 외국인들이지만 그래도 이따금 누가 내 방문을 노크하는 것 같은 인기척을 느끼고 놀라 일어나 방문을 열어본 적도 있었습니다. 물론 어둠뿐이었지요. 그 어둠이 더욱 짙어지면 새파랗게 변하면서 절해고도絶海孤島의 파도 소리가 들려오는 것입니다.

그러다보면 어느새 혼잣말을 하는 일이 잦아지지요. "이게 어떻게 된 거지?", "그래 맞아 그렇게 해야지." 마치 누가 옆에 있기라도 한 것처럼 독백을 하는 버릇이 생긴 겁니다. 그리고 보지도 않는 텔레비전을 켜놓은 채 책을 읽는 이상한 버릇도 생겼습니다. 사람 소리가 그리웠던가봅니다.

어떤 때에는 옆방에서 아버지의 헛기침 소리가 들려오기도 합니다. 이 세상에서는 다시 들을 수 없게 된 아버지의 기침 소리인데도 그 환청에 놀란 것이 한두 번이 아닙니다. 식구들이 많았는데도 백수연까지 치르신 아버지의 곁에는 텔레비전만 있는 경우가 많았던 것 같습니다. 저녁 뉴스 시간마다 아나운서가 나와 인사를 하면 아버지도 텔레비전 화면에 대고 "안녕하슈"라고 인사를 나누신다고 합니다. 그리고 자리를 비웠다 다시 텔레비전 앞에 돌아와 앉으시면 "미안하우"라고 또 인사를 하신다는 겁니다. 그래서 젊은 애들은 치매에 걸리셨나 보다고 수군대기도 했지요.

"이 바보들아, 그것은 치매가 아니라 고독이라는 거다." 이제야 나는 큰 소리로 외칩니다. 아무것도 모르는 그 어리석은 녀석들을 꾸짖습니다. 외로움이 무엇인지 모르는 아이들을 대신해서 아버지에게 죄송하다고 사과를 드립니다. 그리고 나도 텔레비전 앞에 혼자 앉아 아나운서와 눈을 맞춰 인사를 하시던 아버지와 똑같은 심심한 시간들을 함께 보내고 있는 것입니다.

얼마나 심심하시고 답답하셨으면 텔레비전 화면과 말씀을 나누셨겠습니까. 그것을 모른 척한 나의 불효를 오늘에서야 이렇게 뉘우치고 있는 것입니다.

완고한 유교 집안이었지만 아버지는 돌아가시기 전 교회에 다니기 시작하셨습니다. 처음에는 노인정보다 그곳에서 지내시는 시간이 더 편하기 때문이라고 생각했는데 그게 아니었습니다. 아버지가 기도를 하실 때면 사람들은 웃음을 참느라고 애썼지만 나는 그 기도를 들으면서 전통적인 기독교 정신은 바로 저런 것이라는 생각을 해본 적도 있습니다.

그러니까 아버지의 기도는 언제나 우리와 가장 먼 나라 사람들로부터 시작하셨던 것이지요. 신문이나 방송에서 들으신 외신 뉴스 가운데 보스니아처럼 전쟁을 하거나 아프리카처럼 기근으로 굶어 죽어가는 어린이들, 우리가 관심조차 갖지 않는 지역에서 일어난 태풍이나 홍수로 가족을 잃은 난민들을 보살펴주시라는 기도였던 것이지요.

그 긴 기도의 끝에 이르러서야 겨우 한국과 우리 가족을 위한 기도를 하셨는데 그것도 아주 작고 멋쩍은 소리로 혹시 남은 복이 있으시면 우리 식구들, 어린 손자들에게도 좀 나눠줍시사라고 끝을 맺으십니다.

자기 애들한테는 보리밥 먹이고 모르는 손님한테는 쌀밥을 내놓는 마지막 한국인이셨는지도 모릅니다. 가마 타고 다니는 구한말에 태어나셔서 제트 비행기가 날아다니는 새천년 문턱까지 백수를 사신 분입니다. 정말 아버지는 자기 가족보다도 이웃사람들을 먼저 생각하시는 분이었지요. 예수님을 영접하기 이전부터 이웃에 대한 사랑이 무엇인지를 알고 계셨던 분입니다. 6·25의 피난길에서도 남의 밭을 밟지 않으려고 먼 길로 돌아오시는 바람에 우리는 오랫동안 가슴을 졸이며 아버지를 기다려야만 했습니다.

아버지가 남기고 가신 그 고독한 빈자리를 위하여, 말할 사람이 없어 혼잣말을 하는 모든 사람들을 위하여, 밤늦게까지 불이 켜져 있는 창문의 불빛을 위하여 나는 천한 노예처럼 책상 앞에 무릎 꿇고 기도를 드립니다.

이럴 때 가끔 미국에 살고 있는 딸 민아에게서 전화가 옵니다. 처음에는 반갑다가도 전화를 한참 하다보면 섭섭한 마음이 들기도 했지요. 오랜만인데도 민아는 내 이야기보다 하늘에 계신 아버지 이야기를 더 많이 했기 때문이지요. 국제 통화료가 싸졌다고는 하지만 민아가 하나님 아버지 이야기를 시작하면 한 시간이 지나도 전화통을 놓지 않습니다.

"야, 하나님 아버지만 아버지냐. 땅에서 살고 있는 아버지도 있잖니." 몇 번이고 긴 통화를 막고 핀잔을 주려다가 참습니다. 성경말씀에 관한 이야기, 교회에서 QT를 한 이야기, 법정에서 소년 범죄자를 변호하고 그 소년을 회심하게 한 이야기. 이야기를 듣다가 울컥 화가 날 때가 있지요.

무엇보다도 그렇게 똑똑했던 아이가 어떻게 하다가 광신적인 아줌마와 다름없는 소리를 하고 있는지 그것이 싫었습니다. 대학 전과목을 스트레이트 A로, 그것도 영문학과 불문학 복수전공을 3년 만에 마치고 조기 졸업을 한 소문난 재원이었지요. 압니다. 자식 자랑을 하는 것이 삼불출의 하나라는 것을 왜 모르겠어요. 하지만 나는 지금 자식 자랑이 아니라 자식 흉을 보며 불평을 하고 있는 중이니까요.

영문학을 하겠다고 미국에 유학을 가 석사까지 마치고는 어느 날 갑자기 법대로 옮겼다는 거지요. 그리고 그 어려운 바시험Bar Exam, 변호사 자격 시험을 단번에 패스했지요. 남들이 다 부러워하는 로펌에 스카웃되어 변호사 일을 한다고 해서 기뻐했더니 이제는 또 좋은 직장 팽개치고는 TV드라마에 나오는 인물처럼 흉악범들과 맞서 싸우는 여검사가 되었다는 거지요. 그런데 이제는 검사도 변호사도 다 포기하고 크리스천이 되어 오로지 주님을 영접하는 일에 남은 생을 바치겠다는 겁니다.

그래도 나는 불평을 할 수 없었지요. 불행과 절망 속에서 민아를 지켜주고 위로하고 새 삶으로 인도해주신 분은 지상의 이 아버지가 아니라 하늘에 계신 아버지였기 때문입니다. 나는 민아가 대학을 졸업하는 졸업식장이나 헌팅턴 베이의 고급 주택가에서 요트를 타고 다닐 때의 행복한 장면에서만 함께했을 뿐입니다. 혼자 아이들을 기르고 있을 때, 암에 걸려 병원에서 수술을 받고 있을 때, ADHD주의력결핍 과다 행동장애로 아이가 학교를 제대로 다니지 못하여 매일 밤 울고 지낼 때, 대체 이 아버지는 어디에서 무엇을 했는지.

그분은 어떤 분이시기에 지상의 아버지도 해주지 못한 그 이상의 사랑과 보살핌으로 내 딸을 구할 수 있었다는 말인지. 나는 의심 많은 도마였습니다. 손바닥의 못 자국을 보지 않고서는 아무것도 믿지 못하는 회의론자였지요. 하지만 그날 밤만은 민아와의 긴 전화를 통해 예수님의 야위고 파리한 손바닥에 찍힌 못 자국의 상흔을 만져볼 수 있었던 것 같습니다.

그래서 여전히 나에게 있어 하나님 아버지란 텔레비전 앞에 앉으셔서 저녁 뉴스 시간마다 아나운서와 인사를 나누시고 말을 건네는 외로운 나의 아버지와 다를 것이 없었지요. 남들이 망령 났다고 소곤대던 아버지. 그래서 분노의 목소리로 아버지 대신 큰 소리로 "이 바보들아"라고 외치고 싶었던 그런 마음으로 나는 예수님을 보게 된 것이지요.

10

설거지를 할 때가 왔구나

불멸의 식욕을 만들어내는 요리술이
연금술이라면 설거지는 버릴 것과 씻을 것을 가려내는
심판이요 판결이다.

부엌에서 음식을 만들어본 적이 없는 사람들은 잘 모를 것입니다. 음식을 만드는 것은 창조의 시간과도 비슷하다는 사실 말입니다. 하다못해 라면 하나를 끓이더라도 날것들이 불 속에서 서서히 변화해가는 과정, 전혀 다른 맛과 형태로 바뀌어가는 생성의 즐거움 같은 것을 발견할 수 있습니다.

비등점을 향한 상승과 그 기대감은 잠시 우리를 지루한 반복의 노동에서 해방시켜줍니다. 요리술은 불멸의 식욕을 만들어내는 일상의 연금술인 것이지요. 그러나 음식만큼 만들 때와 먹고 난 뒤가 다른 것도 없을 겁니다. 포식 끝에 싸늘하게 식어버린 음식 찌꺼기들은 더 이상 어떤 식욕의 대상도 아니고 창조의 상상력을 일으킬 수 있는 자극물도 아닙니다.

설거지는 단지 어두운 하수구로 흘러가는 고통의 상징, 희망 없는 노동일 뿐입니다. 그래서 부엌일을 하는 사람들은 남은 음식을 먹어 치우는 방법을 택하기도 합니다. 음식이 아까워서도 아니고 폐기물을 되도록 덜 내겠다는 독일 주부 같은 환경의식 때문도 아닙니다. 설거지의 양과 그 노동을 조금이라도 줄이기 위한 수단에 지나지 않는 것이지요.

'먹어 치운다'는 말은 아마도 한국어에만 있는 표현이 아닌가 싶습니다. 일본어에는 설거지라는 고유어가 없고 그냥 '사라 아라이さらあらい, 접시닦이'라고 합니다. 영어도 마찬가지죠. 그러니 남의 나라 말에 어디 한국말같이 먹어 치운다는 말이 있겠습니까. 귀찮아서 음식을 먹어 치우는 이 기상천외한 일은 인간이 먹는 어떤 식사 행위의 항목에도 들어가지 않을 것입니다. 종래의 식문화로는 도저히 정의하기 힘들 것입니다.

희랍인들은 여자와 노예를 동일시했습니다. 그 이유는 단순한 차별이 아니라 노동을 경멸했던 희랍인들의 철학에서 비롯된 것이지요. 노동은 단지 인간이 생존하기 위한 것으로, 자연의 필연성에 종속되어 있음을 의미합니다. 특히 여자들이 꾸려가는 가사노동이 바로 그런 것입니다. 적어도 노동에서 벗어나지 않고서는 '영속성' '명예', 그리고 '탁월성' 같은 시민의 자격과 조건을 갖출 수 없다는 겁니다. 누구든 가사노동에 얽매여 있는 한 본질적으로 노예와 다를 것이 없다는 겁니다. 설거지는 가사노동 중 가장 불명예스러운 일로, 그것은 소비와 부패에 관련되는 일입니다. 설거지에는 아주 작은 비전이나 상상력이라는 것이 존재하지 않으니까요. 그리고 이 설거지의 노동에서 벗어나는 유일한 길은 먹어 치우는 방법밖에 없는 것입니다. 잉여를 없애기 위한 식사, 식욕을 필요로 하지 않는 식사…… 어쩌면 여기에 바로 현대인의 특성이 있는 것이 아닌지 모르겠습니다.

희랍인의 분류에 의하면 이제 매일 설거지해야만 하는 나, 먹어 치우는 방법을 터득한 나, 분명히 나는 노예와 다를 게 없습니다.

교토에 와서 꼭 한 달쯤 되던 날입니다. 무인도에 표류한 로빈슨 크루소와 여러모로 닮은 생활을 하고 있었지요. 나사 돌리는 스크루 드라이버가 없어 숟가락 손잡이를 이용해 벽걸이를 달고, 광고지를 접어 구둣주걱으로 사용했습니다. 유리컵이 필통 대신 책상 위에 놓여 있는가 하면, 연구소에서 도심지로 나가려면 버스로 족히 30분은 걸렸지요.

그렇게 나가봤자 난파선으로 헤엄쳐 가서 남은 물건을 찾아오는 로빈슨과 다를 것이 없습니다. 찾는 물건이 꼭 있으라는 법이 없는 것입니다. 병원이 어디에 있는지 몰라 몸이 아프면 이것저것 약이 될 만한 것을 찾아 먹기도 합니다. 생소한 이름이 붙은 영양제·해열제·감기약…… 짐 속에 묻어 온 약들을 스스로 처방해 먹습니다. 난파선에서 건져온 담배를 물에 타 마시면서 "이렇게 독한 담배가 뱃속에 들어가면 병이라 한들 견디겠나"라고 혼잣말을 하는 로빈슨과 똑같은 짓을 합니다. 평소 관심을 두지 않았던 하나님을 생각하게 된 것도 로빈슨 크루소가 무인도에서 했던 일과 똑같습니다.

무엇보다 일기를 꼬박꼬박 쓰는 것까지 같았지요. 로빈슨 크루소는 섬에 표류하자마자 상인답게 매일 장부를 적듯 일어난 일들을 빼놓지 않고 적었습니다. 절망의 언어가 적자라면, 희망의 언어는 흑자다. 나는 난파당했다—적자. 그러나 모든 사람은 죽었지만 혼자 살아남았다—흑자. 그렇지만 내가 표류한 이 섬은 무인도다—적자. 그러나 마실 물과 먹을 만한 열매들이 있다—흑자……

문학비평가 얀 코트의 말대로 내 일기장 역시 교토 생활에서 얻은 흑자와 적자를 보태고 빼는 복식부기의 기장과 같습니다. 물론 그런 이유만으로 교토를 나의 표류도라고 부르는 것은 아닙니다. 로빈슨이 겪은 모든 고초는 난파당했기 때문이지만, 내가 이곳에 온 것은 내 스스로 자청한 일입니다.

문제는 손익 계산으로는 따질 수 없는 인간의 조건에 대한 것들입니다. 로빈슨 크루소가 무인도에서 생활할 때 본질적으로 겪는 고통은 혼자라는 사실이었지요. 인간사회에서 절연된 그 무인도에서는 런던에서 살았던 자신의 신분이나 배경과 같은 신분·소속의 모든 것들이 아무 소용도 없었던 것이지요.

그런 상황에서 절실히 구하는 것은 인간에 대한 그리움이었던 것입니다. 그런데도 그의 표류 생활 중 가장 두렵고 놀라운 경험은 해안가에서 사람 발자국을 발견한 일이었지요. 그처럼 절실하게 사람을 찾고 그리워했는데 막상 사람의 발자국을 보았을 때 그는 공포로 온몸이 얼어붙고 맙니다.

인간에 대한 똑같은 앰비벌런스가 내 마음속에서도 일어나고 있었지요. 연구소 생활이 표류도처럼 느껴질 때 가장 그리운 것이 사람이었습니다. 누군가를 만나 함께 말을 나누고, 식사하고, 즐겁게 놀고 싶어질 때가 있었던 것이지요.

정말 어느 때는 아침부터 밤까지 단 한마디도 누구와 대화를 나눌 기회가 없을 때도 있었습니다. 그런데도 막상 낯선 사람이 눈앞에 다가오면 간단한 목례를 하고 얼른 피해버립니다. 단순히 그들이 나와 다른 외국인이라서가 아니라, 그들이 옆에 있으면 묘한 압박감을 받기 때문이었지요. 그들 역시 그렇게 나를 대하곤 했습니다.

일본인 사이에서도 교토 사람들은 남에게 속마음을 내보이지 않는 것으로 유명합니다. 그만큼 차갑고 배타적이라는 평이지요. 어쩌다 함께 식사를 나눈 사람이라고 해도 이 정도면 가까워졌다고 생각해 반갑게 인사하면 처음 대하듯 깍듯이 인사하는 바람에 그만 무색해지는 경우도 여러 번 경험해본 일입니다.

한옆으로는 사람을 그리워하면서 또 한옆으로는 사람을 만날까 두려워하면서 살아온 한 달, 동굴 벽에 가위표로 표시하듯 지나가는 날짜와 시간을 가슴 위에 칼질하면서 살아온 한 달. 한국이 너무나도 멀리 있는 것처럼 느껴지는 나날들이었습니다. 이제 지금껏 내가 남긴 것들, 내가 먹다 만 그 음식들을 설거지할 때가 되었다는 것을 알게 된 것이지요.

내가 그동안 벌여놓았던 것들을 먹어 치울 시간, 설거지를 해야 할 시간이 온 것입니다. 이제 내 탐욕스러운 식탁을 깨끗이 치울 것이며 테이블보를 더 정갈한 것으로 갈아야 할 것입니다.

하수구에 물이 잘 흘러가는지도 점검해보아야 할 것입니다. 식칼에 묻은 양념 내를 깨끗이 씻어야만 사과 껍질을 벗겨 향기로운 냄새를 맡을 수 있을 것입니다.

무인도가 아닙니다. 로빈슨 크루소의 움막집이 아니라 이제 정갈한 집을 꾸며서 마르다와 마리아처럼 주님을 맞이할 준비를 해야 할 것입니다. 그때 일기장에 쓴 시가 「내가 살 집을 짓게 하소서」입니다.

내가 살 집을 짓게 하소서

내가 살 집을 짓게 하소서
다만 숟가락 두 개만 놓을 수 있는
식탁만 한 집이면 족합니다.
밤중에는 별이 보이고
낮에는 구름이 보이는
구멍만 한 창문이 있으면 족합니다

비가 오면 작은 우산만 한 지붕을
바람이 불면 외투자락만 한 벽을
저녁에 돌아와 신발을 벗어놓을 때
작은 댓돌 하나만 있으면 족합니다

내가 살 집을 짓게 하소서
다만 당신을 맞이할 때 부끄럽지 않을

정갈한 집 한 채를 짓게 하소서

그리고 또 오래오래

당신이 머무실 수 있도록

작지만 흔들리지 않는

집을 짓게 하소서

기울지도

쓰러지지도 않는 집을

지진이 나도 흔들리지 않는 집을

내 영혼의 집을 짓게 하소서

11
끈을 잘라라

개목걸이 같은 끈이 속박하거든
그 끈을 끊어버려라.
묶지도 말고 묶이지도 말라.

교토에 와서 생활 패턴이 바뀌었습니다. 아침 산책을 시작한 것입니다. 트레이닝복 차림으로 심호흡을 하면 기도로 흘러 들어가던 공기 방울들이 폐부에서 터지는 감촉을 느낍니다. 기체로 변한 청량음료입니다. 지난밤 교토 콘서트홀에서 들었던 제르킨의 피아노 소리를 다시 듣는 것 같습니다. 그리고 아침 햇살은 브람스의 피아노 콘체르토, 콘트라베이스의 저음을 뚫고 갑자기 솟아나는 금관악기처럼 투명하고 눈부십니다.

하지만 연구소 뒷문 산모롱이 길에는 개를 끌고 나온 아침 산책객들로 붐빕니다. 약속이나 한 듯이 몸집이 작은 사람은 도사견같이 큰 개를, 몸집이 큰 사람들은 발바리 같은 작은 개를 끌고 나오는 것이 이상합니다. 더욱 이상한 것은 사람들은 산책길에서 마주쳐도 예외 없이 골난 사람처럼 외면을 하지만 개들끼리는 그냥 지나치는 법이 없습니다. 짖으며 달려가거나 싸움을 걸고 등에 올라타려고 하거나 혹은 빙빙 돌면서 서로 냄새를 맡으며 떠보기도 합니다.

그러다보면 젊은이든 노인이든 그리고 남자든 여자든 개를 끌고 나온 산책객들의 보행은 개의 걸음에 따라 달라질 수밖에 없습니다. 개가 길거리에 떨어진 것을 보고 냄새를 맡을 때, 그들은 걸음을 멈춰야 합니다. 그리고 다른 개를 보고 달려가면 끈을 놓치지 않으려고 잡아당기지만, 역시 그들의 걸음은 개의 의지를 거스르기 힘듭니다. 개가 오줌을 눌 때마다 주인은 걸음을 멈추고 자신도 시간을 배설해야 합니다. 칠성사이다의 포말 같던 아침 공기는 금시 오염되고 말지만 주인은 습관이 되어서인지 코를 막으려고도 하지 않습니다.

개가 볼일을 다 보고 나면 개똥을 치우기 위해 준비해 온 휴지를 펴들고 익숙한 솜씨로 뒷시중을 들기도 합니다. 누가 주인인지 구별하기 힘듭니다. 아닙니다. 처음부터 그 산책은 집 안에만 갇혀 있는 애완견에게 배설과 운동을 시키기 위해서 계획된 것일는지 모릅니다. 어쨌든 서로가 서로를 묶는 하나의 끈에 매달려 그들의 아침 산책은 즐겁고 행복해야 합니다.

사람들은 누구나 이들처럼 끈에 매달려 살고 있지요. 나는 종교가 무엇인지 잘 모릅니다. 하지만 그것이 세속에 얽매인 끈에서 벗어나 영혼을 해방시키려는 욕망인 것만은 분명한 것 같습니다. 소유의 끈, 정의 끈, 육신의 끈, 모든 욕망의 끈을 놓아야만 합니다. 내가 망명객처럼 잠시 내 집과 내 나라를 떠나 이곳에 온 까닭도 그러한 목걸이의 끈에서 벗어나고 싶었기 때문입니다. 한국 같았으면 날 알아보는 사람이 있을까봐 시선의 구속을 느꼈겠지만 여기에서는 아주 자유롭습니다. 누구도 날 알아보는 사람이 없기 때문에 들개처럼 뛰어다닐 수가 있습니다.

　매일 아침 산책길에서 숲을 바라보며 나는 내가 목수가 아니라는 것을 신에게 감사합니다. 목수들은 숲을 보지 못합니다. 나무에서 기둥과 서까래, 책상이나 의자를 봅니다. 목재상들은 수직의 나무를 쓰러뜨려 뗏목을 만들고 그것을 필요로 하는 도시로 운반합니다. 인간이 자연물을 무엇을 위한 수단이나 도구로 생각하는 한 우리는 개목걸이의 끈에서 자유로울 수 없습니다. 플라톤이 한 말인가요. 바람 자체가 진짜로 찬지 따뜻한지를 알기 위해서는 이데아를 알아야 한다고 했지요. 그에 따르면 바람은 더이상 자연의 힘으로 이해되지 않고 오로지 따뜻함과 시원함에 대한 인간 욕구와 관련해서만 의미를 가지게 될 것입니다. 다행히도 바람을 방앗간지기처럼 풍차를 돌리는 바람으로 생각해본 적이 없듯이 나는 숲들을 쓰러진 뗏목으로 바라본 적이 한 번도 없습니다.

　나는 나무들을 자유로운 거리에서 바라볼 수가 있듯이 이국의 모든 풍경과 뉴스, 이방의 사람들을 아무 부담 없이 바라볼 수가 있습니다. 그리고 그것이 교토 생활을 하는 지금의 내 행복입니다. 도구가 아닌 존재의 나무로 그것들을 바라보고 있자면 하나하나의 이파리에 묻어나는 여름과 조금씩 물들어가는 겨울의 죽음들이 보입니다.

　바람이 불어 나무들이 미친 듯이 짐승처럼 울부짖으며 나무 이파리 하나하나가 말갈기처럼 흔들릴 때, 비로소 나무는 무엇으로도 풀이할 수 없는 나무 자신의 생명력을 지니고 우리에게 다가옵니다.

그런데 이곳에 온 지 겨우 하루가 지난 그때부터 새로 만나는 사람과 새로 구한 물건들로 나에게도 개목걸이의 끈이 생겨나기 시작한 것입니다. 아무리 버리고 버려도 쓰레기통을 비우고 또 비워도 하루치씩 온갖 생의 찌꺼기들이 쌓여갑니다.

미구에 쓰레기가 될 물건들이 내일의 나를 기다리고 있습니다. 그 중에서도 가장 무서운 것이 인간의 끈입니다. 사람들을 피해 이곳에 왔는데 사람들이 그리워 치와와 같은 애완용 개의 목줄을 구하러 다닙니다. 개를 끌고 산책을 하는 저 많은 사람들과 조금도 다를 것 없이 나는 자유로울 수가 없습니다.

12

휴일에 갈 곳이 없는 사람들

빈 시간이 두려워 일을 합니다.
백지가 두려워 글을 씁니다. 일본인이 일 중독에 빠진 것과
크리스천이 전 인구의 1퍼센트밖에 되지 않는 함수관계.

일요일입니다. 일요일을 '공일空日'이라고 불렀던 어린 시절이 생각납니다. 한자말인 '공일'은 텅 빈 날이라는 뜻입니다. 서양에서 노는 날은 성자들의 기념일이 아니더라도 '홀리데이holiday, 성스러운 날'라고 부릅니다. 토요일처럼 반공일도 그들은 '하프 홀리데이'라고 하지 않습니까. 반만 성스러운 날이라니…… 그러면 반은 속된 날인가. 그러고 보면 확실히 무신론자들의 공일은 설 자리가 없는가봅니다.

아무것도 없다는 것은 아무 의미가 없다는 것입니다. 사람들은 빈 것을 견디지 못하지요. 그래서 무엇인가 의미로 채우려고 기를 씁니다. 일기를 쓴다는 것, 그것도 결국 빈 종이의 하얀 공백을 문자로, 의미로 메워가는 행위일 것입니다.

에이하브 선장이 흰 고래 모비딕을 죽이기 위해 평생 목숨 걸고 쫓아다니는 것은 작가가 원고지의 흰 공백을 죽이기 위해 일생 동안 글

을 써나가는 것과 비슷하다고 평한 사람이 있습니다.

어떤 예리한 펜의 창으로도 그 흰 공백의 심장을 꿰뚫을 수 없었기에 나는 매일 공일의 그 바다에서 익사하고 있는지 모릅니다. 글 쓰는 문필가들만의 일이겠습니까. 흰 공백을 죽이기 위해 화필을 들고 온갖 색채로 여백을 메워갔던 그 많은 화가들의 이름도 생각해봅니다. 벨라스케스, 다빈치, 렘브란트, 솔거, 신윤복, 피카소, 마티스, 이중섭. 이 모든 사람이 이 흰 화폭의 바다에서 익사한 사람들입니다.

음악가라고 예외는 아닐 것입니다. 침묵하는 오선지의 빈칸과 그 빈 공기들을 채우기 위해 무수한 멜로디와 화음을 현악기로, 금관악기로…… 그것으로도 안 되면 무슨 시끄러운 북이나 심벌즈로 소리의 창을 던집니다. 모비딕 그 흰 고래의 등을 향해서.

나도 죽는 날까지, 세계가 끝나는 날까지 글을 쓸 것입니다. 다 쓴 치약 튜브를 짜내고 또 짜내듯 가슴의 주름이나 머리 한구석에 남아 있을지도 모를 그 느낌과 생각들을 짜내 글을 쓸 것입니다. 아직 내 열정과 사랑과 증오가 식어버리기 전에 추운 겨울에도 피는 수선화처럼 고개 들고 일어서는 언어들을 찾아내야 할 것입니다.

안식일, 노는 날, 공일, 홀리데이. 웬만하면 일에서 풀려난 자유로운 공백의 날에 교회에 나가 파이프오르간 소리라도 들으면 얼마나 좋을까요. 그것이 안 되는 것을 보면 아무래도 나를 묶은 일상의 끈이 밧줄처럼 튼튼한가봅니다.

정말 달력에 무슨 성자의 이름이 찍힌 그런 노는 날이 나에게도 있었으면 합니다. 결국 아무 일도 하지 않는 공백의 시간이 두려워 편의점인 세븐일레븐까지 걸어가봅니다. 처음으로 그렇게 많이 걸었습니다. 거리가 점점 어두워지면서 하나둘씩 불 켜진 창문들이 땅거미 속에 침몰합니다. 저녁이 먼저 찾아온 깜깜한 골목길에 사진 현상소의 쇼윈도만이 환한 대낮을 그대로 연출하고 있습니다. 핀라이트의 조명을 받으며 일본 10대 소녀들의 웃는 얼굴이 꼭 암실 속의 인화지에서 나온 것 같습니다.

사람들은 저녁이 되면 새들처럼 둥지로 돌아갑니다. 귀소본능의 헤드라이트를 켠 자동차들이 분주하게 도심에서 외곽 도로로 빠져나갑니다. 원래 세븐일레븐은 아침 일곱시에 문을 열고, 밤 열한시에 문을 닫는다는 뜻으로 붙여진 미국 체인 편의점의 이름입니다. 열시에 문을 열고, 저녁 여섯시면 문을 닫아버리는 백화점과 경쟁하기 위해서 만들어졌다고 합니다. 그러나 그것이 일본에 들어오면 아예 24시간 영업으로 전향됩니다.

시간을 상품화하는 아이디어는 미국에서 들어온 것이지만, 그것을 더욱 철저하게 개발해 '시아게仕上げ. 마무리'한 것은 일본 사람들이었고 그 결과로 미국의 모회사를 삼켜버렸다는 소식입니다. 그러니까 세븐일레븐에서는 상품뿐만 아니라 일본 사회와 24시간 뜬눈으로 일하는 근로상품까지 끼워 파는 것이라는 생각조차 듭니다.

매장 안은 저녁거리를 장만하려고 모여든 사람들로 붐빕니다. 손님들 중에는 나처럼 혼자 사는 늙은이도 많은가봅니다. 그들은 무엇을 사나 곁눈질해봤더니 그러면 그렇지 도시락입니다.

일본에는 참 많은 도시락이 있습니다. 일본의 전통 도시락은 말할 것도 없고, 비프 스테이크 같은 일반 양식풍에서 이탈리아식, 중국식 도시락에 이르기까지 가지각색입니다. 아무리 맛있는 음식을 만들 수 있는 이탈리아나 중국의 요리사라고 해도 그것을 도시락으로 만들어 파는 데는 일본을 이길 사람이 없을 것 같습니다.

음식은 서양 것이지만, 그것을 담는 방식과 용기를 도시락으로 개발해 제 것으로 만들어버리는 그 재빠른 솜씨는 세븐일레븐 전략과 다를 것이 없습니다. 도시락의 가격은 대개 4~5백 엔대로, 한국으로 치면 5천 원 정도 하는 가격에 중국이나 이탈리아 요리점에 가지 않고도 그 특별한 메뉴를 즐길 수 있습니다.

그렇지만 나는 초밥 도시락이 아니라 식빵을 사기로 마음을 정했습니다. 왠지 초밥 도시락을 사서 돌아가면 나 자신의 모양이 궁상스러울 것 같아서입니다. 식빵은 그보다는 덜 산문적이지요. 만지는 감촉도 좋아요. 부드럽고 사람 살처럼 약간 탄력이 있는 식빵 봉지에서는 저 먼 곳에 있는 서양 냄새가 납니다.

어렸을 적 위궤양으로 밥을 드시지 못하고 식빵을 잡수셨던 아버지 생각이 납니다. 밥이 아니라 빵을 먹는 사람들, 아버지의 식빵에서 안데르센 동화 같은 맛을 보았던 유년 시절의 기억 때문에 별로 좋아하지도 않는 식빵을 골랐는지도 모릅니다.

그래요. 아무리 후한 점수를 줘도 도시락은 편리하기는 하나 시詩가 될 수는 없을 것 같습니다. 그러나 빵은 거룩한 성서에서도 수없이 많이 나오고 대학 시절 내 젊음의 감성을 뒤흔들어놓은 딜런 토머스의 시에도 나옵니다.

「This bread I break」. 좀처럼 먹지 않던 식빵을 산 것은 바로 젊은 시절에 외우고 다니던 딜런 토머스의 그 시 때문인 것 같습니다.

상상력이란 사물을 부풀리는 것이 아니라 해부하고 쪼개는 행위입니다. 존재의 그 딱딱한 껍질 안에 잠재해 있는 시간과 공간의 이미지를 끄집어내는 일입니다. 우연히도 '빵'이라는 말의 'bread'와 '쪼개다'의 'break'는 음이 비슷합니다. 마지막 철자인 'd'와 'k'만 다르기 때문에 반복적인 아름다운 운율을 만들어냅니다.

지극히 일상적인 빵덩어리이지만 시인의 식탁에 오르면 호밀밭에 불던 바람 소리가 들려옵니다. 그리고 붉은 포도주는 남국의 파란 하늘과 뜨거운 여름 햇볕으로 환원됩니다. 딜런 토머스의 시에서는 "이것은 내 살이요 피"라고 하던 예수님의 최후 만찬의 빵과 포도주의 성^聖스러운 이미지가 인간의 육체와 그 관능의 뿌리를 적시는 섹스의 성^性적 이미지와도 융합됩니다.

이 핑계 저 핑계를 대봤지만 세븐일레븐에서 빵을 산 것은 결국 예수님의 최후 만찬이 생각났기 때문인지 모릅니다. 혼자서가 아니라 예수님과 함께 식탁에 앉아서 "이것이 내 살이니라, 이것이 내 피다" 하며 빵을 저미어주시는 예수님의 향기로운 손을 상상해봅니다. 그것만으로도 조금은 덜 외로울 것 같다는 생각이 듭니다.

그것이 토스트를 굽는 것이 귀찮아 끝내는 먹지도 않을 식빵을 사들고 세븐일레븐을 나선 내 공일의 사연입니다. 유다가 될지도 모르지만 나도 예수님의 열두 제자의 하나가 되고 싶습니다. 어차피 끈에서 자유로울 수 없다면 정말 튼튼하고 영원한 끈에 끌려다니고 싶습니다.

세븐일레븐의 저녁시간

세븐일레븐을 나오면 벌써 저녁
땅거미 진 거리에는
그림자도 없어
혼자서 돌아온다

DPE 빈 가게의 유리 안에서
형광등처럼 켜지는
기모노 입은 여인의 환한 웃음

비닐봉지 안에서 식어가는 식빵의 식욕
체온계처럼 옆구리에 끼고 가다가
내일 아침에도 혼자 앉을 식탁을 생각한다

세븐일레븐을 나오면 가랑비가 온다
지폐보다 가벼운 쇼핑백의 무게
비에 젖어도 가벼운 하루의 무게

13

신앙에 이르는 병

변고를 통해서 건강을 발견하는 것처럼
변고를 통해서 우리는 치유의 하나님을 만난다.

"감기에 걸렸다. 두려워하던 것이 왔다. 일본은 토요일과 일요일, 그리고 다음 월요일에도 공휴일이라 병원이 문을 닫는데 병에 걸린 것이다. 한국에서 지어 가지고 온 감기약을 먹었다. 그러나 밤새도록 열 때문에 환몽 속을 헤맨다. 가끔 꾸는 꿈이지만 아산 방조제같이 바다로 뻗어 있는 뚝길을 걷는다. 좌우로 파도가 치는 험한 바다. 아슬아슬한 마음으로 한 발 한 발 나간다. 의지할 난간조차 없다. 그리고 건너야 할 뚝길의 끝은 보이지 않는다.

열이 나면 늘 이런 꿈을 꾼다. 프로이트는 이런 꿈을 뭐라고 풀이할지 궁금하다. 잠이 안 와서 새벽 네시에 깼다. 머리가 아프고 귀도 여전히 부어 있다. 가쓰라 병원에서 순번을 기다리느라 네 시간을 보냈다. 5분 동안의 진찰을 받으려고 기다리고 기다린다. 동굴 같은 복도를 지나다니는 환자들의 모습을 바라보고, 호명하는 스피커 소리에 귀를 기울이고, 걱정스러운 표정을 하며 검사 결과를 기다리고 있는 환자들 틈에 끼어서 기다리고 기다린다. 최후의 심판 날에도 사람들은 그렇게 기다리는가. 아니면 지진이 일어나듯 한꺼번에 쓰러지는가. 서서히 위기가 다가오는 병원의 그 미지근한 긴장 속에서 다시 미열을 느끼기 시작한다."

이방의 땅에 살면서 제일 무서웠던 것이 병나는 것이었던가봅니다. 교토의 일기장은 거의 한 달 가까이나 병 이야기로 가득 채워져 있습니다. 그렇지요. 누구나 병에 걸리면 자신의 몸 전체를 느낍니다. 자기와 가장 가까운 것이 자기 몸입니다. '나'라고 하는 것은 바로 내 몸을 뜻하는 말이기도 합니다. 그러나 자신과 가장 가깝다는 자기 몸을 자기가 보지 못한다는 것은 여간 큰 아이러니가 아닐 수 없습니다.

자신의 뒷모습이 어떻게 생겼는지 죽을 때까지 볼 수도 알 수도 없습니다. 삼면경으로 볼 수 있다고 할지 모르나 그것은 이미 거울에 비친 영상, 엄격하게 말해서 타자의 영상일 뿐입니다. 그러고 보면 자기도 모르는 자기 육체를 지니고 살고 있는 것이 정말 이상하다는 생각이 듭니다.

자신의 신열을 모르기 때문에 이렇게 체온기를 꽂고 있는 것이 아니겠습니까. 가려운 곳을 긁을 때도 마찬가지입니다. 가려운 곳도 자기 몸이며, 그것을 긁는 손도 자신의 몸입니다. 가려워하는 몸과 그것을 긁어주는 두 몸이 서로 떨어져 있습니다. 보고 보이는 관계입니다. 남이 긁어줄수록 시원한 것도 그 때문입니다.

메를로 퐁티의 현상학도 결국은 이러한 신체성으로부터 시작된 것이었지요. 그 이야기를 나 자신이 소설로 쓴 적도 있지만 다리 절단 수술을 받은 환자는 이미 없어진 다리인데도 그 다리의 감각을 느낀다고 합니다. 그래서 없어진 발로 일어서 걸으려다가 넘어지기도 하고 없는 다리가 가려워 긁기도 하는 겁니다.

의식 속에 떠오른 어떤 개념이기에 열이 나면 온몸이 환각의 다리처럼 됩니다.

다시 감기가 도졌나봅니다. 기침이 나옵니다. 침대에 누워서 난해했던 메를로 퐁티의 현상학을 생각해봅니다. 답답한 포대기처럼 온몸을 덮고 있는 미열 속에서 환몽 같은 언어들이 떠돌아다닙니다.

혼자 누운 날

내 안에 많은 생명들이 있다
머리카락 수만큼,
자라나는 손톱 길이만큼
더 많으면 수십 억 수백 억 세포의 수만큼
내 안에는 다른 생명들이 산다

그것들이 날 위해서 오늘도 바이러스와 싸우고
면역체를 만들어내느라고

몸뚱이에 신열을 일으킨다

기침을 하면 허파가 울린다
기침을 하면 기도에서 가래가 나온다
기침을 하면 누선을 적시는 눈물이 맺힌다

그 작은 생명들이 소리 없는 함성을 지르며
싸우는 전쟁의 소리를 듣는다

오므론 디지털 체온기는 38도 5부
어디에선가 또 나도 모르게
독한 바이러스와 싸우다가 죽어가는
내 안의 작은 생명들이 보내는 신호

내 안에는 많은 생명들이 있다
머리카락 수만큼,
지문의 소용돌이만큼

아내 인숙에게서 전화가 왔습니다. 목소리가 맑고 코 막힌 소리도 나지 않는 것을 보면 감기가 나았나봅니다. 나만 아파하다가 인숙의 병 생각을 하지 못했던 것 같습니다. 이렇게 각자가 각자의 병을 앓습니다. 부부이면서도 남처럼 그렇게 자기 감기를 혼자 앓는 것입니다.

그런데도 인숙의 맑은 목소리를 듣자 나는 병이 나은 것처럼 마음이 개운하고 생기가 돕니다. 나도 모르게 속으로 많이 걱정을 했나봅니다. 그렇습니다. 부부란 너무 가까운 존재여서 나도 모르게 생각이 날 때가 많습니다. 그것을 사람들은 정이라고 부르는 모양입니다. 사랑은 외모로 말로 몸짓으로 나타나지만 정은 조용히 지열처럼 자신도 모르게 마음의 맨 밑바닥에서 타오릅니다.

우리는 그런 부부입니다. 서로가 사랑을 말하지 않지만, 때로는 증오하고 짐승들처럼 손톱을 세우기도 하지만, 언제나 영도의 얼음장 밑에는 플러스 4도의 물이 흐르는 법입니다. 미지근한 것이지만 그것으로 40, 50년 가까이 살아온 것이지요.

감기가 아내에 대한 사랑을 깨닫게 합니다. 객지에서 한 달 가까이 혼자 감기를 앓으면서 느낀 것은 인간은 혼자서 병을 앓아서는 안 된다는 사실이었지요. 누군가 가까운 사람이 있다는 것은 누군가 자기 병을 걱정해주는 사람이 있다는 말과 같습니다. 존재는 병이고 병을 통해서 우리는 남과 어울립니다. 병을 앓게 되면 자신이 혼자인지 아니면 남과 함께 살고 있는지 알게 됩니다. 호사다마가 아니라 다마호사도 있는가봅니다.

앓고 나면 큰다지만 나도 이번 감기가 나으면 어른이 되어야겠다고 생각하면서 혼자 웃어봅니다. 기침을 하면서 아직 살아 숨쉬는 허파를 느끼며 즐겁게 웃습니다. 아무래도 이번 감기가 나아 병으로부터 벗어나면 새 구두라도 사 신고 예배당을 찾아가야만 할 것 같습니다. 상온보다 높은 바이러스의 신열이 나와 아내를, 그리고 나와 예수님을 가깝게 해준 것 같습니다. 이 나이에 누구에겐가 어리광을 부리고 싶었던 게지요.

결국 종교와 가장 가까운 것이, 인간이 종교에 다가갈 수 있는 가장 가까운 지름길이 병이라는 생각에 머리맡의 체온계를 치웠습니다. 모든 병 속에는 종교의 광맥이 묻혀 있다고 생각하면서 말이지요.

14

살찐 새는 날지 못한다

비만은 나태인가. 나이가 들며 살이 찌는 것은
지방을 연소시키는 열정이 모자라서인가.
비만은 건강이 아니라 정신의 문제이다.

감기도 계절도 바뀌었습니다. 객지에 와도 철은 신기하게 똑같이 바뀝니다. 겨울옷을 벗고 좀약 냄새가 날 것 같은 춘추복을 꺼내 입습니다. 묵은 옷이어서 조입니다. 한 해가 지났는데 어느새 몸이 또 불었나봅니다. 이제 내 지방을 연소시킬 열정이 모자라 이렇게 살이 쪄 가는가 생각하니 나이 드는 것이 부끄럽습니다.

젊은 시절, 어떤 종교도 믿지 않던 내가 그래도 부처님보다 예수님을 더 가깝게 느낄 수 있었던 것은 틴토레토의 그림 때문이었던 것 같습니다. 연화대 위에 가부좌를 하신 부처님과는 달리 십자가 위에 못 박히신 예수님은 너무 안타깝게도 갈비뼈가 드러나 보입니다.

우리는 연화대에 가부좌를 한 마른 예수님을 생각할 수 없는 것처럼, 십자가에 매달려 있는 부처님을 상상하지 못합니다. 고뇌와 해탈. 나는 아직 고뇌의 편인데도 살이 많이 쪘으니 예수님 보기가 민망합

제1부 교토에서 찾다

니다. 젊은 시절, 자코메티의 조각처럼 말라 있었을 때는 예수님의 고뇌를 이해하지 못했는데 이렇게 살이 찌고서야 예수님을 찾는 것이 보통 아이러니가 아닌 것 같습니다.

"아버지 저들을 사하여 주옵소서Pater, dimitte illis" 하셨던, 십자가에 못 박히신 예수님의 뒤틀린 몸. 그리고 조국을 걱정하며 벌거벗고 물레를 돌렸던 마하트마 간디의 몸을 생각하면서 나 스스로 나의 안이한 삶에 대해 용서를 빌었습니다. 정말 내가 나의 조국이나 인류의 괴로움과 슬픔을 하루라도 내 몸처럼 걱정했더라면 이렇게 살이 찔 수 있겠습니까.

비만을 두려워하는 사람들은 나만이 아닌 것 같습니다. 일본의 슈

▶ 틴토레토의 〈그리스도의 십자가 처형〉, 1565년
캔버스에 유채, 536×1224cm
이탈리아 베네치아, 스쿠올라 그란데 디 산 로코

퍼에서 '카테킨catechin'이라는 신개발 음료수가 활개를 펴고 있는 것을 보아도 알 수 있습니다. 지방을 분해해 마르게 하는 성분을 녹차에서 추출해 상품화한 것이라고 합니다. 후생성의 허가까지 받았다는 것을 보면 전혀 근거가 없는 이야기도 아닌 것 같습니다. 체중을 줄이기 위해 위를 축소하는 수술을 받다가 목숨을 잃었다는 이야기는 한국만의 애화哀話가 아닌 듯 싶습니다.

식품 광고에는 그 어느 것이든 '저칼로리'니, '칼로리 오프'니 하는 상투어가 따라다닙니다. 내가 일본에 처음 와서 『축소지향의 일본인』을 집필했던 30년 전만 해도 일본 사람들은 왜인倭人이라는 말 그대로 왜소한 사람이 많았었지요. 키도 작고 몸집도 작았습니다. 그런데 영

제1부 교토에서 찾다

양 때문인지 일본의 젊은이들은 눈에 띄게 달라졌습니다.

그래, 나도 슈퍼에 가면 카테킨이 들어 있다는 녹차를 사야겠다, 그리 다짐해봅니다. 아니면 저칼로리나 칼로리 오프의 광고문이 들어 있는 식품을 사와야겠다고 언뜻 본 상품명들을 속으로 외워봅니다.

살찐 새는 날지 못합니다. 날기 위해, 학이 되기 위해, 옛날 우리 선비님들처럼 약초나 캐먹고 살아가는 은둔처라도 찾아봐야겠습니다. "근심이 모자라면 카테킨 음료를 마셔서라도 학이 되는 거다." 그때만 해도 마른 학이 되자고 했지 예수님처럼 무거운 십자가를 메고 가는 그 고뇌의 길은 감히 상상도 하지 못했습니다.

살이 쪄서 행복한 것은 아마도 일본 씨름꾼밖에는 없을 성싶습니다. 일본에 와서 생긴 취미는(30년 전 도쿄 생활에서도 그랬지만) 일본 씨름 스모입니다. 이상한 옷차림을 한 심판이나 기저귀 같은 훈도시 하나만 차고 알몸으로 부딪치는 역사들의 모습이 이 세상 사람 같지가 않습니다. 꼭 비디오를 리와인드하여 수백 년 전 에도 때를 방문하는 것 같아 즐겁습니다.

하지만 지금 우리가 보고 있는 일본의 스모는 메이지유신 때 들여와서 만든 것이라고 합니다. 천장에 매단 지붕도 옛날부터 있었던 것이 아니라 텔레비전 촬영을 위해 기둥을 잘라낸 것으로 최근에 꾸민 무대장치라는 겁니다.

아무 이해관계가 없는데도 관전하다보면 자연히 졌으면 하는 쪽과 이겼으면 하는 쪽으로 갈라지게 마련입니다. 똑같이 남을 사랑할 수 없는 운명을 타고난 것이 인간의 원죄인가봅니다. 문제는 내가 좋아하는 역사들은 늘 덩치가 작은 쪽이라는 데 있습니다. 아닙니다. 항상 지기 때문에 그들을 응원하는지도 모릅니다. 지고 관중석을 지나가는 뒷모습이 너무 딱합니다. 지금 텔레비전 앞에 앉아 있을 그의 식구들을 생각하면 더욱 마음이 아픕니다.

일본의 스모는 자기보다 체중이 두 배나 더 나갈 법한 뚱뚱한 역사를 넘어뜨릴 때 함성이 터져나오는 재미입니다. 그러고 보니 잇사_{一茶}의 하이쿠 한 수가 생각납니다.

개구리 두 마리가 싸움을 하는데 한쪽은 몸집이 크고 또 한 녀석은 말랐었나봅니다. 시인 잇사는 싸움 구경을 하다가 덩치가 작고 마른 녀석을 열심히 응원하면서 하이쿠를 지었지요. '야세가에루, 마케루나, 잇사고레니아리_{やせ蛙負けるな一茶これにあり}'. 의역하자면 '마른 개구리야, 힘내라. 나 잇사가 보고 있단다'입니다.

그렇지요. 잇사는 마르고 힘없는 그 개구리에게서 자신의 모습을 보았는지 모릅니다. 이 세상에서 늘 힘센 사람들에게 짓눌려 살아온 사람, 재주라고는 시밖에 지을 줄 모르는 자신, 어쩌다 남과 경쟁하다 보면 늘 벌렁 나자빠지는 자신의 모습을 그 마른 개구리에서 보았던 것이지요.

잇사의 심정을 잘 알고, 그의 명구를 어려서부터 좋아했는데 어떻게 예수님을 모른다고 하겠습니까. 잇사보다도 늘 마른 개구리들을 위해 피를 흘리신 예수님을 어찌 모른다고 거부하겠습니까.

구지정_{具志禎}이라는 사람이 지은 우리 시조에도 그런 것이 있습니다.

쥐 찬 소리개들아 배부르다 자랑 마라

청강 여윈 학이 주리다 부를소냐

내 몸이 한가하야마는 살 못 진들 어떠리

그러나 지금 읽어보면 이 시조는 잘못된 것 같습니다. 요즘에는 몸이 한가하기 때문에 살이 찝니다. 쥐를 잡으러 다니는 소리개들은 오히려 살이 찌지 않고 청강에 한유자적하는 사람들이 살이 찌는 것이지요.

경제적인 번영이 인간을 게으르게 하고 살찌게 합니다. 나도 그런 부류의 한 사람입니다. 예수님을 뒤따르던 제자들은 어떠했을까. 다빈치가 그린 〈최후의 만찬〉의 제자들 모습을 보면 살찐 사람은 거의 보이지 않습니다. 네로의 향연과는 아주 다릅니다. 유다마저도 야윈 체구입니다. 예수님의 손이 아주 인상적입니다. 갸름하고 야윈 손입니다. 그런데 잘 보면 왼쪽 손은 손바닥이 보이는 열린 손이고 오른쪽 손은 손등이 보이고 약간 주먹을 쥔 듯한 모양을 하고 있습니다. 열린 손과 대조를 이루는 닫힌 손이지요.

열린 손은 받아들이고 닫힌 손은 거부하고 벌합니다. 제자들은 열린 손으로 맞고 유다와 같은 악은 닫힌 손으로 거부합니다. 하지만 이 두 손의 선이 팔로 어깨로 위로 올라가면 하나로 합쳐집니다. 그렇게 모순되는 두 손이 하나가 되는 곳에 예수님의 얼굴이 있습니다. 그리고 머리 뒤로는 빛과 하늘이 보이는 창문이 후광을 이룹니다.

땅의 모순이 하늘로 올라가면 야윈 자와 살찐 자들이, 죄지은 자와 정의로운 자들이 예수님의 사랑으로 융합됩니다. 살찐 자와 야윈 자의 편을 가르며 세상을 두 쪽 난 칸막이로 바라보았던 자신이 부끄럽게 느껴집니다. 인위적으로 살 뺄 생각을 버리고 살찐 사람까지도 끌어안는 방법을 배우려고 합니다. 그렇게 어려운 일을 고민하다보면 내 지방이 타버리고 체중이 가벼워질지 모릅니다.

로마 시대의 한낱 죄수로 십자가에 처형되었던 시골 나사렛 사람이 어떻게 2천 년이 넘게 이 지구의 구석구석까지 그 존재의 빛을 발하실 수 있었을까요. 아무리 무신론자 반기독교인이라도 조용히 자문해 봐야 할 문제입니다.

그 수수께끼의 하나가 긍정의 힘이라고 봅니다. 성경 구절을 보면 같은 말이라고 해도 긍정문으로 되어 있는 것이 많지요. 낙타와 바늘귀의 비유처럼, 어렵다고 하지 않고 쉽다고 표현한 것입니다.

나의 키와 몸무게보다

나의 키
1미터 68센티
나의 키보다 더 높은 것을 주소서
한 뼘만큼 키가 더 자라면
옥수수밭에 가려 보이지 않던
당신께서 거하시는 집
빨간 노을에 물든
아름다운 문기둥이 보일 것입니다

나의 몸무게
68.1킬로그램
밥 한 술의 무게만큼 더 가볍게 하소서
땅바닥을 기어다니던 곤충들에
더듬이를 달아주시듯
내 천 근 몸무게를 가볍게 하소서
먹구름, 뭉게구름에 가리어 보이지 않던
당신이 거하시는 집
루비 사파이어의 창문을 볼 것입니다

보세요 내 키는 오늘도 자라고
내 몸무게는 오늘도 가벼워져서
틴토레토의 그림 속 당신의 모습을
닮아갑니다

그러나 아니에요 나는 당신처럼 가벼워지고
그 키가 커질 수는 없어요
천년을 살아도 아니 될 것입니다

당신의 키는 땅에서 하늘
몸무게는 새벽 공기보다도 가볍습니다

어떻게 당신을 따르라 하십니까

15

회개 없이 돌아온 탕자

여태까지 난 애한테 아무것도 해준 게 없는데,
다른 아버지, 하나님 아버지가
이 아이를 이렇게 기쁘게 해주었던 것입니다.

    방학이라 잠시 한국으로 돌아가 일주일쯤 쉬는 동안 민아에게서 전화가 왔습니다. 한국에 온다는 전화였는데 나는 반가운 김에 "한국에 와서 가장 하고 싶은 것이 뭐니? 어떤 소원이든 다 들어줄게."라고 큰 소리를 친 겁니다. 숲속의 요정도 아닌 내가 아무 소원이나 다 들어주겠다니…… 또 지키지도 못할 약속을 한다고 옆에서 아내가 핀잔을 주더군요. 미국으로 떠난 뒤 줄곧 떨어져 살면서 아무것도 해준 일이 없었던 것이 마음에 걸려서 민아만 보면 늘 엉뚱한 약속을 했던 것이지요.

    보통은 여기에서 끝나는 법입니다. "됐어요. 아빠 보는 게 내 소원인데 뭘." 글쓰기에 바쁜 아버지, 책읽기에 바쁜 아버지, 항상 회의에 참석하고 없는 아버지. 그런 아버지가 보고 싶어 서재 방문을 열 때마다 늘 비어 있는 자리, 아니면 책상에 구부리고 앉아 있는 아빠의 등

뒤만 바라보았던 민아입니다. 어렸을 때부터 그런 아버지에게 익숙해 있던 터라 시간이 없어 늘 지키지 못하는 약속을 해놓고 쩔쩔매던 아버지를 잘 알고 있었던 민아……

그러나 그날만은 달랐지요. "아빠 정말이야!" 그러더니 나보고 하용조 목사님을 만나게 해달라는 거예요. 암과 투병을 하고 있을 때 LA 한인 교회를 방문하셔서 자기에게 새로운 소망과 빛을 주신 분이 바로 하 목사님이라는 겁니다. 가까이에서 목사님을 직접 만나 뵙고 말씀을 들었으면 좋겠다고 했지요.

딱하게도 이 무신론자는 그때까지 그 유명한 하 목사님이 어떤 분인지를 잘 몰랐던 것이지요. 딱 한 번 초청 강연회 자리에서 뵌 적이 있었는데 그때 하 목사께서는 나에게 이런 말을 하셨어요. "저, 이 선생님보고 누가 '왜 예수님을 믿지 않으십니까' 하고 물었더니 '예, 원래 첫사랑하고는 결혼 못 하는 법입니다' 하고 대답하셨다는데 그게 사실입니까." 나는 그저 우물쭈물 시인도 부정도 하지 않고 어색하게 그냥 웃었어요. 예수님과 첫사랑이라도 한 적이 과연 있기나 했는지. 조금 마음이 켕겼기 때문에 질문을 피하고 말았던 것이지요. 이런 일이 생길 줄 알았더라면 그때 좀더 진지하고 성실하게 대화를 나누었을 것을, 하고 후회를 했지요.

그러나 "구하라 그리하면 주시리라"라는 성경말씀은 거짓이 아니었습니다. 별 면식도 없으면서 염치없이 전화를 드렸더니 사역하시느라 그렇게 바쁘신 목사님께서 기회의 문을 열어주신 겁니다. 아내, 딸 민아와 함께 목사님을 모실 수 있었고 비록 민아를 위한 것이었지만 덩달아 이 무신론자까지 목사님의 축도를 외상으로 받게 된 셈이었지요. 마치 크리스천이나 된 것처럼 기도가 끝날 때에는 어색하지 않은 큰 목소리로 '아멘'이라고 힘차게 말했지요.

솔직히 말하지요. 웬일인지 '아멘'이니 '할렐루야'니 '주님'이니 수없이 하는 말인데도 막상 내가 하려고 하면 어색해지고 입이 잘 떨어지지 않습니다. 그런데 그때만은 아무 거리낌 없이 저절로 그 말이 흘러나오더군요.

사실 나는 아무 뜻도 모르고 '아멘, 아멘' 하고 소리치는 사람들이 싫었어요. 비록 크리스천은 아니었지만 나는 아멘이란 말이 무슨 뜻인지 잘 알고 있었지요. 그래서 함부로 입 밖에 내지 못했나봅니다.

성경은 세계의 모든 말로 번역된 유일한 책이라고 합니다. 그러나 '아멘'이라는 말만은 어느 시대 어느 나라 사람들이나 번역하지 않고 히브리어 그대로 옮겼습니다. 구교든 신교든 교파가 무엇이든 크리스천이면 모두 아멘이라는 말로 기도를 마무리합니다.

그런데 누가복음[11:1-4]과 마태복음[6:5-15]에서 예수님께서 일러주신 주기도문의 끝에는 원래 아멘이라는 말이 없었다고 합니다. 다만 그 기도가 거짓이 아니라 진실 그대로라는 것을 다짐하고 확신하는 말로 후에 신도들이 그렇게 붙인 것이라고 합니다.

세속적인 문화로 풀이하자면 판소리에서 감동이 생기면 추임새를 하듯이 자신의 기도가, 그리고 목사님의 말씀이 가슴을 칠 때 자신도 모르게 나오는 감탄사라고 하는 것이 옳을 것입니다. 예수님의 입김처럼 그 입에서 나온 그 말 그대로 옮긴 아멘이라는 말, 신성한 말, 진실이라는 뜻을 지닌 그 신비한 울림의 말을 함부로 입에 올릴 수 있겠습니까. 아닙니다. 정직하게 말하자면 믿지도 않는 사람이 아멘이라고 말하는 것이 왠지 창피하다는 생각이 들어서 그랬습니다.

일본말로 아멘이라는 말은 그들이 잘 먹는 소멘素麵,국수과 음이 비슷해 크리스천을 놀릴 때 '아멘 소멘'이라고 하던 기억이 남아 있었지요. 그러나 하 목사님의 기도를 받고 나는 아멘이란 말은 소면의 국수 발처럼 약한 것이 아니라 하나님과 우리를 맺어주는 강철보다 강한 끈이요, 생명줄이라는 것을 어렴풋이 느꼈던 것 같습니다.

아멘이라는 말이 쉽게 입에서 흘러나올 수 있었던 나 자신에게 조금은 당황했고 그런 변화에 대해서 불안해했습니다. 그때 내가 아멘이라고 한 것은 딸의 기쁨이 나의 기쁨이고, 딸에게 내리시는 축복이 곧 나에게 내리시는 축복이었음을 진실로 믿었기 때문이지요. 세계의 공통어인 아멘 그대로였던 것입니다.

하 목사님은 내가 딸에게 줄 수 없는 것을 준 것입니다. 아멘. 친아버지보다 더 강한 사랑을 주신 것이지요. 딸을 통해서, 하 목사님을 통해서 내 지성으로는 설명할 수 없는 저 높은 세상을 한순간이나마 흠씬 훔쳐볼 수 있었던 것이지요.

하 목사님은 나보고 예수님 믿으라는 한마디 말도 남기지 않고 떠나셨습니다. 아무 조건 없이 우리 부녀 앞에 나타나셨던 것입니다. 그러기에 나는 그게 끝이라고 생각했지요. 두 번 다시 하 목사님을 만나 뵐 일은 없을 거라고 생각했던 겁니다.

탕자가 돌아갈 길은 아직도 멀었던 거지요. 목사님이 떠나고 딸이 떠나고, 아멘도 순간의 감동도 내 마음에서 떠나고, 눈앞에 없으면 없는 것이라는 내 유물적 습관은 다시 컴퓨터 앞에 돌아와 키보드를 두드리고 있었지요. 사소한 것들을 위하여. 잊히고 마는 것들을 위하여. 그때 쓴 시가 바로 「탕자의 노래」입니다.

탕자의 노래

내가 지금 방황하고 있는 까닭은
사랑을 하기 시작했기 때문입니다

내가 지금 헤매고 있는 까닭은
진실을 배우기 시작했기 때문입니다

내가 지금 멀리 떠나고 있는 까닭은
아름다운 순간을 보았기 때문입니다

지금 집으로 돌아갈 수 없는 것은
사랑을 알고 진실을 배우고
아름다움은 보았지만
나에게 믿음이 없는 까닭입니다

나의 작은 집이 방황의 길 끝에 있습니다
날 위해 노래를 불러줘요 집으로 갈 수 있게
믿음의 빛을 주어요
개미구멍만 한 내 집이 있기에
나는 지금 방황하고 있어요

16

낙타의 눈물

낙타도 사람처럼 우는가.
사막의 가열한 상황에서 낙타가 정말 눈물을 흘릴 때가 있다.
그것은 모성애를 되찾았을 때이다.
사막을 적시는 사랑의 눈물이란 무엇인가.

그러나 그것으로 끝이 아니었지요. 교토에 있는 동안 하 목사님으로부터 전갈을 받은 것이지요. 플러그인이라는 특별 집회가 있는데 저보고 리더십이 무엇인지, 믿지 않는 사람의 입장에서 이야기를 하라시는 것입니다. 그러면 그렇지. 하 목사님이 어려운 부탁을 들어주셨으니 내가 무슨 이유이든 목사님 청을 거절할 수 없겠지. 이런 일이 이른바 예정설이라는 것인가. 이제 와서 생각하니 딸의 소망으로 하 목사님을 만난 것은 교토에서 한 발짝씩 주님을 영접하기 위해서 영성의 계단을 향해 조금씩 발을 옮겨가는 그 발자국의 하나였던 것입니다.

전연 불가능한 스케줄을 이리저리 메우고 변경해서, 그것도 왜 나는 크리스천이 아닌가를 말하기 위해 크리스천들의 모임에 출석하려고 비행기를 타게 된 것입니다. 평소의 내 행동으로 봐서 이것은 절대로 불가능한 일이고 내 뜻으로 이뤄진 것이 아니라는 생각이 들었지요. 보이지 않는 무엇이 이끌지 않고서야, 들리지 않는 무슨 소리가 날 부르지 않고서야 스스로 무인도 같은 상황에 처박히기 위해 목숨을 걸다시피 하고 찾아간 연구소 생활의 금기를 깨고 다시 서울에 올 생각을 했겠습니까.

여러 이야기를 덧붙이기보다는 그때 믿지 않는 사람의 입장에서 기독교적 리더십이 무엇인가를 강연한 내용을 정리한 그대로 옮겨보겠습니다.

저는 교회 다니는 사람도 아니고, 더구나 지금껏 어떤 종교도 믿어본 적이 없는 사람입니다. 다만 무신론자로서 기도시 한 편을 쓴 것이 전부입니다. 그런데 이 교회를 이끌어가시는 하용조 목사님은 종교와 관계없이 한 인간으로서도 너무 존경하는 분이시고, 제 딸 민아에게 빛이 되어주신 분이기 때문에 무엇인가 보답하기 위해 오늘 이 자리에 서게 되었습니다. 저의 딸 민아의 서원은 저와 함께 교회에 나가서 기도하고, 은총받고, 제가 크리스천으로 남은 삶을 살아가주는 것이었습니다. 저는 성경을 자주 읽습니다만, 교회에 나간 것은 고등학교 시절 친구를 따라 몇 번 놀러 간 것이 전부였습니다.

때로는 믿는 사람의 이야기보다 믿지 않는 사람이 말하는 기독교의 메시지가 더 효과적일 때도 있습니다. 하나님이 혹시 저를 밖에 두시고 쓰는 것이 아닌가 하는 생각이 들 때도 간혹 있습니다. 오늘이 바로 그런 때가 아닌가 싶습니다. 하 목사님께서 그런 미션을 저에게 주신 것이라고 생각하면서 믿지 않는 사람의 입장에서 크리스천들의 리더십에 대해서 말씀드리려고 합니다.

우선 제가 생각하는 리더십이 과연 무엇인지 밝히기 전에 여기에 계신 여러분들에게 이상한 퀴즈 문제를 하나 드리겠습니다.

"낙타도 인간처럼 눈물을 흘릴까요?"

어떻습니까. 흘릴까요, 흘리지 않을까요? 아마 여러분들 가운데에는 영혼이 있는 인간만이 눈물을 흘린다고 생각하시는 분도 계실 것이고 혹은 도살장으로 끌려갈 때 분명히 소들이 눈물을 흘리는 것을 보았다거나 들었다는 분들도 계실 겁니다. '악어의 눈물'이라는 서양 속담도 있으니 감정은 없어도 우는 것처럼 보이는 짐승들이 있을 것이라고 말하는 분도 있을지 모릅니다.

그런데 여태껏 낙타가 운다는 말은 아마 들어본 적이 없으셨을 겁니다. 결론부터 말하면 낙타는 웁니다. 아주 큰 눈물방울을 뚝뚝 흘리면서 슬피 웁니다. 몽골의 여자 감독이 찍은 다큐멘터리 영화 장면에 실제로 그런 장면이 있습니다. 그런데 낙타는 어느 때 그리고 왜 우느냐? 그것이 아주 극적입니다.

사실 낙타는 사막의 가열한 환경 속에서 살아남기 위해 특별한 생명장치를 지니고 있는 짐승입니다. 등에 물주머니의 구실을 하는 혹이 있다거나 모래바람을 막는 긴 눈썹이 있다거나 하는 모습만이 아니라 성격도 매우 특이하다고 합니다. 프랑스 말에도 '낙타chameau 같은 사람'이라는 표현이 있는데 아주 고약한 사람을 가리키는 욕이라고 해요. 저는 가끔 성서에 나오는 말을 검색하는 것을 즐기는데 언젠가 낙타라는 말을 찾아봤더니 60행에 걸쳐 63번이나 나오더군요. 그런데 성서에서도 낙타는 별로 좋은 뜻으로 사용되는 것 같지 않았습니다. "낙타가 바늘귀로 들어가는 것이 부자가 천국에 들어가는 것보다 쉬우니라"라는 그 유명한 성경 구절만 해도 낙타가 나올 자리가 아니라고 주장하는 사람까지 있으니까요. 원전대로 하자면 그것은 '낙타'가 아니라 '밧줄'이어야 한다는 겁니다. 아람어로 밧줄은 'gamta'고 낙타는 'gamla'로 't'와 'l'의 글자 한 자 차이로 밧줄은 낙타가 될 수도 있고, 낙타는 밧줄로 변할 수도 있다는 것이지요. 결국 그 때문에 그 한 자 차이의 잘못으로 '낙타가 바늘귀로 들어가는 것이 부자가 하나님의 나라로 들어가는 것보다 쉬우니라'로 와전되고 만 것이라는 주장입니다. 그래서 낙타를 밧줄로 돌려놓으면 그 비유는 자연스럽게 들리고, 그 논리는 비로소 합리성을 띤다는 겁니다. 바늘귀로 들어가는 것은 실이기 때문에 실과 대비되는 것은 낙타가 아니라 밧줄이지요.

문제는 그것이 밧줄이든 낙타이든 우리의 관심은 낙타는 사막지역에서는 없어서는 안 될 짐승인데도 양처럼 인기가 있는 짐승은 결코 아니라는 데 있습니다.

실제로 새끼를 낳아놓고서도 간혹 돌보지 않는 모성애 없는 이기적인 낙타들이 있다는 겁니다. 새끼가 굶주려 죽게 생겼는데도 젖은 물론이고 가까이 오면 발로 차 얼씬도 하지 못하게 한다는 거죠. 그러면 결국 어미에게 버림받은 새끼 낙타는 불쌍하게도 죽고 만다는 겁니다. 가열한 불모의 땅, 사막의 환경에서 살다보면 그렇게 비정한 낙타들이 생겨나게 되는 것이지요.

이럴 때 몽골 사람들은 옛날부터 이런 매정한 어미를 다스리는 독특한 비방을 가지고 있다는 거예요. 그것은 아주 놀랍게도 그 어미 낙타에게 음악을 들려주는 방법이라고 합니다. 그들이 즐겨 사용하는 악기로 마두금馬頭琴이라는 현악기가 있는데, 그것을 특별히 잘 연주하는 악사를 먼 데까지 가서 초대해 오는 것이지요. 그러고는 낙타를 앞에 놓고 마을 사람이 모여 연주회를 엽니다. 마두금 연주에 맞춰 그 마을에서 가장 연장자인 할머니가, 즉 자식 손자를 많이 키워본 여인이 노래를 부른다는 겁니다. 자장가와 같이 다정다감하면서도 가슴을 울리는 구슬픈 사랑의 노래라고 합니다.

그러면 마두금 연주와 할머니의 구슬픈 가락을 듣고 낙타의 눈에서는 눈물방울이 흘러내립니다. 그렇게 눈물을 흘린 낙타는 모성애를 되찾아 제 새끼에게 젖을 물리고 정을 들여 잘 키운다는 거지요. 감동이라는 말을 한자로 써보세요. '감感'은 느낀다는 뜻이고 '동動'은 움직인다는 뜻입니다. 감동을 글자 그대로 읽어보면 알 수 있듯이 사람도 동물도 느껴야 움직입니다. 이 감동을 주는 힘이 바로 음악이요, 예술입니다.

삭막한 사막지대에서 불어오는 모래바람이 아닙니다. 마두금의 떨리는 선율과 여인의 정감 있는 노랫소리는 돌처럼 굳고 차가웠던 낙타의 가슴을 움직이는 따스한 바람이 됩니다. 숨어 있던 모정이 눈 비비며 깨어나고 잊고 있던 사랑이 모래알을 적십니다. 아무리 살기 힘든 사막의 가혹한 환경이라고 해도 음악은 그것을 초월해 생명의 초원을 창조합니다.

제1부 교토에서 찾다

왜 교회에서 찬송가 소리가 울려 나오는지 아시겠지요. 찬송가 한 번 부르는 것은 백 번 기도하는 것과 맞먹는다는 말이 있습니다. 음악에는 초월의 힘이 있어요. 생각의 힘보다 더 크고 깊은 느낌의 힘이 있습니다. 교회에 함께 모여서 박수를 치고 노래할 때에 가장 먼저 찾아오는 변화가 바로 초월적인 감동입니다. 예술성이라 하는 것은 바로 이렇게 우리 가슴속에 숨어 있던 사랑을 되찾고 되살리는 역할을 합니다.

모성애를 잃은 낙타를 울리는 음악이 하물며 믿음과 사랑이 크신 여러분들의 마음을 어찌 움직이지 않겠습니까. 큰 교회에 파이프오르간이 있는 것을 보세요. 그 소리는 꼭 사막의 모래알 하나하나를 적셔 주는 이슬과도 같이, 혹은 초원의 풀을 눕히는 바람처럼 우리 가슴을 흔들지 않습니까.

낙타의 눈물과 마두금의 음악. 리더가 누군가를 이끌어가려면 감동을 주어야 합니다. 영혼을 일깨워서 눈물이 솟아나게 해야 합니다. 비가 와야 무지개가 돋는 것처럼 눈물이 흘러야 영혼에 무지개가 생깁니다.

계속 ▶ 17

17

예술의 힘과 사막의 사자

> 권력과 금력 앞에서 사람들은 무릎을 꿇지만
> 스스로 좋아서 따르지는 않습니다. 그러나
> 니체의 낙타는 무릎을 꿇고 더 무거운 짐을 지워달라고 합니다.

인간으로 치면 대체 낙타의 눈물이라는 게 뭘까요. 학생 시절의 첫사랑 경험을 떠올려보십시오. 돈으로 꾀거나 깡패의 위협을 가해서는 여학생의 마음을 끌 수 없다는 것을 쉽게 이해하실 겁니다. 오히려 지위가 높거나 돈을 많이 가진 자제일수록 참된 사랑을 하는 데는 불리합니다. 저 여학생이 나를 정말로 사랑하는 것인지, 내가 권력자의 아들이고 재벌 아들이라는 소문을 듣고 접근하는 것인지. 그래서 자신의 신분을 속이고 여성에게 다가가는 이야기를 그 흔한 TV드라마나 영화에서 많이 보셨을 겁니다.

저는 어렸을 때부터 예술에는 돈과 권력이 할 수 없는 특수한 힘이 있다는 것을 경험했습니다. 『우리들의 일그러진 영웅』에도 잘 묘사되어 있지만, 초등학교 시절 학급을 지배하는 아이들은 대개 주먹이 센 아이들이었지요. 그러다가 중학교에 들어가면 부잣집 아들 옆에 아이

제1부 교토에서 찾다

들이 꼬입니다. 중국집에 데려가 자장면도 사주고 영화관에도 데려가고 비싼 물건도 구경시켜주니까 그런 것이지, 과연 그 아이들에게 무슨 지도력이 있어서일까요.

그게 아니라는 것을 저는 너무나도 잘 알고 있었지요. 그런데 얼굴에 여드름이 돋고 청춘사업이 시작될 무렵 아이들은 주먹이 세거나 혹은 부자인 친구보다는 저에게 다가왔지요. 녀석들은 돈과 힘으로 좋아하는 여학생의 사랑을 얻을 수 없다는 걸 잘 알았기 때문이지요. 나보고 연애편지를 써달라는 거였어요. 돈으로, 주먹으로 안 되는 게 사랑이니까 내 언어의 힘을 빌려야 여학생의 마음을 움직일 수 있다는 것을 깨달은 겁니다.

지도력을 가지려면 반드시 문화를 알아야 합니다. 군사력, 경제력 다음에는 남을 감동시키는 매력이 필요합니다. 그 사람만 보면 즐겁고, 그 사람이 말하면 어려운 일도 함께하고 싶은 것. 이렇게 절로 우러나오는 힘은, 금전과 권력이 현실인 것처럼 보이는 이 세상에서도 돈과 권력으로 안 되는 일이 있다는 것을 가르쳐줍니다.

CEO분들께 이야기를 할 때 저는 늘 문화 마인드를 가지고 매력 있는 인간이 되어야 회사도 소비자도 좋아한다고 말씀드립니다. 원래 문화라는 말은 문치교화文治敎化의 준말입니다. 무력이나 금력이 아니라 글文의 힘으로 상대방을 교화시켜 다스리는 방법이 곧 문화라는 말의 원뜻이었습니다.

야생의 쥐와 문화의 쥐를 생각해보세요. 인간이 함께 살아가는 짐승 중에서 가장 싫어하는 것이 뭡니까. 바로, 몇천 년을 두고 사람과 원수지간으로 살아가는 쥐입니다. 밤에는 대들보를 갉아 잠 못 이루게 하고 사람이 먹을 음식을 가로채고 페스트균을 옮기죠. 윤리적으로 봐도 다른 짐승은 집 바깥에서 인간을 해치지만, 같은 집 안에 살면서 인간을 괴롭히는 것은 쥐밖에 없어요. 그래서 우리는 쥐만 보면 무의식적으로 신발짝을 들고 쫓아갑니다. 사방에 쥐덫을 놓고 쥐약을 놓습니다. 그러나 아무리 쥐를 박멸해도 집 안에서 쥐 소리가 멈추지 않았습니다.

그런데 월트 디즈니는 어떻습니까? 쥐를 만화의 주인공으로 만들어 세계의 모든 어린이들의 사랑을 받게 해서 아이들에게는 행복을 주고, 자신은 엄청난 즐거움과 부를 얻었지요. 사랑으로 상상력과 창조력을 발휘하면 싫던 쥐들이 우리에게 웃음과 기쁨을 주는 쥐가 됩니다.

자식을 향해 발길질을 하는 낙타를 데려다가 누가 눈물을 흘리게 했습니까. 음악이라는 감동이었습니다. 할머니의 노래였습니다. 이처럼, 미운 사람이나 해를 끼친다고 생각하는 것들은 현실 앞에서는 무력하지만 그것을 상상의 공간, 창조의 공간으로 끌어들이면 월트 디즈니의 미키 마우스처럼 여태껏 미움받던 쥐가 사랑과 꿈의 쥐로 바뀌면서 부까지 창출하게 됩니다.

저는 기독교가 무엇인지, 신앙이 무엇인지는 잘 모르지만, 신앙이라는 것과 문화, 예술이라는 것은 지극히 닮은 것이라는 점만은 알고 있지요. 쥐를 미키 마우스로 탈바꿈시킨 상상력을 하나의 은총이라고 보고, 그러한 창조력을 하나님의 입김이라고 본다면, 절대자의 권능은 자식을 미워하는 낙타를 자식을 사랑하는 어미로 변화시켰듯이 인간의 원죄 또한 바꿉니다. 그러한 점에서 예술가는 하나님의 창조성을 가장 많이 닮은 사람이라고 할 수 있지요.

그런데도 예술의 힘은 거기에서 더 나아가지 못합니다. 미적美的 단계는 낙타에게 눈물 이상의 것을 주지 못하지요. 키르케고르의 그 유명한 3단계설로 하자면 그저 마두금과 할머니의 노랫소리는 미적 체험에 머물러 있습니다. 모성애를 회복하고 새끼를 보살피고 고난의 사막을 향해 스스로 나아가게 하려면 윤리의 힘, 윤리의 단계로 올라가야 합니다.

그런데 예술가들은 대체로 그 문턱에서 발을 헛디디거나 넘어지고 맙니다. 유미주의자 오스카 와일드가 그러했고, 탐미주의자 보들레르가 그러했고, 한국의 이상이 그러했습니다. 저 역시 많은 예술가들이 그러했듯이 키르케고르의 '미적 단계 - 윤리적 단계 - 종교적 단계'의 길로 향한 것이 아니라 신은 죽었다고 말한 니체의 손가락을 따라서 '낙타 - 사자 - 유아'의 그 3단계 길로 간 것이지요.

낙타는 스스로 무거운 짐을 지고 외로운 사막을 향해 갑니다. 더 많은 짐을 지고 가는 용기와 오기가 낙타를 사막으로 몰아갑니다. 그러다 낙타는 그 사막에서 복종성, 긍정성, 그리고 수동성의 낙타의 정신에서 벗어나 부정의 정신, 용을 물어 죽이는 강력한 힘과 용기를 지닌 사자로 변신합니다. 자신이 자신을 제어하는 사막의 지배자가 되는 것이지요. 다시 니체의 길은 사자에서 낙타의 긍정도, 사자의 부정의 정신도 모두 지워버리고 망각 무구한 상태의 유아의 길로 들어서는 것입니다.

　의무에서 나온 일은 유희로 바뀌고 그 행동은 주어진 과업의 수행이 아니라 자신이 주체적으로 결정한 창조로 변합니다. 낙타는 더이상 눈물을 흘리지 않고 외로운 사막에서 왕양한 자유가 있는 초인의 벌판을 향해 달려갔던 것이지요. 물론 그러한 초인은 어디에도 없고 그 사통팔달로 뚫린 초원의 바람은 광기의 바람이었지요. 니체가 미쳤던 것처럼 지도자가 아니라 미치광이가 되는 수가 많습니다. 예술가가 지도자가 된다 해도 대개는 그림을 그리던 미술학도이며 니체를 섬기려던 히틀러처럼 독재자가 되는 일이 많았지요.

　아직 크리스천은 아니지만 조금씩 낙타가 어디로 향해야 되는지를 공부하고 있지요. 최근의 교토 생활, 저에게는 사막처럼 외로운 그 생활 속에서 니체와는 또다른 사막을 경험했기 때문입니다. 사자가 되고 초인이 되어 돌아온 것이 아니라 나약하고 비겁하고 욕심 많은 지방덩어리로서의 자신을 보았던 것이지요. 그러나 미적 체험의 단계에서 윤리적 단계로, 거기에서 다시 종교적 단계로 그 가파른 계단을 올라가야 하는데 저는 아직도 미적 단계의 문지방을 넘지 못하고 있는 것입니다.

　예술가는 왜 지도자가 될 수 없나를 말하는 것이 바로 오늘의 주제인 '크리스천에게 있어서 리더십이란 과연 무엇인가'에 답하는 메시지라고 생각합니다. 베토벤은 그토록 아름다운 음악을 작곡했지만 정작 자신은 사람 하나 제대로 거느리지 못하고, 친구 하나 제대로 다스리지 못했던 사람입니다. 보들레르나 랭보를 보더라도, 대개 예술가들은 자신의 상처에서 비롯된 것으로 남에게 감동을 줍니다. 물귀신처럼 남을 자기 대신 어둠의 심연 속으로 끌어들이는 힘은 있지만 그곳에서 나와 구제의 높은 곳을 향해 나아갈 수 있게 하는 힘은 없습니다.

예술가가 남 앞에 리더로 군림할 수 있는 최고의 경지란 교향악단의 지휘자 정도입니다. 청중을 아무리 감동시킨다 하더라도 연주장을 떠나면 청중의 한 치 마음에도, 그들이 가야 할 발걸음의 방향에도 영향을 끼치지 못합니다.

드러커도 군대 조직과 대비되는 것으로 교향악단적 조직과 지휘자의 관계에 대해서 말하고 있습니다. 한 사람 한 사람이 각자의 정보를 갖고 다른 연주자와 협력하면서 전체의 교향곡을 연주합니다. 그러기 때문에 지휘자는 단원에게 일일이 정보를 주거나 지시하지는 않습니다. 그들의 연주를 네트워크로 모아 조화시키는 힘, 그것이 오늘날의 새로운 CEO, 리더들입니다. 옛날의 리더들은 정보를 혼자서만 가지고 있었지요. 능력도 혼자만 가지고 있었고요. 그래서 모든 사람들의 존경을 받고, 그 사람 말이면 다들 복종했습니다. 하지만 이런 구시대적 지도자의 시대는 지났습니다.

그런데 좀더 세밀하게 관찰해보세요. 교향악단에서 지휘자는 어느 쪽을 봅니까? 관객석을 봅니까? 관객석에서는 지휘자의 등만 보입니다. 객석이 아니라 연주자 쪽만 보고 있기 때문이지요. 청중들의 표정이 어떤지, 자고 있는지조차 모릅니다. 교향악단 지휘자처럼 CEO가 회사를 운영한다고 가정해보세요. 큰일납니다. 저희는 생산만 했지 소비자가 뭘 생각하는지, 고객이 무엇을 원하는지 모르니까요. 연주가 다 끝나고 나서 박수를 받을 때만 관객석을 향합니다.

"박수받을 때 떠나라"라는 말도 있습니다만, 박수받을 때만 관객석을 보는 지도자는 안 됩니다. 또 자신들끼리만 서로 한 그룹을 이루고는 상대방이 기침 한 번 못 하게 합니다.

교향악단뿐만이 아니라 연극도 그렇습니다. 한국의 판소리와 비교해보면 쉽게 이해할 수 있습니다. 가령 악장과 악장 사이에 약간의 휴식^{pause}이 있으면 관객석에서는 참았던 기침을 하느라고 야단입니다. 그런데 우리 국악을 들으면서 기침 참는 걸 보셨습니까? "좋다!" 하고 추임새도 넣고, 기침도 하고, 별짓을 다합니다. 음악은 연희자와 함께 있는 것이죠. 함께 음악 속에 들어 있는 거예요. 음악을 듣는 것이 아니라, 음악 속으로 들어와 있는 겁니다.

그렇기에 판소리에서 최고는 노래 부르는 사람이 아닙니다. 옆에서 북을 치며 장단을 맞춰주는 고수지요. 그래서 일 고수 이 명창이라는 말이 나온 것입니다. 고수는 한쪽 눈은 창을 부르는 사람에게, 한쪽 눈은 관객석에 두고 있습니다. 서양의 컨덕터^{지휘자}처럼 뒷모습을 보이고 자신들끼리 하는 게 아니라, 하나의 연희를 청중과 연희자 사이에 낀 중간적 위치에서 함께합니다. 오늘날의 CEO는 지휘봉을 든 교향악단의 컨덕터가 되기보다는 북채를 든 고수가 되어야만 기업을 끌고 가게 됩니다.

계속 ▶ 18

18

양치기의 리더십

진정한 리더는 앞에 서지도 않고 뒤에 서지도 않는다.
그 한복판에서 양을 이끌어가는 양치기가
진정한 리더이다.

교회 지도자의 업그레이드를 위한 프로그램이라고 했습니다. 믿지 않는 사람의 입장에서 강연을 해달라는 청탁이었지요. 그때 참 이상하다는 생각을 했습니다. 2천 년 동안 최고의 지도자이셨던 예수님이 계신데 뭘 다시 업그레이드할 필요가 있겠습니까? 리더십이 무엇인지 몰라도 '나를 따르라'는 예수님의 발자국만 좇아가면 될 일입니다. 예수님이 나사렛에서 예루살렘까지 걸어가신 150킬로미터의 그 길, 석가모니가 룸비니에서 갠지스 강까지 걸어가신 5백 킬로미터의 길. 그것이 지도자의 길이었습니다. 양떼 모는 이야기에서 보듯, 그 길이 바로 지도자의 길이었습니다. 그 모든 드라마와 일생이 우리에게 보이고 있습니다. 나사렛에서 예루살렘까지 걸어가신 길을 알면, 지도자의 업그레이드는 할 필요가 없지요. 권력도 돈도 상관없이, 2천 년 동안 얼마나 많은 나라와 얼마나 많은 사람들에게 지도자로서 군림하셨습니까? 때문에 기독교인이라면 지도자의 모델은 예수님 이외에는 없습니다.

다만 예수님을 양 치는 목자로 비유할 경우, 양을 치는 방법이 하나가 아니라는 것에 대해서는 이야기가 가능할 것입니다. 지금까지 양 치기에는 두 가지 방법이 알려져 있습니다. 양을 치는 목자는 양떼의 어디에 서 있습니까. 대개는 지팡이 짚고 양떼의 선두에서 걸어가면 뒤에서 양떼가 졸졸 따라오지요. 목자는 리더, 양들은 팔로워입니다. 지도자는 무리의 앞장에 서서 미래의 풍성한 초원을 향해 수많은 양떼를 이끌고 갑니다. '나를 따르라' 하며 지팡이를 들어 갈 길을 지시하고 그 방향을 알려줍니다. 어디에 가면 풀이 있고, 어디에 가면 늑대가 있다는 것을 잘 아는 목자이기에 양들은 안심하고 지팡이가 가리키는 쪽을 향해 묵묵히 따르기만 하면 됩니다.

그런데 이런 방식으로 양을 이끄는 것은 하나님의 아들 예수님처럼 전능할 경우에만 해당됩니다. 보통의 경우 '나를 따르라' 하는 지도자는 독재자가 아니면 독선자로 전락하고 맙니다. 독재자도 못 되는 지도자가 앞장을 서다가는 낭떠러지에 전부 떨어져 죽거나 길을 잘못 들어 눈밖에 없는 설산에서 굶어 죽는 경우도 생깁니다.

이와는 달리 목자가 앞에서 양떼를 이끄는 것이 아니라 뒤에서 모는 정반대의 경우도 있습니다. 이런 리더들은 문자 그대로 양떼를 뒤에서 몰아가는 백업형이지요. '너희 마음대로 풀이 있는 곳을 찾아가 뜯어 먹어라.' 그러면 양떼는 무리를 지어 밑에서부터 높은 곳을 향해 올라갑니다. 불타는 굶주림의 욕망이 푸른 풀을 찾는 것이지요. 누가 가르쳐주지 않아도 풀이 어디에 있는지, 냇물이 어디에 있는지 잘 알고 있습니다. 양을 뒤에서 몰아가는 목자는 가끔 무리에서 벗어난 양들이 무리를 찾아가도록 지팡이로 경고하고 유도합니다. 이따금 늑대가 오면 지팡이로 내쫓아 양의 무리를 보호하기도 합니다. 앞장서서 양을 이끄는 목자의 지팡이는 방향을 알려주는 방향타요 비전의 빛이지만, 뒤에서 몰아가는 목자들의 지팡이는 양을 관리하고 늑대를 쫓는 보호의 무기가 됩니다.

뒤에서 몰아가는 목자가 앞에서 이끄는 목자보다 훨씬 민주적인 지도자입니다. 좀 비근한 예를 생각해봅시다. 여러분들은 혹시 중고등학교 시절에 커닝을 해본 경험이 있으신가요? 시험시간에 앞에서 지켜보는 선생처럼 어리석은 사람이 없습니다. 선생님의 시선을 보고는 선생님이 저쪽을 보면 이쪽에서 커닝을 하고, 이쪽을 보면 저쪽에서 커닝을 하는 것이죠. 그러나 조금 지능적인 시험 감독들은 뒤에 가서 서 있습니다. 자신이 어딜 쳐다보는지 모르게 하는 거지요. 그러면 학생 전체에 감독관의 시선이 고루 퍼져 있게 됩니다. 실제로는 시선이 한 곳에 있어도 말입니다. 그래서 지도자의 힘이 골고루 미칩니다.

그러나 이 관리형 지도자에게도 한계는 있지요. 양에게 맡기고 뒤에서 양떼의 치다꺼리를 하는 지도자들은 엄격하게 말해서 리더가 아니라 매니저(관리자)라고 해야 옳습니다. 초원에 풀이 풍성하게 있을 때에는 충분히 양떼를 이끄는 지도자와 같은 역할을 할 수 있지만 그렇지 않을 경우, 관리 능력만으로 새로운 초원으로 양떼를 끌고 갈 수는 없지요. 출애굽의 상황, 그 사막에서는 모세처럼 앞장서는 지도자의 힘

이 필요하게 될 것입니다.

  오늘의 시대에는 독선적인 지도자도 관리형 지도자도 양떼를 몰기 힘듭니다. 양떼가 침묵하지 않기 때문입니다. 오늘의 진정한 양치기는 앞에도 뒤에도 서지 않습니다. 양떼의 한복판에서 함께 움직입니다. 뒤도 앞도 아닌 무리 한가운데에서 말입니다. 이것이 현대의 지도자상입니다.

▶ 제임스 앙소르의 〈1889년 브뤼셀에 입성하는 그리스도〉, 1888년
캔버스에 유채, 252.5×430.5cm
미국 캘리포니아 주 로스앤젤레스, 폴 게티 미술관

    제임스 앙소르 James Ensor 라는 유명한 벨기에 화가가 그린 〈1889년 브뤼셀에 입성하는 그리스도 Christ's Entry into Brussels in 1889〉라는 그림이 그것을 암시하고 있습니다. 이 그림 안에서 예수님을 찾아보세요. 브뤼셀 거리에 예수님이 재림한 순간을 그렸는데, 아무 곳에도 예수님은 보이지 않습니다. 보통 그림 같으면 군중 맨 앞에 서서 높이 손을 들고 계실 겁니다. 그러나 그 그림에서 앞장서서 플랜카드를 들고 가는 것은

'사회주의 만세'라고 쓴 정치꾼들입니다.

그렇다면 예수님은 뒤쪽에서 이 환영의 무리를 지켜보고 계신가. 그것도 아닙니다. 자세히 들여다보면 앙소르의 재림한 예수님은 군중 속에 파묻혀 있지요. 술주정뱅이나 부랑자들로 보이는 군중 속의 한 인물로 아주 작게 그려져 있습니다.

옛 성당 같은 곳을 가보면, 한가운데 예수님이 있고 좌우나 그 아래에 사도들이 있습니다. 레오나르도 다빈치의 그림만 하더라도 한가운데에 누가 앉아 있습니까? 창의 빛이 들어오는 곳에 누가 앉아 있습니까? 레오나르도 다빈치가 그린 예수님도 한가운데 눈에 띄는 자리에 앉아 계시지만 앙소르의 그림에서는 사육제의 가면 행렬처럼 인간의 얼굴조차 분간하기 어려운 밀집한 군중의 어딘가에 숨어 계신 것입니다. 군중 속에 묻혀 있는 예수, 그래서 나 같은 사람에게는 눈에 띄지 않는 예수, 그러나 도마에게 그랬듯이 손을 내밀면 그가 예수라는 증거인 창 자국을 만질 수 있는 예수. 진정한 지도자의 모습은 군중 속에 파묻혀 보이지 않지만 항상 바로 내 곁에 있는 분입니다. 섬김의 지도자라는 말을 많이 쓰고 계시지만 진정한, 업그레이드된 지도자들은 섬기는 것도 모르게 섬기는 자여야 할 것입니다. 자신을 지도자로 생각하지 않고 희생양이라고 생각하는 사람만이 양떼를 이끌고 모세처럼 사막을 건너 가나안의 땅에 이르는 지도자의 힘을 지니게 될 것이라고 생각합니다.

시대와 장소에 따라서 요청되는 리더십의 특성이 제각기 다르지만 예수님은 우리 앞에, 뒤에, 그리고 나의 옆에, 무리의 한가운데에 묻혀 계십니다.

낙타는 사자가 아니라 양이 되어 사막을 건너 생명의 초원으로 가는 것이지요. 니체처럼 '신은 죽었다'고 하지 않고 그 초원에서 하나님을 다시 찾고 낙타처럼 무릎을 꿇고 눈물을 흘리지요. 다시 모성애를 찾고 사랑으로 젖을 먹이는 착한 낙타로 돌아오는 것이지요.

다만 저 같은 사람들은 아직도 니체의 유아 단계에서 자기 자신을 극복하여 초인이 되는 꿈을 버리지 못하고 있지요. 로댕의 조각 〈생각하는 사람〉을 볼 때 단지 그 모습의 아름다움만을 봅니다. 그것이 죄지은 자들이 모든 희망을 버리고 '지옥의 문'(단테의 『신곡』에 등장하는 지옥의 문을 재현한 조각)으로 들어가는 것을 바라보고 있는 그 생각하는 사람의 마음을 읽지 못하고 있는 것이지요.

아닙니다. 여러분과 함께 지옥의 문 앞에서 서성거리며 두려움과 절망 속에서 눈물짓고 있지요. 그런데 무엇 때문에 나는 예수님과 같은 지도자, 인간을 구제하는 가장 큰 리더가 되지 못할까요.

미의 단계에서 윤리의 단계를 거쳐 종교의 가장 높은 단계에 이르는 것이 지도자의 프로세스인데 저는 지금도 그 최하의 계단인 미적 단계에 머물러 있기 때문입니다. 그렇다고 글쓰기를 멈추고 미의 단계에서 윤리의 단계로 가기에는 신념이 부족합니다. 신념은 때로 저를 광기에 몰아넣을지 모른다는 생각에 니체도 예수님도 다 같이 믿지 않는 사람이 된 것이지요. 다만 종교적 단계로 오른 리더들, 예수님처럼 무리 가운데 우리와 늘 함께하는, 그러나 눈에 보이지 않는 리더들에게 존경의 뜻을 보내며 저의 이야기를 끝마치려고 합니다.

19

한국말로 내리는 눈

교토의 눈은 일본말로,
한국의 눈은 한국말로 내린다.

아침에 일어나서 창문을 열었습니다. 창문이 온통 한 장의 연하장처럼 하얀 설경을 이루고 있습니다. 캠코더로 교토의 설경을 찍으려다가 곧 생각을 바꿨어요. 설경을 캠코더로 찍어 아름답게 나온 적이 한 번도 없었기에 말입니다. 〈닥터 지바고〉의 바리키노Varykino 장면처럼 환상적으로 나와야 하는데 영 그렇지가 않은 거예요.

아닙니다. 원래 설경은 그렇게 아름다운 것이 아니었는지 모릅니다. 각자가 마음속에 지닌 추억, 어렸을 적에 처음 설경을 보았을 때의 그 경이로운 잔상殘像 효과 때문에 그리 느끼는 것일 겁니다.

시각은 자유인가. 그것 자체에 우리를 즐겁게 해주는 어떤 환희를 지니고 있는 것일까. 메리 해머Mary Hamer의 『클레오파트라의 기호Sign of Cleopatra』 중 일루저니스트illusionist에 대해 언급한 대목이 생각납니다.

시각의 자유와 그 독립성, 그러니까 언어나 다른 개념과 관련되지 않은 순수한 시각만의 세계란 것이 존재할 수 있는 것일까요. 가령 로댕의 조각 〈생각하는 사람〉에서 단테의 '지옥의 문' 같은 언어성을 다 배제해버려도 과연 그 시각이 갖고 있는 형체 자체, 눈에 비치는 그 표상 그대로 우리에게 어필하는 무슨 즐거움이나 슬픔 같은 것이 존재할 수 있을까요.

그래요. 누구나 설경을 보면서 연상 작용을 합니다. 교토의 눈을 보면서 나는 내 고향 온양의 설화산 등성이에 내리는 눈송이를 생각하고 있는 것이지요. 장독대에 소복이 쌓인 눈과 초가지붕의 고드름 사이로 하얀 마당과 담이 보입니다.

그러다 어렸을 때 부르던 일본 동요가 떠오르기도 합니다. "유키雪야 꽁꽁 아라레霰, 싸라기눈야 꽁꽁" 불행한 식민지 아이들의 기억 속에는 일본말로 내리는 눈송이도 있습니다. 그러고 보니 교토의 눈은 일본말로 이야기하고 한국의 눈은 한국말로 이야기한다는 것을 알게 된 것이지요. 에스키모인들의 얼음집에 내리는 눈은 우리에게는 알아들을 수 없는 에스키모 사람의 토착어로 내릴 것입니다.

그것을 디지털 캠코더로 찍어서 보면 언어와 추억과 시간에서 단절된 사물만이 비치게 마련입니다. 아름다움이나 그리움 같은 것은 광학적 문제가 아닙니다. 어떻게 그 차가운 렌즈로 그 기억들을 잡아 재현할 수 있겠습니까.

난방기의 온도를 23도에 맞춰놓은 미지근한 미열 같은 방 안에서 눈 내리는 바깥 경치를 바라봅니다. 갑자기 겨드랑이 사이에서 귀뚜라미 소리가 들려옵니다. 꽂아놓은 채 눈을 보느라 잊고 있었던 오므론 디지털 체온기에서 나는 신호음입니다. 디지털로 된 숫자를 읽어 보니 35도 8부의 평온平溫입니다. 열이 내렸습니다. 제발 이 평온을 유지하기를 또 하나님에게 기도했습니다. 하나님이 의사보다 더 가까운 곳에 있었던 일은 이번 감기가 처음입니다.

하늘에서 축복처럼 내려주신 눈 내리는 교토의 벌판을 바라보면서 헛기침을 해봅니다. 그리고 이렇게 말해봅니다.

그래, 집으로 돌아가는 거다. 아무리 부정해도 내 가족 내 고향 말고 은둔할 수 있는 곳이 어디에 있겠는가. 할퀴고 침뱉고 아우성쳐도 눈조차 한국말로 내리는 내 나라로 돌아가야 한다. 꽤 잘난 체하는 컨실리언스consilience, 통섭의 생물학자 에드워드 윌슨도 토포필리아topophilia라는 용어를 쓰지 않았던가. 모든 생명체를 관통하고 있는 장소에 대한 깊은 애정. '가위바위보 문명론'을 탈고했으니 내 DNA에 찍힌 토포필리아에 내 몸을 맡겨야 한다.

한국말로 내리는 설경을 보기 위해서 어서 짐을 싸자.

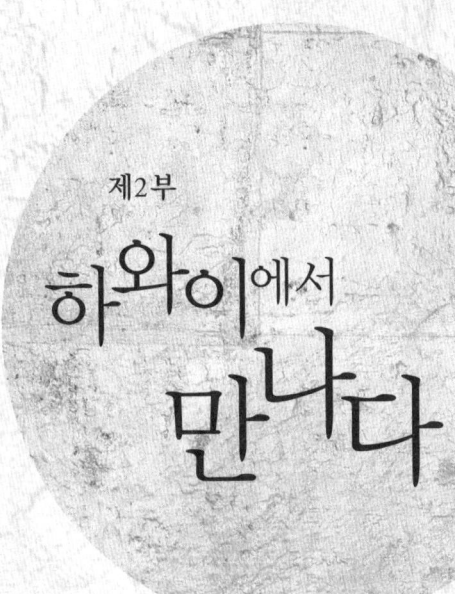

제2부
하와이에서 만나다

20
전화 한 통으로 바뀐 세상

빛 속에 어둠이 있고 어둠 속에 빛이 있다.
처음부터 앞을 못 보는 어둠 속에 태어난 사람은
빛도 어둠도 그것이 무엇인지를 모른다.

교토의 1년은 내 생애에서 가장 긴 한 해였습니다. 그리고 지성에서 영성으로 향한 첫번째 계단이기도 했지요. 그 첫 계단은 평지와 이어져 있어서 그 높이도 그 턱도 의식할 수 없었어요. 서울에 돌아와 나는 옛날의 나로 돌아와 있었고 나는 더이상 내가 먹을 밥을 내 손으로 지어 먹거나 쌀자루를 메고 밤길을 걸어 빈방을 찾아가는 그런 허망한 일도 할 필요가 없게 된 것입니다.

조금 과장하자면 로빈슨 크루소가 무인도에서 런던의 일상생활로 돌아온 것이라고나 할까요. 그랬지요. 누웠던 이불 속으로 다시 들어가는 것처럼 개지 않은 내 묵은 체온 속에 파묻혀 편안한 잠을 잤던 것이지요. 알고 보니 회개 없이 돌아온 탕자였던 겁니다.

무신론자의 기도도 더이상 내 기억 속에 없었습니다. 외국인 숙소와 광야 같던 빈 주택단지도, 세븐일레븐에서 산 식빵을 가슴에 품고 돌아오던 골목길의 어둠도 사라졌지요.

그럴 즈음 다시 땅에 스치는 예수님의 옷자락 소리를 듣게 된 것은 역시 내 딸 민아의 전화를 받고서였습니다. 마치 교토에 있을 때처럼 말입니다.

어느 날 갑자기 전화벨 소리가 울린다. 보통 때와 마찬가지로 수화기를 들고 무심껏 "여보세요!"라고 말한다. 그때 수화기에서는 다급한 목소리가 들려온다. 그러고는 전화 한 통 받기 전과 받은 후 몇 초 동안에 모든 삶의 내용이 바뀐다. 그것은 대체로 행복한 뉴스가 아니라 불행한 것. 꿈이었으면 싶은 전화일 경우가 많다.

누구나 이런 경험을 해보았을 것입니다. 빛의 속도로 불행이 다가오는, 그런 경험 말입니다. 여기는 병원입니다. 여기는 경찰서입니다. 여기는 누구의 친구입니다. 전화가 한 번도 걸려오지 않던 이상한 곳에서, 누가 교통사고를 당해 중환자실에 있고, 누가 사고를 내 현재 경찰서에서 조사를 받고 있는 중이라고, 누가 어젯밤 돌아가셨다고…… 다시 돌이킬 수 없는 부음은 정말 아무렇지도 않게 청천벽력으로 울려오는 법입니다.

그날도 꼭 그랬습니다. 미국에서 전화가 왔다고 하여 받았더니 민아가 실명 위기에 있어서 한 달 가까이 집 안에서 바깥출입을 못하고 있다는 소식이었습니다. 얼마 전 민아로부터 전화가 왔을 때 그냥 몸이 불편해 쉬고 있다고 했는데 그게 아니었던 것이지요. 민아는 늘 그래요. 과민한 어머니 아버지가 걱정할까봐 궂은 소식은 한 번도 알려 오는 적이 없습니다. 언제나 폭풍이 지난 다음에야 뒤늦게 소식이 전해집니다. 암에 걸려 수술을 한 것도, 아이가 학교를 하와이로 옮겨 임시로 거처를 옮긴 것도 모두 지난 다음에야 안 일들이었습니다.

이번에도 다른 경로로 민아가 망막박리로 얼마 안 있어 실명하게 될 것이라는 믿기지 않는 소식을 듣게 된 것입니다. 워낙 약시라서 콘택트렌즈를 끼고도 책을 코에 붙이고 읽던 민아였지만 박리로 시력을 잃게 된다는 것은 한 번도 생각지 않던 일이었지요.

아내와 함께 급히 민아에게 달려갔던 날, 하와이는 너무나도 눈부시고 아름다웠지요. 겨울이 없는 하와이는 늘 플라워 레이처럼 원색적인 꽃으로 충만합니다. 산호초의 바다는 밑바닥까지 들여다보이는 투명한 유리알처럼 보입니다. 소낙비 끝에 무지개가 자주 뜨는 섬이라서 하와이의 자동차 번호판에는 일곱 빛깔 레인보우가 그려져 있기도 합니다.

그러나 그때의 하와이는 꽃도, 태양도, 바다도, 무지개 같은 것은 더더욱 없었습니다. 그냥 깜깜했습니다. 하늘과 땅 어디에도 빛이 보이지 않았습니다. 민아를 보았습니다. 하와이의 대낮이 한밤처럼 어두웠던 그날 나는 민아의 얼굴을 보았습니다. 그리고 이 세상에 태어나 처음 아버지 얼굴을 바라보며 호동그란 눈을 뜨고 미소 짓던 아이, 강보에 싸인 민아의 맑은 눈을 생각했습니다.

나도 모르게 "오, 하나님" 소리가 나왔습니다. 이애가 다시는 내 얼굴을 볼 수 없게 된다면, 어머니의 웃는 얼굴과 아버지의 미소를 보지 못한다면, 이 집에 있는 모든 것, 산과 바다와 길거리의 색채가 있는 모든 것, 형태가 있는 모든 것이 사라진다는 이야기 아닙니까. 주님의 딸에게 어찌 그러실 수 있습니까.

너무하세요, 하나님. 저렇게 하나님 아버지를 믿고 따르는 당신의 딸에게 왜 그 많은 수난을 내리시는지요. 암으로도 모자라 이번에는 실명입니까. 아픈 아이 때문에 학교를 찾아다니느라 눈물이 마르지 않은 아이에게 무슨 눈물이 남아 있기에 또 울리십니까.

민아는 태연하게 말했습니다. "걱정 마요. 아무개 목사님은 어려서 실명하신 분인데도 우리보다 더 잘 보셔. 더 많은 것을 보실 수 있다고 했어요. 늘 밤이라고 생각하면 되지. 그 깜깜한 세상에서도 낮에 본 모든 형상과 빛이 보이지 않나요? 아버지의 얼굴, 어머니의 손. 소리가 말해주고 냄새가 느끼게 하는걸요. 아빠 엄마가 걱정할까봐서 그렇지 난 아무렇지도 않아요."

말로는 태연한 체하면서 사태를 숨기려고 했지만 간단한 설거지를 하다가도 앞이 잘 보이지 않으니까 접시를 깨요. 그러면 내가 가슴 아파할까봐 올리브 기름 때문에 미끄러웠다는 거지요.

못 볼 바다면 무엇 때문에 저렇게 푸른가요. 다시는 느끼지 못할 것이라면 왜 히비스커스는 알로하 셔츠처럼 그렇게도 다양한 색깔로 피어나요. 부겐빌레아가 피어 있는 담쟁이, 극락조가 피어 있는 공항 길은 앞을 못 보는 사람들에게 무슨 소용이 있다고 저리도 빛나는가요.

그날 저녁 민아 컴퓨터를 보니 바탕화면의 아이콘들이 보통 것보다 서너 배는 커요. 그래서 애가 아직도 컴퓨터를 잘 못하나 싶어 해상도를 바꿔 정상 사이즈로 해놓았지요. 그랬더니 민아가 "아빠, 눈이 잘 안 보여서 일부러 크게 해놓은 건데"라고 말하더군요.

순간, 가슴이 덜컥 내려앉았습니다. 딸의 눈이 아파서 왔다는 애비가 눈이 아픈 건 까맣게 잊고 있었던 겁니다. '이것이 세속에 있어서의 아버지와 딸의 만남이구나. 그애가 하나님 아버지라고 부르는 아버지는 그러지 않을 것이다. 그 아버지는 샅샅이 딸의 아픈 모공 하나하나까지도 보시고 안타까워하시며 쓰다듬어주실 것이다. 그래서 민아가 지상의 아버지보다는 하늘의 아버지에게 더 의존하는구나.' 이런 생각을 하며 무심한 나 자신을 탓했습니다.

몇 군데 의사를 찾았지만 수술도 안 되고 약도 없다고 합니다. 그러나 민아는 찬송가를 부릅니다. 방문의 열린 틈으로 성경을 펴놓고 읽고 있는 민아의 모습이 언뜻 보일 때도 있습니다. 그러면 나는 속으로 소리지릅니다. '이 바보야. 노래가 나오니. 책이 읽히니.' 속상한 김에 고함을 치고 싶습니다.

그런데 민아가 교회에 같이 가자는 겁니다. 하와이 교회에는 한국인들이 없어서 아무도 아버지를 알아보는 사람 없으니 놀러 가는 셈치고 동행하자는 거지요.

나는 민아를 위해 무엇이든 해주고 싶은 생각이었기에 아무 말도 하지 않고 따라나섰습니다. 주로 섬 원주민들이 모이는 작은 교회였지요. 아닙니다. 교회가 아니라 공회당을 빌려서 집회를 갖는 개척 교회였지요. 풍금이나 피아노가 없어서 야마하 키보드로 찬송가의 반주를 했고 노트북의 파워포인트로 만든 프로그램을 가정용 프로젝터로

벽에 쏘아 예배를 봅니다.

한국의 어떤 교회가 이렇게 초라하고 가난할 수 있겠습니까. 그러나 그곳에 모인 사람들은 모두 행복해 보였습니다. 서로 손을 잡고 찬송가를 부르고 기도를 합니다. 자기가 아니라 옆에 있는 사람들을 위해서 기도를 드립니다. 자기보다 더 불행한 사람이 없을 것 같은데도 그들은 모두 자기보다 못한 사람을 도와달라고 빕니다. 경건하게 아주 경건하게 무릎을 꿇고 아이나 어른이나 늙은이나 젊은 사람이나 살찐 사람이나 야윈 사람이나 엎드려 기도를 드립니다.

만약에 저들에게 하나님이 계셔주지 않는다면 저들을 어이할꼬. 그 실망과 절망을 어이할꼬. 가슴이 덜컥 내려앉았습니다. 민아가 만약 하나님을 믿지 않게 된다면 무엇이 남을까. 나도 모르게 나는 땅바닥에 엎드려 기도를 드렸습니다. 제발 민아를 위해 저 불쌍한 사람들을 위해 꼭 하나님은 계셔야 한다고 황급히 무릎 꿇었지요.

"하나님, 이 찬란한 빛과 아름다운 풍경, 생명이 넘쳐나는 이 세상 모든 것을 당신께서 만드시지 않으셨습니까. 그런데 왜 당신의 딸 민아에게서 그 빛을 거두려 하십니까. 기적을 내려달라고 기도 드리지 않겠나이다. 우리가 살아서 하늘의 별 지상의 꽃을 보는 것이, 사람의 가슴에서 사랑을 보는 것이 바로 기적이 아니고 무엇이겠습니까. 매일매일 우리는 당신께서 내려주시는 기적 속에서 삽니다. 그러니 기적이 아니라 당신께서 주신 그 기적들을 거두어가지 마시기를 진실로 기도합니다. 만약 민아가 어제 본 것을 내일 볼 수 있고 오늘 본 제 얼굴을 내일 또 볼 수만 있게 해주신다면 저의 남은 생을 주님께 바치겠나이다. 아주 작은 힘이지만 제가 가진 것이라고는 글을 쓰는 것과 말하는 천한 능력밖에 없사오니 그것이라도 좋으시다면 당신께서 이루시고자 하는 일에 쓰실 수 있도록 바치겠나이다."

교토에서 드린 무신론자의 기도와는 밀도도 차원도 다른 경건한 기도를 드렸습니다. 아마 주위에서 부르는 하와이 원주민들의 찬송가 소리가 너무 슬펐나봅니다. 내 눈은 젖어 있었고 무릎은 땅에 닿아 있었습니다.

그리고 민아에게 말했습니다. 하와이의 의사들은 혹시나 수술에 실패하면 의료 사고로 고소당할까 두려워하기 때문에 손을 놓고 그냥 구경만 하고 있는 것이다. 한국으로 가자. 한국의 의사들은 손이 작아 수술도 잘하고 인정도 많아 위험 부담이 커도 널 도와줄 것이다. 그렇게 한다고 하나님에게 이미 약속을 했다.

민아는 웃었습니다. 내가 교회에 온 것, 그리고 내 입에서 주님이라는 말, 하나님이라는 말이 나온 것이 너무나 신기했던가봅니다. "아빠 너무 멋있어." 민아의 말에 나는 조금 화가 났습니다. 이 바보야. 너에게 이런 고통을 내려 계속 시험을 하시는 주님이 그렇게도 좋으냐. 나는 지금 하나님 이야기가 아니라 너의 눈에 대해서 이야기하는데, 그래서 믿지도 않는 낯선 하나님을 향해 약속을 한 건데 너는 그게 그렇게도 좋으냐.

그러나 나는 약속을 했습니다. 그것도 세상에서 가장 큰 분, 우주보다 큰 분에게 약속을 하고 만 것입니다.

다만 나는 딸을 사랑했기에 믿지 않았던 주님에게 약속을 한 것입니다. 하지만 그때만 해도 나는 성경에 이런 말이 있다는 것을 몰랐습니다.

아버지나 어머니를 나보다 더 사랑하는 자는 내게 합당하지 아니하고 아들이나 딸을 나보다 더 사랑하는 자도 내게 합당하지 아니하며 또 자기 십자가를 지고 나를 따르지 않는 자도 내게 합당하지 아니하니라 (마태복음 10:37-38)

무신론자인 나는 내 딸을 주님보다 더 사랑하였기에 그런 기도와 약속을 드렸던 것입니다. 그런데 성경말씀대로라면 나는 예수님보다 딸을 더 사랑하였으므로 예수님에게 합당치 않은 기도를 하고 만 것입니다.

21

그날 새벽이 그렇게 빛나지만 않았더라도

이제 손을 놓을 때가 되었는데
두렵기에, 믿지 못하겠기에 옛것에 매달려
저 빛 속으로 뛰어들지 못합니다.

민아는 서울에 왔고 수술을 받기 위해 검사를 받았고 그 결과는 뜻밖에도 망막박리가 아니라는 판정이었습니다. 반이 박리되었다던 망막이 말짱하다는 것과 떨어진 흔적도 없어 처음부터 망막박리가 아니었다는 것이 의사 선생님의 설명입니다. 하와이의 의사들이 오진을 한 것이라는 결론입니다.

한 달 못 가서 실명을 한다던 민아가 무사 판정을 받고 S대학병원에서 전화를 건 것입니다. "아빠, 수술 안 받아도 된대. 망막에 이상이 없다네." 반이 박리되어 검은 장막 같은 것이 보인다고 한 민아를 내가 알고 있는데 그곳 의사가 오진을 한 것이라고 하니 그 말을 믿을 수 있겠습니까.

민아는 황당했지만 "네 그런가봐요"라고 말했다고 합니다. 자기가 정말 망막박리였다고 우기면 의사 선생님이 이상한 아줌마라고 할까봐 아무 말 하지 않고 나와 전화를 건 것이었지요.

또 전화 한 통이 삶을 반전시킨 것입니다. 민아는 자신의 눈보다도 하나님의 은혜를 확실하게 자기 몸으로 직접 받은 그 기적에 대해서 흥분하고 있었지요. 그렇다면 ADHD로 고생하는 하와이의 아들도 구제받게 될 것이라는 겹희망을 느낄 수 있었기 때문이지요.

하지만 나는 그 순간 가슴이 폭발하는 기쁨과 함께 가슴이 천근 무게로 철썩 떨어지는 불안을 동시에 느꼈지요. 망막박리로 실명하리라던 민아가 하나님의 은혜로 빛을 잃지 않게 되었다 하니 그랬고, 또 다른 면에서는 민아가 실명하지 않는다면 하나님께 내 여생을 바치겠다고 한 약속을 지켜야 할 것이기 때문입니다.

민아에게 조용히 말했지요. "절대로 이런 말은 밖에 나가서 하면 안 돼. 모든 사람이 널 비웃고 우리를 박해하려고 할 거다. 이것은 기적이 아니야. 그래, 네가 보고 내가 보고 너의 어머니가 보았으니 우리는 그렇다고 해도 남들은 믿지 않아. 아니야. 남들이 안 믿어서가 아니라 이 세상에 기적이란 단 하나, 부활밖에는 없어. 예수님 스스로가 그렇게 말씀하지 않으셨니. 너도 언젠가 말했듯이 기적은 구제의 사인이지 목적이 아니잖니. 지금 하나님께서 병을 고쳐주신다 해도 언젠가는 누구나 죽게 되어 있어. 단지 시간이 연장되는 것뿐인데 그것이 어찌 기적이라고 할 수 있겠니. 하늘에서 기적이 내려왔다고 하는 그 만나를 먹은 사람은 결국 모두 다 죽지 않았니. 오병이어五餅二魚로 벌판에 모인 수천 명을 먹이신 예수님의 행위를 이적이라고 일컫지만 예수님 자신도 그것을 거부하지 않으셨어. 영원히 죽지 않는 빵, 생명의 빵인 예수님을 옆에 두고 오병이어를 기적이라고 하여 벌판에 모여드는 사람을 보실 때 예수님은 얼마나 답답하고 외로우셨을까. 영원히 죽지 않는 빵을 놔두고 죽는 빵을 기적이라고 구하러 다니는 어리석은 자가 되어서는 안 되지.

그리고 다락방에서 조용히 기도해야 하기 때문이란다. 예수님처럼 온유하신 분도 밖에 나와 기도를 드리며 외식하는 무리를 보시고는 분노하셨지. 그래서 조용히 다락방에 들어가 기도를 하라고 하셨던 거야. 내 신앙을 남 앞에서 요란하게 얘기하는 것이 바로 그런 외식에 속하는 거란다. 우리에게 지금 필요한 것은 타인의 시선이 이르지 않는 다락방이란다. 그리고 너는 이제 혼자가 아니다. 가장 가까운 사람이 너의 동행자가 되어 함께 그 어둠길을 걸어가게 될 거란다. 손을 놓치지 마. 누구의 손이든 힘이 없어질 때 놓치지 않도록 꼭 잡고 걸어야 한다.

그리고 또 가족과 사회는 다른 것이란다. 하나님께서 아무리 인간을 사랑하고 기도를 들어주신다고 해도 이 세상 그 많은 시각장애자들을 모두 눈 뜨게 하실 수는 없는 것이 아니냐. 하나님이 누구는 눈 뜨게 하고 누구는 눈 뜨게 하지 못한다면 그 선택의 기준이 있어야 하는데 그것이 뭐냐. 너에게 기적이 일어났다고 하면 많은 사람이 그만큼 희망을 갖고 달려올 텐데 만약 너처럼 하나님의 은혜를 입지 못하면 그 절망이 얼마나 크겠느냐.

그러니 큰 소리로 이야기하지 말고 우리만 가슴에 품고 하나님께 감사를 드리자. 아주 몰래. 그리고 경건하게. 부활, 영생 이외의 어떤 기적도 의미가 없다는 것을 누구나 죽게 될 사람들을 향해 조용히 말해야 된다. 원죄를 지은 우리에게는 용서는 있어도 죽음을 넘어서는 기적은 없다고 말이다."

나는 "이제는 예수님을 영접하셔야지요."라고 말하시는 하용조 목사님을 만났을 때에도 똑같은 말을 했어요.
"목사님 은혜에 감사드립니다. 저의 오만을 용서하세요. 그러나 약속은 했지만 아직 세례를 받는 교인은 되지 않겠습니다. 이 세상 시각장애자들이 모두 눈을 뜨지 않는 한 내 딸이 혼자 눈을 떴다고 해서 기뻐하지는 않겠습니다.

지금 당장 ADHD 증후군으로 하와이의 대안학교에 와 있는 내 손자 말입니다. 지금 우리 손자와 같은 아이들은 미국의 경우 백 명 중에 한 명 꼴로 나타납니다. 아인슈타인이나 에디슨도 다 그런 증세가 있었지요. 그것은 확실한 원인이 규명된 것은 아니지만 공해로 인한 내분비장애 때문이라고 합니다. 그애들은 기도로 치료되는 것이 아니라 환경을 파괴한 우리 자신의 죄에서 비롯된 것이라고 봐야지요. 환경운동을 하는 것이 교회에 가서 구제를 청하는 것보다 빠릅니다. 하나님께서도 그렇게 하기를 원하실 것입니다. 목사님도 아시지요. 초등학교 학생들이 동물 해부실험을 하기 위해 한 연못에서 개구리를 잡아왔는데 그것이 모두 암컷들이고 수컷은 한 마리도 없었지요. 조사관들이 나와 원인을 규명해본 결과 여러 석유화학제품에서 나온 공해물질이 연못 물을 오염시킨 것이라고 말이지요."

세례를 받지 않고 교회를 다니지 않고 몰래 하나님과의 약속을 지키려고 했던 것이라 하 목사님에게 세례 이야기는 꺼내지도 않고 딴전을 피웠던 것이지요. 그러나 그다음 날 새벽 모든 것이 반전되고 맙니다. 아무리 몸부림치고 거부해도 한 발짝씩 나의 발길은 높은 곳으로 향한 계단을 오르고 있었으며 하나님은 비정하리만큼 당신께서 만드신 모든 순서대로 이 세상일을 관장하여 그렇게 운전을 하고 계셨던 겁니다.

그러니까 그것은 민아가 미국으로 떠나기 바로 전날 새벽이었습니다. 민아가 교회 새벽기도회에 나간다고 친구와 약속하는 전화를 얼핏 엿들은 적이 있었는데 바로 그것이 그날이었던 모양입니다. 늦잠꾸러기인데도 민아는 가벼운 차림으로 집을 나서고 있는 중입니다. 그때 우리가 살던 집은 높은 축대를 깎아 세운 건물이라 정원에는 아주 높고 가파른 돌계단이 있었지요. 민아가 그 계단으로 내려가고 있던 중입니다.

"교회에 가니?" 창문을 열고 가볍게 내려가는 민아의 뒷모습에다 대고 큰 소리로 말했지요. 민아가 뒤돌아봅니다. 그리고 초등학교 때 대문을 나서며 등교를 하던 꼭 그런 모습으로 나를 향해 손을 흔듭니다. "아빠!" 하고 미소를 지으며 그 호동그란 눈으로, 처음 이 세상에 태어나 아버지를 바라보던 그런 신기한 눈으로 날 쳐다봅니다. 푸성귀 같은 아침이 오고 있는 것입니다. 태양이 떠오르려고 산의 능선이 붉게 물들어 있습니다. 이슬진 소나무 잎에서는 송진 냄새가 풍겨오고 산에서는 햇빛을 기다리며 한꺼번에 지저귀는 새소리가 들립니다. 새벽의 여명 속에 떠오른 민아의 얼굴은 행복에 터질듯이 빨갛게 상기되어 있었습니다.

발레리나처럼 가벼운 발걸음을 한 계단 한 계단 옮겨놓으면서 뒤를 돌아다보며 계속 손을 흔듭니다. 보통 때 같았으면 "조심해!"라고 했을 텐데 저는 그만 저도 모르게 이렇게 소리치고 말았습니다. "민아야, 나 세례받는다고 해. 목사님께 말해." 만약 내가 세례를 받는다고 하면 인간이 가질 수 있는 최고의 행복을 민아에게 줄 수 있다. 완벽한 아침 완벽한 삶을. 그래, 거짓말이면 어떠냐. 인간에게는 거의 불가능한 그 완벽한 행복을 내 한마디면 줄 수가 있다. "민아야, 나 세례받는다고 해." 나도 모르게 외치고 말았습니다.

그랬지요. 4월의 새벽 봄빛이 그렇게 빛나지만 않았더라도 새벽 공기가 푸성귀처럼 그렇게 풋풋하지만 않았더라도 결코 나는 그렇게 외치지 않았을 것입니다. "나 세례받는다"라고. 아! 하나님. 어쩌자고 자신도 없으면서 이런 맹세를 했을까요.

먼 데서도 민아의 눈에 아침 이슬이 맺혀 있는 것을 똑똑히 느낄 수 있었지요. 아, 하나님 감사합니다. 땅에 있는 아버지가 아니라 하늘에 계신 하나님을 향해 내 딸 민아는 그렇게 외치고 있었을 것입니다. 그 아이가 보는 그 햇빛을 내가 보고 내가 숨쉬는 새벽 공기를 그애가 호흡합니다.

살아 있다는 것. 사랑한다는 것. 그리고 함께 서로를 마주보며 오늘을 이야기한다는 것. 마치 천지창조 일곱째 날 아침과도 같은 신선한 우주 속에서 나는 그만 지고至高의 감동을 위해 약속을 하고 말았습니다. 딸에게, 목사님에게, 그리고 하나님에게…… 모든 나무와 새들에게, 세상에 살아 있는 모든 것들에게.

제2부 하와이에서 만나다

22

지성에서 영성으로 가는 아침 뉴스

하나님을 믿지 않는 사람이라도 우연은 믿을 것이다.
자기 의지와 상관없이 찾아오는 많은 의미와 행동들.
그 우연이 필연이 될 때 하나님과 만난다.

    새벽잠이 없습니다. 조간신문보다 언제나 먼저 눈을 뜨지요. 그날도 머리맡에서 기침 소리처럼 신문이 마당으로 떨어지는 소리를 들었습니다. 민아가 떠난 바로 다음 날 아침이지요. 신문을 펼쳤습니다. 신문지를 넘기다 말고 내 입에서는 비명에 가까운 소리가 나왔지요.
    이런 세상에, 머리기사에 커다란 활자로 찍힌 너무나도 생생한 내 이름을 보고 놀란 것이지요. 이성을 넘어 영성으로, 눈을 의심했지만 그것은 사실이었습니다. 내가 세례를 받게 되었다는 기사가 한 면을 거의 차지하고 있는 기사가 실린 것입니다.
    그날 기사를 한 자 고치지 않고 그대로 여기에 옮겨보겠습니다.

'이성'을 넘어 '영성'으로

영원한 문화인, 통섭統攝의 지식인으로 불리는 이어령(73) 전 문화부 장관이 세례를 받기로 했다. 개신교에 귀의하겠다는 뜻을 밝혔다는 의미다.

지금까지 종교를 문화의 일부로 인식해온 그였다. 종교를 논했지만 신앙인은 아니었고, 성서를 읽었지만 열정의 시선은 아니었다. 기독교방송에서 지명관 한림대 석좌교수와 1년간 성서를 놓고 대담도 했다. 그러나 늘 제3자, 객관적 시각으로 종교를 하나의 문화현상으로 분석하는 데 주력했던 그다.

그런 이 전 장관이 기독교를 선택하기까지는 딸 민아(47) 씨에게 지난 15년간 닥친 시련이 결정적 작용을 했다. 미국으로 유학을 가 어렵게 공부한 끝에 변호사가 됐고, 한때 로스앤젤레스 지방 검사로 활약하면서 청소년 마약 문제를 다뤘던 딸이다. 아버지에게는 자랑스러운 딸, 교민사회에선 성공한 한인이자 전도가 양양한 유망주였다.

민아 씨에게 시련이 닥친 것은 1992년 갑상선암 판정을 받은 뒤부터다. 수술을 했지만 1996년과 1999년 두 차례나 암이 재발했다. 불행은 거기서 그치지 않았다. 유치원에 들어간 작은아들이 특수자폐아동으로 판명이 나면서 "지난 10년간 얼마나 많이 울었는지, 울지 않고 잠든 적이 거의 없었습니다"고 그는 고백했다.

약물치료를 요구하는 학교와의 싸움, 기도 끝에 변호사 사무실까지 문을 닫고 아이 치료를 위해 무조건 하와이로 건너간 사연, 아이를 받아줄 수 없다는 미국인 학교의 목사 앞에서 "잃어버린 하나의 어린양을 받아 달라"라고 통곡했던 일, 하와이에서 자신의 망막이 파열돼 시력을 잃었던 기억, 자신이 믿는 하나님을 원망하고 떼를 썼던 일……

"아버님이 하와이에 오셨는데 제가 눈이 안 보여 설거지를 못 하자 맘이 몹시 상하셨어요. 그러면서 '미국 사람들은 손이 커서 수술을 못한다. 한국으로 가자'고 해서 결국 한국에 왔지요. 한국 병원에 와서 진찰을 받았는데 망막이 나왔다는 거예요. 그러면서 의사가 '혹시 미국 사람이 영어를 빨리 해서 못 알아들은 것 아니냐'고 묻더군요."

민아 씨는 자신과 아들의 길고 길었던 투병기와 완치되기까지의 과정을 3일 서울 용산구 서빙고동 온누리교회 새벽기도에서 공개했다.

울먹이며 흐느끼며 30여 분 동안 그가 사연을 털어놓자 교회당은 눈물바다가 됐다. 이 전 장관이 세례를 받기로 결심한 것도 그즈음이다. 그는 "아직 교리문답도, 세례도 받지 않았다"면서도 "내가 가장 사랑하는 딸에게 못 해준 것을 해준 분이 있다면 대단한 것 아니냐"며 심경의 변화를 나타냈다.

온누리교회 하용조 목사는 그가 7월에 세례를 받을 예정이라고 공개적으로 밝혔다.

「동아일보」 2007. 4. 12.

나는 이 신문기사의 한 대목도 부정할 생각이 없습니다. 다만 나는 민아가 온누리교회 새벽기도에 간 줄만 알았지 거기에서 간증을 하고 그 간증이 눈물바다를 만들고 이윽고는 그날 새벽에 한 약속이 그렇게도 빨리 광속처럼 퍼져 신문에 보도되리라고는 꿈에도 생각지 않았던 것입니다.

나는 한 번도 내가 지성인이라고 생각해본 적도 없었고 더구나 지성을 넘어 영성으로 가는 차비나 그런 스케줄을 만들지도 않았습니다. 글을 쓰는 사람은 생각을 쓰는 사람입니다. 생각이 바뀌면 글도 바뀌고 글이 바뀌면 내 생각의 세계도 업그레이드됩니다. 지성의 레벨에서 나오는 소리와 영성의 소리에서 나오는 글은 다르지요.

하지만 나보다 앞질러 나의 크리스천의 길이 먼저 열린 것입니다. 헤어나올 수 없는 예정된 길임을 보고 조용히 기도를 했지요.

"이제는 거짓말하지 않고 자신만이라도 설득할 수 있는 믿음을 내려주소서. 믿음은 제가 하는 것이고 구하는 것도 제가 하는 일인 줄은 잘 압니다. 그러나 두드리지 않아도 문을 열어주시고 구하지 않고 도망쳐도 길을 막아 저에게 영성의 길을 열어주소서.

저의 기도는 한없이 서툽니다. 거짓말할 때에는 뱀의 혀로 이야기하는 달변이지만 진실을 말할 때는 어눌한 것이 인간입니다. 이제는 진실을 말할 때 거리낌이 없이 웅변으로 말하게 하시고 거짓을 말할 때에는 내 입을 봉하소서.

그러나 하나님, 제가 아는 사람들과도 사랑을 제대로 못한 제가 어떻게 영성을 지닌 낯선 것들에게 쉽게 마음을 열 수 있겠습니까. 조금만 더 방황하게 하소서. 내 거처를 찾을 때까지 길에 노숙자로 버려두지 마시고 옛집 뜨락에서 조금만 더 머물 수 있도록 허락해주소서."

준비가 안 된 채 신문기사를 보며 나는 조금 당황하면서 그렇게 기도를 했습니다. 나도 모르는 사이 이미 무신론자의 기도는 끝이 나 있었던 것입니다.

23

버려진 돌로 만드는 신전

> 삶이란 여러 재료가 혼합된 만두 같아서
> 통째로 씹어야 맛을 알 수 있는 것이다.
> 세례를 받는 동안 나는 흐르는 눈물을 어금니로 씹었다.

나의 일생이 하나님의 뜻대로 가고 있는지에 대해서는 확신이 없습니다. 하나님이 나를 선택해서 "너도 쓸모가 있으니 이런 데 와서 일해라." 그렇게 사역을 주셨다면 자부심을 갖겠지요. 그런데 암만 생각해도 그럴 것 같지는 않고, 내가 뒤늦게 "하나님 한번 봐주세요, 내가 이런 일을 할게요"라고 하면서 시키지도 않은 일을 하는데, 그러다 보면 접시도 깨뜨리고 물도 엎지르고 하지 않습니까? 평화로운 잔치에 초대받지 않은 사람이 공연히 부산을 떨며 자리를 어지럽히지나 않을까 염려스러울 뿐입니다.

그럼 나는 왜 칠십이 훨씬 넘어 이제야 여기에 온 걸까요?

하나님처럼 사람을 잘 쓰시는 분이 없습니다. 나 같은 사람은 그냥은 쓸모가 없다. 그러니까 평생 돌아다니다가 뒤늦게 깨달은 것을 얘기하면 믿지 않는 사람의 마음이 달라질지 모른다. 그러니까 너는 좀

늦게 써먹자 하는 뜻인 것 같습니다. 『구운몽』이 바로 그런 얘기지요. 불교가 뭡니까? 속세를 떠난 정적주의靜寂主義 아니겠어요? 그래서 이에 대해 회의를 품고 현세적인 삶에 관심을 두었던 성진은 그가 희구한 대로 꿈속에서 양소유가 되어 관가에 나가 벼슬을 하며 팔선녀를 아내로 두고 유교적 사대부의 삶을 마음껏 즐기며 그 덕목을 하나하나 실천에 옮깁니다.

그러나 노년에 비취궁에 앉아서 문득 문무기예文武技藝, 모든 현세의 욕망이 죽음 앞에선 헛된 것임을 깨닫게 됩니다. 결국은 본래의 불교의 수행으로 다시 돌아오는 것이지요.

적절한 비유인지 모르겠지만 서양의 파우스트도 그랬습니다. 수많은 책을 읽고 학문을 했지만 아무것도 모르는 허깨비에 지나지 않는다는 것을 깨닫고 절망 끝에 자살을 하려고 하지요. 그때 악마가 나타나 그의 노예가 되어 넓은 세계, 파우스트가 모르고 경험하지 못한 쾌락의 현실세계를 맛보게 해주겠다고 제의를 합니다.

그러고는 파우스트의 입에서 "아름다운 순간이여 멈춰라"라는 말이 나오게 되면 영혼을 달라고 내기를 겁니다. 악마를 통해서 그는 이성적으로 도달할 수 없었던 세속의 쾌락적 경험을 하고 악의 극한까지 체험하지만 역시 그곳에서도 그는 지고한 삶의 목적을 찾지 못합니다. 파우스트는 경건한 삶을 통해 하나님의 뜻 안에서 모범적인 삶을 살았던 것도 아니고 또 자기 내부의 유혹과 싸워 이긴 것도 아니지만 종국에는 악마에게 빼앗길 뻔한 영혼을 사랑과 은총의 힘에 의해서 되찾아 구제됩니다.

감히 성진이나 파우스트의 소요와 방황에 비길 바는 아니지만 나 자신도 지성의 무력과 붕괴를 통해서 그것을 넘어선 영의 세계, 초월의 세계에 이르는 마지막 모험을 하게 된 것인지도 모릅니다.

사실 서양 문화 속에는 끝없이 책지성을 버리거나 불사르는 이야기가 나옵니다. 지知의 공허와 무상성에 대한 상징으로 말입니다. 물론 진시황처럼 정치적 목적으로 불태우는 그런 분서焚書와는 다른 차원에서 책에 대한 반란, 그 반문화적인 행동이 벌어지고 있는 것이지요. 사방이 막혀 있는 상자의 이미지로서 지성에 감금된 인간의 비극을 보여줍니다. 특히 창조적인 지성이 아니라 분석적 능력으로서의 지성에 대한 반발을 느끼는 포스트모던과 같은 조류가 그렇지요. 공자님도 아는 자보다는 좋아하는 자, 그리고 좋아하는 자보다는 즐거워하는 자를 더 높이 평가했지요.

지식인들이 마지막 단계에 이르면 생각의 상자나 지식의 상자에서 해방되려는 노력을 합니다. 지성을 거부하는 반지성의 단계에 도달하지 않고서는 감히 지성인이라는 말을 쓸 수 없지요. 그런 점에서 겸손이 아니라 나는 지성의 근처에도 미치지 못한 사람에 지나지 않습니다. 그런데도 확실한 것은 책에 의존해온 저의 지식에 대한 파우스트적 회의가 드는 것이지요. 문학청년이나 하는 그런 회의를 이제야 알았나 싶어 창피하기도 합니다. 그런데 아는 것과 몸으로 느끼고 깨닫는 것은 하늘과 땅 차이입니다.

세례를 받기로 결심한 뒤에 많은 고민을 했지만 한 가지 다행스러웠던 것은 만두를 맛있게 먹으려면 통째로 씹어 먹어야 한다는 평범한 상식을 받아들이게 된 것이지요.

우리는 만두를 먹을 때 껍질 따로 만두소 따로 먹지 않습니다. 통째로 입안에 넣고 씹어 먹습니다. 그동안 나는 만두 껍질 벗겨 먹고 속을 먹고, 그것도 모자라 그 속 하나하나의 재료를 구분하여 그 하나하나의 맛을 분석해서 먹으려 했지요. 삶의 맛을 잃고 영원히 복합적인 만두소의 맛을 제대로 씹지 못한 채 평생을 허송했다고나 할까요.

삶이란 여러 개의 재료가 혼합된 만두 같아서 통째로 씹어야 맛을 알 수 있는 것처럼 세례를 받을 생각을 하고 나서야 성경을 통째로 씹어 먹는 독해법을 배우게 된 것입니다. 욥, 예레미야의 애가, 하박국. 그런 성경을 읽으면서 광신도가 아니라도 종교는 절대로 합리성으로는 설명되거나 분석될 수 없는 영성의 세계임을 확인하게 된 것이지요.

그래서 하 목사님에게 갔지요. 청이 있다고 말입니다. 한국에서 세례를 받으면 여러 사람들이 보고 매스컴에도 보도될 것인데 그러면 세례를 받고 나서도 광야의 시간을 보내게 될 터이니 조용히 남의 눈에 띄지 않는 외국에서 받고 싶다고 말이지요. 어차피 러브 소나타 행사 때 일본의 CEO포럼에서 강연하게 되어 있으니 그때 호텔방을 빌려 세례를 받았으면 한다고 말이지요.

그것이 사실은 일을 더 크게 벌이게 된 계기가 되었던 겁니다. 주님을 영접할 생각을 하고 난 뒤, 나는 항상 내가 기획한 것과 그 결과가 전연 엉뚱하게 나타나는 경우를 많이 경험하게 되었는데, 바로 세례 의식이 그랬던 것입니다. 도쿄에서 열리는 러브 소나타라 일본인만 참여하는 것으로 알았는데 5천 명이나 되는 한국의 신도들이 그 집회에 참여하였고 내가 세례를 받는 호텔 홀에는 백 명도 넘는 신도들이 입회하게 되었던 것이지요.

그리고 보도진들의 카메라와 TV카메라가 대기하고 있었고요. 사람이 사는 데서 멀리 떨어진 광야에서 혼자 지내는 시간을 갖겠다고 한 구상은 활시위를 떠나자 정반대 방향으로 날아가 부메랑처럼 나에게 돌아와 내 가슴을 과녁처럼 뚫었던 것이지요. 그렇게 많은 사람 앞인데도 나는 눈물을 흘렸습니다. 보통 때 같았으면 부끄러워서 몰래 숨겼을 눈물을 그냥 쏟았습니다.

왜 울까. 슬픔인가, 감동인가, 회개인가, 혹은 감사인가. 모릅니다. 지금도 모릅니다. 어렸을 때 싸움을 하다 코피가 터졌을 때도 울지 않던 아이가 누군가 옆에서 역성을 들어주거나 편을 들어주며 관심을 보여주면 그 순간 '왕' 하고 울음을 터뜨리지요. 꼭 그런 거였어요. 혼자 싸워왔는데 주님께서 내 편을 들어주시며 흙투성이가 된 옷을 털어주시고 깨진 무릎을 입김으로 호호 불어주시는 것 같았지요.

죄송한 이야기지만 어머니에 대한 감정과 새로 영접하는 주님이 잘 구별되지 않았고 그 그리움의 감정도 같았지요. 부재하는 존재에 대한 그리움, 그리고 의존성, 어리광 부리고 싶은 대상, 강한 체하지 않고 내 약한 점을 더 과장해서 보여드리고 싶은 어리광 말입니다.

세례받는 장면을 민아에게 꼭 보여주고 싶었는데 아직 미국에서 도착을 하지 않았던 것이지요. 이럴 줄 알았다면 한국에서 가장 가까운 사람들이 있는 곳에서 세례를 받을걸. 그러나 또 한편으로는 저분들이 왜 나의 세례를 받는 자리에 함께 있지, 이름도 얼굴도 지내온 과거도 모르는 사람들인데 왜 그 자리에서 날 축복하고 함께 기도를 드리는 거지, 더구나 일본 사람들이 왜 나의 옆에 있는 것인가 생각이 들었습니다. 그것이 크리스천의 시작, 이방의 땅 지구의 끝까지 포도 덩굴처럼 뻗어가는 사랑의 사역이 시작된 것입니다.

주님을 통해서 많은 사람들이 내 이웃이 되고 저의 부친께서 드리셨던 기도처럼 멀리 있기에 더욱 소중한 사람들이 되어준 것입니다. 이것이 천 년을 2천 년을 멸하지 않고 한 종족의 종교가 아니라 인류의 종교로, 생명줄로 이어져온 기독교의 비밀이지요.

그때 세례를 받으려고 결심하고 썼던 시가 바로 「길가에 버려진 돌」입니다.

길가에 버려진 돌

길가에 버려진 돌
잊혀진 돌
비가 오면 풀보다 먼저 젖는 돌
서리가 내리면 강물보다 먼저 어는 돌

바람 부는 날에는 풀도 일어서 외치지만
나는 길가에 버려진 돌
조용히 눈 감고 입 다문 돌

가끔 나그네의 발부리에 차여
노여움과 아픔을 주는 돌
걸림돌

그러나 어느 날 나는 보았네

먼 곳에서 온 길손이 지나다 걸음을 멈추고
여기 귓돌이 있다 하셨네
마음이 가난한 자들을 위해 집을 지을
귀한 귓돌이 여기 있다 하셨네

그 길손이 지나고 난 뒤부터
나는 일어섰네
눈을 부릅뜨고
입 열고 일어선 돌이 되었네

아침 해가 뜰 때
제일 먼저 번쩍이는
돌
일어서 외치는 돌이 되었네

24

세례는 씻는 것이 아니라 캐내는 것

> "오늘부터 저는 신자의 길을 걷습니다.
> 그동안 많은 직함을 갖고 여기까지 걸어왔습니다.
> 이제는 그냥 세례를 받은 평범한 한 신자로서 기억해주십시오."

기자 인터뷰까지 했습니다. 며칠 전만 해도 생각지도 않던 일이 벌어진 것이지요. 그냥 가벼운 마음으로 일본의 CEO포럼에 강연을 하러 가는 거였는데 뜻밖에 세례를 받기 위한 행사가 되어버린 것이지요. 더구나 아프간에서 봉사활동 중이던 신도들이 테러범들에게 납치를 당해 국내외로 엄청난 회오리바람이 치는 그 태풍의 눈 속에서 말입니다. 그때의 내 마음, 생각, 그리고 세례받은 크리스천으로서의 이야기를 여기에 모두 다 옮길 수는 없습니다. 각 신문에 난 인터뷰 기사 가운데 하나를 골라 그대로 게재하려고 합니다.

내가 쓴 글씨로 개칠을 하고 싶지 않기에 지금은 색바랜 신문 스크랩을 뒤져서 그때의 나를 다시 소개하려고 합니다.

이어령 전 문화부장관이 2007년 7월 24일 세례를 받았다. 일본 복음화를 위한 문화선교집회인 '러브 소나타' 도쿄 대회 현장에서 온누리교회 하용조 목사에게 세례를 받기 위해 평생 처음으로 무릎을 꿇었다. 한국을 대표하는 지성인이 지금까지 쌓아온 인본주의적인 작업을 뒤로하고 지성의 세계에서 영성의 세계로 들어가는 순간이었다.

크리스천 이어령, 무엇이 그를 이성과 지성의 세계에서 영성의 세계로 떠나게 만들었을까. 세례받은 다음 날인 25일 도쿄 프린스파크 호텔에서 그를 만났다.

세례받으신 것을 축하드립니다. 세례받기 전과 비교해 삶을 대하는 태도나 느낌이 다르지 않습니까?

세례를 받았다는 것과 제가 참신자가 되어 믿음의 세계에서 성공하는 것은 별개의 문제입니다. 세례 자체가 영적 세계에서의 승리의 삶을 약속하지는 않습니다. 지금 막 서울대학교에 합격한 학생이 졸업 후의 포부를 말할 수는 없는 이치지요. 중도에 낙제할 수도 있으니까요. 저는 지금 합격통지서를 받은 학생과 같습니다. 아직 입학도 안 했습니다. 교회를 다니고 있는 것도, 사역을 시작한 것도 아닙니다. 이제부터 시작해야지요.

솔직히 저는 하나님이 계시다는 것을 머리로는 받아들였지만 아직 성령 체험을 하지는 않았습니다. 하지만 세례를 받고 나니 몸가짐이 달라지는 걸 느낍니다. 조금만 안 좋은 일이 생겨도 '아, 이제 핍박이 시작되나보다'라는 생각이 들 정도입니다. 겁이 나기도 합니다. 그동안 온갖 자유를 누리며 살았는데 이제 저를 가두는 벽이 생겼습니다. 제게 새로운 문이 열린 것인지, 벽이 생겼는지는 아직 모르겠습니다.

어떻게 예수를 인격적인 주님으로 받아들일 결심을 하게 되셨습니까?
딸 민아(이민아 변호사)는 암과 시력장애, 그리고 아이의 문제를 모두 신앙심으로 극복했습니다. 간단히 말해 피와 살을 물려준 아버지가 아니라 하늘의 하나님이 고쳐주신 것이지요. 그동안 딸에게 해준 것이 없었습니다. 일찍 등단하면서 가족들에게 많이 베풀지 못했고 아이들은 제 사랑을 받지 못했습니다. 그래서 민아에게 죄의식을 가지고 있었습니다. 민아의 문병을 갔던 하와이의 작은 교회에서 저는 처음으로 기도했습니다. '하나님, 사랑하는 딸에게서 빛을 거두지 않으신다면 남은 삶을 주님의 자녀로 살겠나이다'라고요.
딸로 인해 하나님을 만나게 되었지만 그렇다고 기적 때문에 기독교를 받아들인 것은 아닙니다. 기적은 목적이 아닙니다. 지금 하나님께서 병을 고쳐주셔도 언젠가는 누구나 죽게 됩니다. 그러므로 이 지상의 진짜 기적은 단 하나, 부활과 영원한 생명입니다.

세례를 받고 영성의 세계로 들어갔다고 해서 과거 지성과 이성의 세계가 사라지는 것은 아니지 않습니까? 그리고 지금까지 이성의 삶을 살아왔는데 영성을 이해하기란 결코 쉽지 않았을 텐데요.
젊은 시절 제 사진과 지금 사진을 보면 다른 사람처럼 보입니다. 글도 많이 달라졌습니다. 그런데 사진 속 젊은 사람도 저이며, 여기 있는 일흔다섯 된 늙은이도 저라는 사실은 변하지 않습니다. 제가 세례를 받았다고 해서 옛 바탕을 버리고 다른 사람이 되는 것은 아닙니다. 제 속에 묻혀 있던 영성이 이제 나오는 것입니다. 인간에게는 누구나 예술가적 기질과 초월적 영성의 기질이 있습니다. 과학은 설명할 수 있는 것을 설명하며, 예술은 설명할 수 없는 것을 설명합니다. 종교는 설명해서는 안 되는 것을 설명합니다. 종교적 현상은 체험할 수 있을 뿐입니다. 그것이 영성입니다.

신앙은 경험하는 것입니다. 저는 『디지로그』를 쓰면서 물질이 아닌 것이 영상으로 나타난다는 것을 알았습니다. 1과 0의 조합으로 영상과 노래, 텍스트가 나옵니다. 컴퓨터가 나오기 전에는 전혀 체험하지 못했던 것입니다. 컴퓨터를 통해 비물질이 메시지가 되어 나타나는 것을 보면서 영성을 어렴풋이 이해하게 되었습니다. 보이지 않는다고 없는 것은 아닙니다. 하늘과 접속하면 신앙의 세계를 내려받는 기적이 일어날 것 같았습니다. 그동안 예술가로서 저만의 우주를 갖고 있었는데 이제 그 우주를 걷었지요.

영성의 세계로 들어간다고 해서 지성과 이성을 부정하는 것은 결코 아니라는 말씀입니까?

지성과 이성이 사라지고 영성만 남으면 도에 넘치는 열광적이고 근본주의적인 종교가 탄생합니다. 기독교는 이성과 지성을 부정하는 것이 아니라 이성과 지성을 넘어서는 것입니다. 이성과 지성이 없어져야 영성이 맑아진다는 태도도 성립될 수 없습니다.

바울은 베드로나 제자들에 비해서 지성과 이성이 충만한 사람이었습니다. 주님은 바울과 베드로를 모두 쓰셨습니다. 믿는 일이야 고기 잡는 어부들이 낫겠지만 복음 전하는 일은 바울 같은 사람이 더 잘합니다. 오늘날 한국 기독교에 바울 같은 사람이 나와야 합니다.

이제 바울 같은 전도자가 되기를 바랍니다.
저의 지성과 이성이 어찌 사도 바울에 견줄 수 있겠습니까. 20대에는 반기독교적인 글을 많이 썼습니다. 저 역시 소설가로서 창조를 했습니다. 하나님이 만들지 않은 것들을 내가 만들겠다는 오만한 생각도 했습니다. 그러나 인간은 뛰어봐야 벼룩입니다. 이 단순한 사실을 아는 데 시간이 걸렸습니다. 제가 창작과 지적 세계를 포기한 것은 아닙니다. 지금까지 귀중하게 생각했던 것보다 몇십 배 더 크고 귀한 창조주를 인정함으로써 저의 예술적 지평은 훨씬 더 넓어졌습니다. 앞으로 예수님을 믿고 난 이후의 삶과 관련된 글을 쓸 수도 있겠지요.

자기 절망을 경험하지 않는다면 인간이 영적 존재임을 자각하기 쉽지 않은데요.
그렇습니다. 절망해보지 않은 사람은 절대로 영성을 얻을 수 없습니다. 자기파괴라는 극적인 경험 없이는 영성을 갖기 힘듭니다. 그래서 세속적으로 편안한 사람은 하나님을 받아들이기 힘들지요. 이 땅에는 빛뿐 아니라 어둠도 필요합니다. 하나님은 빛과 어둠이 합쳐진 '그레이 존(회색지대)'인 궁창에서 만물을 창조하셨습니다. 빛과 어둠을 알아야 인간 한계를 초월해 영성의 세계로 갈 수 있습니다. 영어에 '플런지^{Plunge}'라는 단어가 있습니다. '팍 던져 넣는다'는 의미입니다. 영성의 세계는 이해하거나 설명될 수 있는 것이 아닙니다. 자기 절망을 계기로 영성의 세계로 던져 넣어지는 것입니다.

세례받으면서 무릎을 꿇었습니다. 평생 누구에게도 무릎을 꿇어본 적이 없었습니다. 나중에 무릎 꿇고 기도하는 영상을 보니 충격적이었습니다. 죄수 같았습니다. 기쁨보다는 고통을 느꼈습니다. 아이가 태어나면서 왜 우는지, 세례받으면서 비로소 알았습니다.

본인이 직접 절망한 적은 없지 않았습니까? 딸의 절망을 통해서 하나님을 경험했지만 그것이 자신의 경험은 아니었는데요.

딸이 남이라면 그 말이 맞습니다. 그러나 사랑은 동일합니다. 내가 타인과 동일한 체험을 할 때 비로소 사랑할 수 있습니다. 딸의 체험은 저의 체험입니다. 저는 딸을 사랑하니까요. 제가 세례와 관련해 인터뷰를 하지 않으려 한 이유는 이는 극히 개인적인 경험이기 때문입니다. 만일 딸의 고통을 통해서만 하나님을 만났다면 사실 부끄러운 일입니다. 내게 보편적 사랑이 있다면 다른 사람의 고통을 통해서도 믿을 수 있는 것 아닙니까? 적어도 글 쓰는 사람은 남의 아픔도 내 아픔으로 알고 글을 써야 합니다. 그래야 진실한 글이 나옵니다. 나 혼자 휴대전화를 가지고 있어서는 소용이 없습니다. 누가 전화를 걸어줘야 휴대전화의 기능이 시작됩니다. 이것이 기독교적 소통입니다. 사실 기독교적 발상은 20대부터 끊임없이 해왔습니다. 아내가 모태신앙인이었지만 지난날 제가 교회에 가지 않았던 것은 보이는 교회의 모습이 제가 생각하는 예수님의 가르침과 달랐기 때문입니다.

앞으로 신앙과 관련된 좋은 글들 부탁드립니다. 그리고 교회에 대한 애정 어린 비판도 아끼지 말아야겠고요.

이제 저는 믿지 않는 자들이 아니라 믿는 자들을 상대로 이야기하고 싶습니다. 저는 더이상 교회의 아웃사이더가 아니라 인사이더입니다. 아웃사이더가 하는 말은 비판입니다. 인사이더가 '우리 의식'을 갖고 하는 말은 비판이 아니라 협력입니다. 우리는 '먹어버려' '가버려'라는 말에서처럼 '버리라'는 말을 많이 씁니다. 한국 교회는 버려야 삽니다. 역사상 예수님만큼 많이 버린 사람은 없습니다. 바울이 말했듯이 믿음은 육상경기에서 그렇듯 모든 것을 벗고 가벼운 몸으로 목표점을 향해 뛰어가는 것입니다. 믿음의 경주를 하기 위해서는 가진 것을 버리고 나아가야 합니다. 버릴 때, 이 땅의 교회는 일상의 가치를 뒤집는 새로운 가치를 이 사회에 내놓을 수 있습니다. 한국의 현재 상황에서 예수님의 메시지들은 크리스천이 아니더라도 누구나 받아들여야 할 가장 귀중한 가르침입니다. 예수님이 말씀하신 나눔과 사랑, 관용이 충만하다면 한국의 앞날은 밝을 것입니다.

이태형 「국민일보」 기독교연구소장 인터뷰, 2007. 7. 25.

인터뷰를 하고 난 뒤 나는 다시 마음을 정리했습니다. '세례란 물로 씻는 의식이 아니라 가슴 깊이 묻혀 있었던 온천수의 뜨거운 수맥을 퍼올리는 것이다. 그것이 그때 흘린 눈물이었다'고 말입니다. 누구나 가슴 깊이 파고 들어가면 거기 영성의 수맥이 흐르고 있을 것입니다. 나는 그런 사람들 가운데 하나입니다.

25

이마를 짚는 손

목숨을 건 남녀 간의 사랑이든, 모자지간의 사랑이든,
인간으로 태어난 존재는 혼자일 수밖에 없구나.
너와 나의 얇은 막을 찢을 힘이 인간에게는 없다.

사랑을 받는다고 합니다. 사랑을 준다고 합니다. 인간의 삶은 주고받는 삶입니다. 그런데 주고받는 주체와 객체 사이에는 아무리 다가서도 얇은 빈틈이 생깁니다. 전위적인 화가 마르셀 뒤샹은 그것을 '앵프라맹스inframince'라고 불렀습니다. 물론 그 자신이 꾸며낸 말이지요.

프랑스말의 '앵프라infra'는 영어의 '인프라스터럭처infrastructure'라고 할 때의 '인프라infra'와 같은 말로 '기반基盤'이나 '하부下部'를 뜻하는 접두어입니다. 그리고 '맹스mince'는 '얇은 것, 마른 것'을 뜻합니다. 그렇기 때문에 적외선을 '앵프라루즈infrarouge'라고 하듯이 앵프라맹스라고 하면 '눈으로는 식별할 수 없는 초박형超薄形의 상태'를 뜻하는 말이 됩니다.

그러나 뒤샹 자신은 그 말을 실사實辭가 아니라 형용사라고 합니다. 말하자면 어떤 구체적인 상태라고 하기보다는 작용이나 효과를 나타내는 말로 세계를 존재하게 하는 섬세한 어떤 작용을 뜻하는 암호였

제2부 하와이에서 만나다

던 것이지요. 그래서 비로드 천이 서로 스칠 때 나는 미묘한 소리 같은 것을 그는 앵프라맹스라고 불렀습니다. 시인 김광균의 「설야」에서 '머언 곳에 여인의 옷 벗는 소리'와 같은 것이 한국적인 앵프라맹스의 정서라고 할 수 있겠지요.

뒤샹은 그의 노트에서 앵프라맹스를 설명하지 않고 64가지의 시적 이미지를 통해서 그 개념을 암시하려고 했습니다. 그중 알기 쉬운 몇 가지를 소개하면 이렇습니다.

· 비로드 바지 — (걷고 있을 때) 바짓가랑이가 스치면서 나는 휘파람 같은 소리는 소리에 의해 표현되는 앵프라맹스의 분리이다. (청각적)
· 담배 연기가 그것을 내뿜은 입과 똑같은 냄새를 지닐 때 두 냄새는 앵프라맹스에 의해서 맺어진다. (후각적)
· (사람이 막 일어선) 의자에 앉을 때의 미지근한 체온이 깔려 있는 것은 앵프라맹스이다.
· 앵프라맹스의 애무. (촉각적)

사람들은 악수를 하거나 포옹을 하거나 합니다. 나는 타자와 늘 하나가 되고 싶어 가까이 다가가 손을 내밀고 끌어안습니다. 그럴수록 어쩔 수 없이 너와 나를 가로막고 있는 틈새를 발견하고 안타까워하지요. 애타는 절망이 또다시 남에게 다가서려는 욕망을 일으킵니다. 그것을 사랑이라고도 부르고 정이라고도 부르고 그리움이라고도 합니다. 보이고 잡히는데도 아주 얇은 앵프라맹스가 그 사이를 가로막습니다. 그것을 우리는 찢을 수도 녹일 수도 없는 것이지요. 그것은 실체가 아니기 때문입니다.

이러한 존재론적 외로움 때문에 글을 쓰기 시작했습니다. 20대부터 나는 돈이나 가난, 또는 권력, 전쟁에서 비롯된 소유의 결핍보다도 생명의 결핍, 존재의 결여에 대한 그 틈을 메우기 위해서 글을 썼던 것이지요.

어렸을 때 감기에 걸렸던 일을 추억하며 쓴 글이 있습니다. 초등학교를 다니던 때의 일입니다. 눈이 많이 내리는 추운 겨울날, 미끄러지고 빠지고 겨우겨우 걸어 학교에서 집으로 돌아와 보니 어머니가 계시지 않았습니다. 감기에 걸려 열이 막 나는데 기다려도 어머니가 오시지 않아 혼자 누워서 앓고 있었지요. 천장의 그림들이 괴물처럼 보이고, 무섭고, 외롭고, 열에 들떠 헛소리까지 할 지경이 되었어요.

방문이 열리는 소리를 들었습니다. 머리맡에 차가운 기운이 느껴지면서 어머니의 손이 내 이마에 닿았습니다. 나는 그냥 눈을 감은 채로 있었거든요. "네가 이렇게 아픈 줄도 모르고 이제야 왔구나" 하시면서 이불을 덮어쓰고 누워 있는 내 이마를 짚어주셨습니다. 그때였지요. 어머니의 그 차가운 손과 열이 오른 내 뜨거운 이마 사이, 그 차가움과 뜨거움 사이에 아주 얇은 막이 느껴지는 겁니다.

냉기와 온기 사이의 아주 얇은 틈, 그게 뒤샹이 말하는 앵프라맹스라는 것을 안 것은 훨씬 뒤 대학에 다니면서였지요. 그런데 뒤샹보다 먼저 나는 어머니의 이마를 짚는 손에서 그것을 느꼈던 겁니다. 인간으로서는 깰 수도 찢을 수도 넘어설 수도 없는 아주 얇디얇은 막이었습니다. 내가 어머니를 이렇게 그리워하는데 어머니가 날 이렇게 사랑해주시는데 인간과 인간 사이에는 어쩔 수 없이 앵프라맹스의 단층이 있습니다. 목숨을 건 남녀 사이에도 의리를 따지는 친구지간에도 그것이 있습니다. 아닙니다. 조금 전 자기와 지금의 자기 사이에도 있지요. 인간으로 태어난 존재는 누구나 그리고 매 순간 혼자일 수밖에 없기 때문입니다.

어려운 이론을 통해서가 아니었지요. 어렸을 때에는 알 수 없이 그저 눈물을 흘렸을 뿐이지요. 어머니가 오셔서 반가운데도 그날 느꼈던 어머니의 손과 내 이마 사이의 얇은 막이 평생 동안 나를 따라다녔던 것이지요.

러브 소나타. 우연히도 나는 이 행사 중에 세례를 받았고 한국 사람 일본 사람 수만 명이 모여 손을 흔들며 노래를 부를 때에도 이 앵프라맹스의 심연을 보았습니다. 마지막 피날레에서 사람들은 불을 끈 어둠 속에서 각자 손에 든 반딧불 같은 LED 조명 막대를 흔들었습니다. 삽시간에 돔은 하늘이 되고 그 불빛들은 별이 되어 은하수가 되었습니다.

그 순간 나는 문득 남이 흔드는 불빛은 볼 수 있는데 막상 나 자신의 불빛은 내가 보지 못한다는 생각이 들더군요. 본다고 해도 그것은 저 하늘의 무리를 이루는 별들이 아니라 외로운 점 하나의 불빛이겠지요.

그래요. 한 사람 한 사람의 들고 있는 불빛들이 한데 합쳐져서 저 장대한 우주와도 같은 별빛들을 자아내고 있었던 것이지요. 비로소 나는 그때까지 멀리에서 존재하던 타자의 불빛을 보았던 것입니다.

누군가 맞은편에 있는 사람도 내가 들고 흔드는 그 불빛을 보고 있었을 것입니다. 내 불빛을 보면서 나처럼 감동의 눈을 뜨고 말입니다.

이 별빛 집단, 내가 들고 있는 불빛이 아니라 남들이 켜고 흔드는 그 불빛을 보고 감동하는 러브 소나타의 의미를 조금은 알 것 같다는 생각이 든 것입니다.

밖에서 당신의 어머니와 형제가 찾는다는 말을 듣고 예수님이 하신 말씀이 기억났습니다. "누가 내 어머니이며 내 동생들이냐. 누구든지 하늘에 계신 아버지의 뜻대로 하는 자가 내 형제요 자매요 어머니이니라" 말씀하신 예수님이 유교의 가족원리에서만 살아온 저에게는 참으로 차갑게 느껴지던 때가 있었지요. 집을 나가 가족을 돌보지 않고 평생 동안 바깥에서 떠돌아다녔던 예수님의 행적이 비정적으로 보일 때도 있었지요. 원전에는 어떻게 쓰여 있었는지 잘은 모르지만 십자가에 못 박히실 때에도 어머니를 향하여 "저 여인을—"이라고 지칭한 대목에서도 낯설음을 느꼈지요.

그런데 도쿄의 러브 소나타 행사에서, 남을 사랑한다는 것이 바로 어머니가 나에게 주셨던 사랑, 어머니를 향해 있던 나의 사랑을 더 완전하게 한다는 것을 깨달았던 것입니다. 한국도 아닌 일본에서, 내 가족 내 민족이 아닌 원수같이 여기던 저 이방인들 틈에서 왜 나는 남들이 흔드는 불빛을 느끼며 그렇게 큰 감동을 느낄 수 있었는가. 나는 서울 올림픽과 새천년맞이 국가행사와 월드컵 같은 큰 이벤트를 직접 내 손으로 계획하고 실행한 적이 있었지만 그것들이 러브 소나타의 그것에 미치지 못한다는 것을 느낀 것도 그 때문이었습니다.

같은 LED 조명 효과라고 해도 그것이 나이트클럽의 불빛이나 혹은 도시의 네온사인과 어떻게 다른지를 알기까지는 참으로 오랜 시간이 걸렸던 것이지요. 디오게네스가 대낮에 들고 다닌 등불은 물리적인 빛이 아니라 영성의 불빛이었던 것이지요. 그 영성의 불빛만이 인간과 모든 사물 사이에 있는 앵프라맹스를 없앨 수 있다는 것을 짐작하게 된 것입니다.

이마를 짚는 손. 인간은 절대로 그 사이에 존재하는 앵프라맹스의 얇은 막을 찢거나 넘어설 수 없지만, 하나님의 사랑을 통해서 그 틈을 없앨 수 있다는 것, 그것이 바로 초월의 힘이요 영성의 힘이라는 것을 말입니다.

눈이 왔으면 좋겠습니다. 초등학교 때 집으로 돌아오던 그런 가파른 언덕길이 있었으면 싶습니다. 꽁꽁 얼어서 감기에 걸려 눕고 싶습니다. 그러면 어머니가 머리맡에 앉아 내 이마를 짚어주실 것입니다. 싸-한 겨울바람을 온몸에 묻히시고 돌아온 어머니, 어머니의 차가운 손, 39도의 신열로 내 이마는 장독처럼 뜨겁습니다.

어머니를 기다리던 나의 마음과 어린 것이 앓고 있는 모습이 딱해서 어쩔 줄 모르시는 어머니의 손이 맞닿습니다. 부딪칩니다. 아! 어머니. 이 세상에서 그 이상의 위안도 평온도 사랑도 없습니다. 평생을 두고 이렇게 절실하게 찾고 기다렸던 것이 또 어디에 있을까요. 이제야 어머니의 손과 내 이마 사이에 깔려 있던 그 얇은 막이 걷히고 있는 것을 느낍니다. 눈으로 볼 수도 말로 설명할 수도 없는 것, 실체가 아닌 영원한 형용사 아니면 부사인 그 앵프라맹스, 그것이 찢겨 나가는 감동이 내 가슴을 적셨습니다. 60년의 긴 시간이 지나고 나서야 나는 비로소 앵프라맹스 없이 어머니의 손이 내 이마를 짚어주시는 것을 느꼈지요. 하나님의 사랑을 통해서 내가 내 딸에게로 가까이 갈 수 있었던 것처럼 나는 하나님의 사랑을 통해서 어머니의 손이 내 이마에 빈틈없이 와 닿는 느낌을, 영원한 그 촉감을 얻게 된 것이지요.

그러자 엉뚱하게 언젠가 인터넷에서 본 예쁜, 움직이는 그림으로 만든 동화 같은 글 한 편이 머릿속에 떠올랐지요. 하나님께서 아기천사에게 지상으로 내려가라고 명하시니 아기천사는 겁에 질려 "하나님, 사람들이 사는 지상에는 도둑도 많고 위험한 차도 많이 다니고 전쟁도 있다는데 제가 어떻게 인간이 사는 땅에 내려가 살 수 있겠습니까?" 하나님이 응답하십니다. "너는 혼자가 아니다. 너에게는 항상 너를 지켜주는 수호천사가 너를 기다리고 있을 것이다."

그런데 벌써 아기천사는 하늘에서 땅으로 떨어지고 있었지요. "하나님, 하나님!" 아기천사는 하나님을 다급하게 부르면서 이렇게 소리쳤지요. "수호천사의 이름을 가르쳐주셔야 만날 수 있지요."

하나님은 크게 웃으면서 말씀하십니다. "너의 수호천사의 이름은 '어머니'라고 부른단다."

러브 소나타의 집회가 있었던 날 밤에 나는 보았습니다. 수천수만 개의 불빛이 찬미가의 아름다운 화음을 타고 어둠 속의 돔을 흐르고 있는 것을. 그리고 그 많은 불빛 속에서 내가 흔드는 작은 불빛 하나를 어머니가 보고 계시다는 것을, 민아와 나의 가족, 그리고 내 이웃에 있는 모든 사람들이 보고 있다는 것을 생각하고 있었습니다. 그리고 앵프라맹스란 말 대신 거북해서 입 밖에 내지 않았던 말을 그 불빛들을 향해 외쳤지요.

― 사랑해요.

어느 무신론자의 기도 2

당신을 부르기 전에는
아무 소리도 들리지 않았습니다
당신을 부르기 전에는
아무 모습도 보이지 않았습니다
하지만 이제 아닙니다
어렴풋이 보이고 멀리에서 들려옵니다

어둠의 벼랑 앞에서
내 당신을 부르면
기척도 없이 다가서시며
"네가 거기 있었느냐"
"네가 그동안 거기 있었느냐"고
물으시는 목소리가 들립니다

달빛처럼 내민 당신의 손은
왜 그렇게도 야위셨습니까
못자국의 아픔이 아직도 남으셨나이까
도마에게 그렇게 하셨던 것처럼 나도
그 상처를 조금 만져볼 수 있게 하소서
그리고 혹시 내 눈물방울이 그 위에 떨어질지라도
용서하소서

아무 말씀도 하지 마옵소서
여태까지 무엇을 하다 너 혼자 거기에 있느냐고
더는 걱정하지 마옵소서
그냥 당신의 야윈 손을 잡고
내 몇 방울의 차가운 눈물을 뿌리게 하소서

26

어머니의 귤

귤이라고 똑같은 귤이 아니다.
사랑이 담겨 있는 귤은 나무가 아니라,
가슴속에서 열린다.

수술을 받기 위해서 어머니는 서울로 가셨다. 이른바 대동아전쟁이 한참 고비였던 때라 마취제도 변변히 없는 가운데 수술을 받으셨다고 한다. 그런 경황에서도 어머니는 나에게 예쁜 필통과 귤을 보내주셨다. 필통은 입원하시기 전에 손수 골라서 사신 것이지만 귤은 어렵게 어렵게 구해서 병문안 온 손님들이 가져온 것이라고 했다. 어머니는 귀한 것이라고 머리맡에 놓고 보시다가 끝내 잡숫지 않으시고 나에게로 보내주신 것이다.

그 노란 귤과 거의 함께 어머니는 하얀 상자 속의 유골로 돌아오셨다. 물론 그 귤은 어머니도 나도 누구도 먹을 수 없는 열매였다. 그것은 먹는 열매가 아니었다. 그 둥근 과일은 사랑의 태양이었고 그리움의 달이었다. 그 향기로운 몇 알의 귤은 어머니와 함께 묻혔다.

서울로 떠나시는 마지막 날 어머니는 나보고 다리를 주물러달라고 하셨다. 열한 살이었으니까 이젠 어머니의 다리를 주무를 수 있을 만큼 그렇게 성장한 것이다. 정말 다리가 아프서서 그러셨는지 혹은 어린것이라 늘 걸려 하셨는데 그만큼 자란 것을 확인하고 싶으셔서 그러셨는지 혹은 내 손을 가까이 느끼시며 마지막 작별을 하려고 하신 것인지 확실치 않지만 다리를 주물러달라고 하셨을 때의 어머니의 얼굴은 외로워 보이셨다.

왜 그랬던가, 어머니에게 나는 숙제를 해야 한다고 핑계를 부리고는 제대로 다리를 주물러드리지 않았다. 어머니는 내 얼굴을 물끄러미 쳐다보셨다. 나는 어머니의 신병이 무엇인지 잘 몰랐던 것이다. 그것이 정말 마지막인지 몰랐던 것이다.

나는 더러 산소에 갈 때 귤을 산다. 홍동백서의 그 색깔에는 지정되어 있지 않은 과일이지만 제상에다가 귤을 고인다. 그때마다 지천으로 흔하게 나돌아 다니는 귤을 향해서 분노를 한다. 어머니가 소중하게 머리맡에 놓아두고 가신 그 귤은 그렇게 흔한 것, 지폐 몇 장으로 살 수 있는 그런 귤이 아니기 때문이다.

나 이제 어디에 가 그 귤을 구할 것이며 나 이제 어디에 가 어머니의 다리를 주물러드릴 수 있을까.

이 글은 「어머니를 위한 여섯 가지 은유」라는 글 속에 나오는 나의 어렸을 때 이야기입니다. 더구나 교토에서 생활하던 1년 동안 나를 가장 괴롭혔던 것이 바로 그 귤이었습니다. 일본에서 가장 흔한 것은 온천과 귤^{미깡}이라고 합니다. 화산이 많은 지각이라 일본의 어디를 가나 온천장이 있습니다. 그리고 한국 같으면 제주도에서나 자라는 귤이 우리보다 위도가 아래인 일본땅에서는 어디에서고 자랍니다. 그래서 슈퍼에서 가장 싼 과일이 귤이지요. 무더기로 쌓아놓고 파는 과일은 귤밖에는 없습니다.

나는 교토에서 무신론자의 기도를 썼지만 솔직히 고백하건대 내가 일상적으로 드렸던 기도는 어머니께 드리는 것이었습니다. 어머니는 나의 종교였으며 어머니 앞에서 기도를 할 때마다 나는 열한 살짜리 아이가 됩니다. 기쁜 일이나 궂은 일이나 일이 생기면 언제고 어머니에게 기도를 드리며 이야기합니다. 어쩌면 기독교에 입교하지 못한 가장 큰 이유도 바로 그 점 때문이었는지 모릅니다.

여호와 하나님은 내 앞에 다른 신을 섬기지 말라고 하십니다. 스스로 시기하는 하나님임을 선언하시기도 합니다. 그런데 어떻게 지척에 계신 어머니를 버리고 한 번도 본 적이 없는 그 먼 곳의 여호와 하나님만을 섬길 수 있겠습니까.

성경을 읽으면서 가장 갈등을 겪는 것도 그 부분입니다. 나만이 아닐 겁니다. 몇천 년 가족주의의 온정과 효를 지선의 가치로 삼고 살아온 한국인이라면 누구나 나처럼 머뭇거리고 회의하고 부정하게 되는 대목일 겁니다. 반드시 조상숭배의 종교적 차원이 아니더라도 기독교와 가족주의 사이에는 공존할 수 없는 어떤 깊은 구렁이 있는 것 같습니다.

김동리의 「무녀도」의 경우처럼 모자의 갈등관계는 샤머니즘과 기독교의 충돌로 이어집니다. 가족갈등을 소재로 한 소설이 아니더라도 성경에 등장하는 믿음의 선조 아브라함의 이야기는 우리에게 정서적으로 심한 거부반응을 일으킵니다.

아브라함이 백 살에 아들을 얻어 기뻐할 때 하나님은 그 아들을 번제로 바치라고 합니다. 어떻게 하나님이 아무리 시험이라고 할지라도 한국 같았으면 천륜인데 부자의 정을 끊고 죽이라는 과업을 내리실 수 있겠습니까. 아브라함이 그 명령에 복종하기 위해 모리아 산에서 독자 이삭을 결박한 후 칼을 들고 죽이려 하는 장면에 이르면 상상만 해도 입에서 비명 소리가 터져나올 것만 같습니다.

그것이 의인의 길이요 믿는 자의 도리라고 할지라도 어떻게 제 자식을 자기 손으로 죽이려는 마음을 납득할 수 있겠습니까. 숨이 막히고 가슴이 터지고 미어집니다.

아브라함만이 아닙니다. 아버지의 아픔을 이해하고 순순히 그 명을 따르는 이삭의 모습은 또 어떻습니까. 자기를 태울 나무를 지고 산을 오른 이삭이 백 살이 넘은 늙으신 아버지의 말을 거역하지 않고 순순히 결박을 당하는 장면도 그렇습니다.

하나님을 위해서 가장 아끼고 사랑하는 자기 자식을 죽음으로 몰아넣는 이야기는 사사기에도 나옵니다. 사사 입다는 여호와 주께 과연 암몬 자손을 치게 해달라고 서원을 합니다. 그러면 자기가 평안히 고향으로 돌아올 때에 누구든지 내 집 문에서 나와 나를 영접하는 자를 여호와께 번제로 바치겠노라고 약속을 합니다. 입다는 서원한 대로 아로엘에서부터 민닛에 이르기까지 이십 성읍을 치고 또 아벨 그라밈까지 크게 도륙하여 암몬 자손이 이스라엘 자손 앞에 항복하게 합니다. 그런데 입다가 미스바에 돌아와 자기 집에 이를 때에 무남독녀로 애지중지하던 바로 그 딸이 소고를 잡고 춤추며 맨 먼저 나와 영접합니다. 놀란 입다는 이를 보고 자기 옷을 찢으며 "슬프다. 내 딸이여, 너는 나로 하여금 참담케 하는 자요 너는 나를 괴롭게 하는 자 중의 하나이다. 내가 여호와를 향하여 입을 열었으니 능히 돌이키지 못하리로다"라고 오히려 딸을 원망하면서 외동딸을 번제의 제물로 바칩니다. 그리고 이삭처럼 그 딸은 "나를 두 달만 용납하소서. 내가 나의 동무들과 함께 산에 올라가서 나의 처녀로 죽음을 인하여 애곡하겠나이다"라고 말하고 아버지의 말에 복종, 처녀의 몸으로 죽게 됩니다.

가족을 경시하였기에, 자식을 사랑하고 부모를 공경하는 풍습이 없었기에 이런 일이 생긴 것은 아닐 터입니다. 가족의 사랑과 공경이 이 지상에서 가장 숭고하고 값어치 있는 일이었기에 하나님은 그것을 초월하는 마지막 고개의 시험을 과하게 된 것이라고 해석할 수 있습니다. 그런데 이런 문화적 가치, 세속적 가치와 하늘의 법칙이 서로 배치될 경우 한국인 같으면 어떻게 할까요. 어느 나라 어느 민족보다도 가족을 최고의 가치로 믿고 살아온 한국인이라면 아브라함이나 입다와 같은 시험에 처할 때 과연 어떤 선택을 하게 될까요. 백 살의 나이로 겨우 얻은 아들을 장작불에 태워 죽이겠습니까. 누구보다도 기뻐 맨 먼저 춤을 추며 마중 나온 외동딸을 번제의 제물로 바치겠습니까.

사랑보다 의를 더 큰 덕목으로 알았던 구약의 경우니까 그러했을 것이라고 생각해서는 안 됩니다. 신약의 경우에도 가족주의를 넘어서는 하늘나라의 법칙은 다를 것이 없습니다. 한국인이 기독교를 비판

할 때 가장 많이 지적하는 부분이 바로 가족주의적 시각에서 본 예수님의 행적들입니다.

예수님이 십자가 위에 못 박히실 때의 골고다의 장면을 묘사한 요한복음 19장 25-27절을 읽어보세요.

예수의 십자가 곁에는 그 어머니와 이모와 글로바의 아내 마리아와 막달라 마리아가 섰는지라 예수께서 자기의 어머니와 사랑하시는 제자가 곁에 서 있는 것을 보시고 자기 어머니께 말씀하시되 여자여 보소서 아들이니이다 하시고 또 그 제자에게 이르시되 보라 네 어머니라 하신대 그때부터 그 제자가 자기 집에 모시니라

우선 자기 어머니에게 "여자여"라고 불렀다는 것입니다. 천하의 불효라는 것이지요. 어머니를 어머니라고 부르지 않은 예수는 분명 한국의 가족윤리로 보면 반발을 살 만하다고 할 수 있습니다. 더구나 예수님은 곳곳에서 한국인의 가족 정서에 위배되는 말씀을 하십니다. 우선 마태복음에 나오는 구절만 보아도 알 수 있습니다.

내가 세상에 화평을 주러 온 줄로 생각하지 말라 화평이 아니요 검을 주러 왔노라 내가 온 것은 사람이 그 아버지와, 딸이 어머니와, 며느리가 시어머니와 불화하게 하려 함이니 사람의 원수가 자기 집안 식구리라 아버지나 어머니를 나보다 더 사랑하는 자는 내게 합당하지 아니하고 아들이나 딸을 나보다 더 사랑하는 자도 내게 합당하지 아니하며 또 자기 십자가를 지고

나를 따르지 않는 자도 내게 합당하지 아니하니라 (마태복음 10:34-38)

그러나 이 충격적인 구절을 좀더 정독하게 되면 어머니를 여자라고 한 것은 가족을 부인하는 것이 아니라 예수께서 새로운 가족의 패러다임 전환을 구축하고 있다는 것을 알 수 있습니다.

우리의 경우처럼 비칭卑稱이 아니라 원전의 뜻대로 하면 중립적인 호칭이라고 신학자들은 말하고 있습니다. 왜 중립적인 호칭을 하였는가. 이 대목을 모르면 영원히 한국인은 진정한 크리스천이 될 수 없는 것입니다. 나는 이 대목을 내 나름대로 이해하고 새롭게 풀이할 수 있었기에 가족과 공존하는 기독교의 세계에 들어서게 되었다는 것을 미리 밝혀두어야 할 것 같습니다.

자식의 죽음을 앞에 놓고 마리아의 슬픔이 어떠했을까 더 보탤 것이 없을 것입니다. 마지막 죽음으로 어머니와 작별하는 예수님의 가슴이 얼마나 애절했을 것인가도 마찬가지입니다. 그러나 예수님은 눈물로 정감으로 어머니를 위로한 것이 아니라 하나님의 말씀으로, 그 진리로 어머니의 마음을 달래고 슬픔을 뛰어넘는 새로운 희망을 이야기한 것입니다. 다음과 같은 아주 짧막한 네 단어로 말입니다. "Woman, behold thy son 여자여 보소서 아들이니이다!" 예수님은 사랑하는 자기의 제자를 가리키며 그렇게 어머니에게 말했던 것입니다. 나만 당신의 아들이 아니라 여기에 있는 내가 가장 사랑하는 제자도 당신의 아들입니다. 아들이 죽었다고 잃은 것이 아니니 슬퍼하지 마세요. 이렇게나 많은 당신의 아들들이 당신을 어머니로 섬길 것이니까요. 어머니 마리아는 아들의 사형장에서 아들을 잃은 것이 아니라 더 많은 아들을 얻게 된 것입니다.

그러하기 때문에 역시 예수님은 제자를 향해서 이렇게 말합니다. "Behold thy mother보라 네 어머니라!" 제자 역시 자신의 육신의 어머니만 어머니로 알았는데 예수님의 어머니로만 알고 있던 여인이 자신의 어머니라는 것을 알고 믿게 된 것이지요. 그래서 그는 마리아를 영접하여 자기 집으로 모셔가 함께 삽니다.

이와 똑같은 장면이 다른 곳에도 나옵니다. 밖에서 당신의 어머니와 형제가 기다린다는 전갈을 받고 그 사람에게 조금 노여운 말투로 말합니다. "누가 내 어머니이며 내 동생들이냐. 누구든지 하늘에 계신 아버지의 뜻대로 하는 자가 내 형제요 자매요 어머니이니라"라고 말입니다.

혈육의 낡은 가정관을 사랑과 믿음, 하나님 아버지의 가족으로 확장하고 승화한 것이 예수님의 가정관이었고 기독교의 가족관입니다. 더 큰 가족, 더 신성하고 사랑과 믿음으로 뭉친 공동체. 그것이 때로는 불경으로 들리고 가족 경시로 오해된 것이지요.

아무리 사랑하고 헤어지려고 하지 않아도 세속의 가족은 죽음에 의해서 갈라지고 세속의 먼지에 의해서 퇴색하게 됩니다. 정말 어머니를 영원히 사랑하기 위해서, 어머니가 남기고 가신 그 끈을 영원한 것으로 간직하기 위해서, 나는 육신의 아버지와 어머니를 버리거나 떠나지 않고서도 하나님과 성모 마리아를 나의 아버지, 나의 어머니로 부를 수 있을 때 참된 어머니의 아들이요, 크리스천으로서 하나님의 아들이 될 수 있다고 믿었던 것입니다.

　그게 이스라엘의 이야기라고 생각하지 마십시오. 기독교의 법이라고 말하지 마십시오. 여호와를 믿는 일신교가 아니라도 바로 우리 도교의 신선사상에도 그런 시련은 존재합니다. 하나님을 믿고 크리스천이 되려면 가족의 정과 가치를 초월하는 시험에 합격해야 하는 것처럼 인간이 신선이 되려면 어떤 시험을 치러야 하는지 중국의 고전 『태평광기』에 나오는 두자춘杜子春의 이야기에 잘 나타나 있습니다.

　인간에 절망한 두자춘은 신선 수업에 나섭니다. 어떤 일이 닥쳐도 절대로 입을 열어서는 안 된다는 조건을 지키면 선인仙人이 될 수 있는 단약을 얻게 되는 것입니다. 두자춘은 온갖 공포와 고통을 당하고서도 선인이 되기 위해 입을 다물고 참고 견딥니다. 그러다가 이윽고 마지막 시험으로 그는 여자로 태어나 결혼을 하고 아들을 낳게 됩니다. 남편은 여러 가지 방법으로 입을 열도록 술책을 다 하지만 뜻이 이루어지지 않자 아이를 절구에 넣고 돌공이로 쳐 죽이려고 합니다. 두자춘은 자기도 모르게 안 된다고 소리를 치고 만 것이지요. 인간의 힘으로는 넘을 수 없는 고비를 모두 다 극복해낸 그였지만 여성이 되어 모성애를 알게 된 두자춘은 끝내 인간의 그 한계, 여성의 그 벽을 넘지 못하고 좌절합니다.

　이 말을 뒤집으면 인간과 신선의 차이가 무엇인지, 인간적인 것을 다 버려야 되는 신선의 길이 어떤 것인지 알게 되며 그 비정하고 처절한 가족 이상의 가치세계에 대해서 우리는 오직 전율할 수밖에 없습니다.

그러나 동양에서 말하는 선인과 인간의 차이가 바로 그 점에 있습니다. 가족애를 초월한 것. 그러지 않고서는 영원히 살지 못하는 인간의 영역에서 함께 썩어가는 것이지요. 그런데 말로는 그렇게 이야기하지만 나는 하나님보다 나의 딸을 근심하여 기도를 드렸으며 예수께서 받아주시지도 않았는데 나는 딸을 도와주면 당신을 믿겠노라고 입다처럼 일방적인 서원과 약속을 드렸던 것입니다.

아직도 나는 가족의 테두리를 넓혀 저 많은 이웃들이 나의 어머니요 나의 형제라고 생각하기가 힘듭니다. 적의에 가득 찬 눈초리로 나를 바라보는 사람들, 그리고 예수님도 말씀하셨지만 "사람들을 삼가라. 저희가 너희를 공회에 넘겨주겠고 그들의 회당에서 채찍질하리라"라고 한 그 사람들을 어떻게 끌어안아야 할지 자신이 없습니다. 하지만 보세요. 「어머니를 위한 여섯가지 은유」에서 적은 글들을 읽어보세요.

예수님을 몰랐던 시절 내가 유일한 종교로 생각했던 어머니의 상과 기독교의 상이 절대로 대립되거나 선택적이거나 모순되는 것이 아니라는 것을 알게 될 것입니다. 아버지의 이름으로 어머니의 사랑으로 나는 더 멀고 좁은 문으로 들어가 더 환한 곳에 이를 수가 있는 것이지요.

27

인력거를 탄 어머니의 부활

누군가 죽음보다 강한 어머니 사랑을 나에게 주었다면
그것은 곧 어머니의 영원한 삶을 보여주는 것이다.

그렇습니다. 어머니가 돌아가신 뒤 나는 다시 어머니를 만납니다. 그러니까 어머니가 돌아가신 지 1년쯤 되었을 것입니다. 보통고개를 넘어 학교에 가는 중이었지요. 온천읍으로 가는 신작로 앞에 웬 인력거 한 대가 지나가고 있었습니다. 어머니께서도 수술을 받으시기 위해 서울로 떠나시던 날에 그런 인력거를 타고 읍내로 나가셨지요. 그런데 신작로 길로 오던 그 인력거가 나를 앞질러 가더니 갑자기 멈추는 거예요. 검은 돛을 단 죽음의 배처럼 포장이 흔들리던 인력거의 불길한 잔상이 남아 있어서 외면을 한 채 그냥 달려가려고 했습니다. 그런데 나를 불러요. 인력거에서 내린 모본단 두루마기를 입은 귀부인이었습니다. (우리는 어렸을 때 서울에서 비단옷과 핸드백을 드신 아주머니나 할머니들을 그렇게 불렀지요.)

"마님, 기차 시간에 늦는데요." 인력거꾼이 채근을 하는데도 아랑

곳하지 않고 그 귀부인은 내 손을 잡고 "네가 용인댁 다섯째지?"라고 물으셨어요. 그냥 나는 머리로만 끄덕였지요. 혼잣말처럼 무어라고 몇 마디 하시고는 "어디 좀 보자"라며 내 책보를 끌러서는 도시락을 열어보시는 거예요. 그러고는 잡곡이 얼마나 섞였는지, 반찬으로 무엇을 넣어주었는지를 샅샅이 살펴보십니다. 눈에 이슬이 조금 맺히시는 것 같았습니다.

"그래 알았다! 학교 늦을라. 어이 가봐라. 잘 커서 다음에 꼭 훌륭한 사람이 되어라. 너의 어머니가 먼 세상에서 얼마나 기뻐하시겠니." 우리 집을 알고 계신지 새마을 쪽을 건너다보시면서 인력거에 오르십니다. 그리고 몇 번 손짓을 하시더니 인력거가 떠났습니다. 어머니가 떠나시던 그날처럼 인력거는 아침 햇살에 은빛 바퀴살을 반짝이면서 읍내 쪽으로 사라졌습니다.

그때는 잘 몰랐지요. 어린아이를 놔두고 세상을 떠나신 어머니의 마음을 잘 알고 있는 분 같았습니다. 남은 식구들이 도시락을 잘 싸주는지, 어린 것이 구박이나 받고 살고 있지는 않은지. 남의 아이의 책보를 끌러 도시락 반찬을 살펴보는 그 마음을 그때는 잘 몰랐습니다. 나는 내 도시락 뚜껑을 열어보신 그 여인의 이름을 모릅니다. 그 여인이 어디에 살고 있는지 어디로 가고 있었는지 나는 묻지도 알려고도 하지를 않았습니다. 확실한 것은 만약 돌아가신 어머니가 그 길목에서 나를 만나셨더라면 그 여인과 똑같이 내 손을 잡고 내 책보를 끌러 보시며 내가 잘 자라고 있는지 걱정하셨을 것입니다.

제자를 보시며 "보라 네 어머니라"라고 말씀하신 바로 그 만인의, 세계의, 우주의 어머니가 인력거에 타고 계셨던 것이지요. 자기 자식만이 아니라 이웃으로 쏠린 사랑과 정의 근원에 있는 것이 바로 예수님이 말씀하신 복음이 아니고 무엇이겠습니까. 도시락 뚜껑을 열던 그 여인의 손끝에서 나는 돌아가신 어머니의 손을 보았습니다. 그 여인의 이슬 맺힌 축축한 눈에서 어머니의 눈동자를 보았습니다.

이것이 내가 어머니를 섬기면서 함께 주 예수를 맞이하게 된 근거일 것입니다. 육신의 어머니를 버려야 맞이할 수 있는 것이 주라면, 나는 백 번 천 번 아니라고 고개를 흔들었을 것입니다. 땅에서 사는 나는 어머니의 사랑과 아버지의 율법을 통해서 비로소 하늘의 아버지를 알 수가 있습니다. 그 사랑은 지성이 아니라 영성이 관장하는 세계이고 그 영성은 하늘나라의 빛과 접속할 수 있는 통로입니다.

이것이 나에게 무릎을 꿇게 하고 성수로 영혼을 씻게 한 그 사랑이요 권능입니다.

제3부

한국에서 행하다

28

무지개의 빛깔은 몇 개인가

> 빛은 하나이지만 스펙트럼으로 분산시키면
> 여러 색이 된다. 그리고 나의 문화에 따라서
> 그 색은 다르게 인식된다.

    세례를 받고 난 뒤 한동안 침묵했습니다. 음표와 음표 사이의 고요함. 나의 믿음에는 그런 고요함이 필요했던 것입니다. 그러면서도 나는 온누리교회를 비롯하여 여러 교회에서 간증과 강연을 하게 되었지요. 나는 나의 믿음을 '교토'에서 찾고 '하와이'에서 만나 '한국'에서 행하는 과정으로 작은 쉼표를 찍었던 셈이지요.

    누구나 경험했을 겁니다. 산에 올라가 "야~호~"라고 외치면 자기의 목소리가 메아리로 되돌아옵니다. 분명 제 소리의 반향反響인데도 꼭 누군가 내 말을 듣고 흉내를 내거나 화답하는 것처럼 생소합니다. 메아리를 통해 듣는 자신의 목소리는 골짜기의 돌벽과 나무와 벼랑의 흙, 그리고 바람에 부딪쳐 이미 다른 목소리로 변해버린 것이지요. 그리고 내 목소리와 메아리 사이에는 아주 작은 순간의 틈이 생깁니다. 그것이 바로 음표와 음표 사이의 고요함이라고 할 수 있을 것입니다.

나는 아직도 그 고요함에서 나오지 못하고 있습니다. 교회에서 강연한 말들을 들으면 얼굴이 붉어지고, 글로 정리된 강연 원고를 보면 속이 상할 때가 많습니다. 녹취나 글로 정리하는 과정에서 일어나는 오류와 오해로 내 본뜻과는 많이 어긋난 것이 눈에 띄기 때문이죠.

바로 이 책 초판에서도 필자 책임교정을 보지 않았기에 많은 오식과 그릇된 내용이 있었습니다. 특히 강연 내용을 주로 다룬 이 3부에서는 판 전체를 다시 고쳐 써야만 했던 것도 그런 사정 때문입니다. 필자의 부주의나 교정상의 오식은 그렇다 쳐도 내용이나 사실 자체가 왜곡된 것이 등장하기도 합니다. 나팔통 앞에 앉아 있는 축음기 상표의 개 이야기를 설명하는 대목에서 그 디자인을 한 화가의 형이 에디슨의 형으로 기술되어 있는 부분을 발견하고 나는 그냥 놀라지만은 않았습니다. '아! 종교에 대한 왜곡이나 오해도 결국엔 이렇게 되는 것이구나' '과연 성경의 무오류설이라는 것을 믿어야 할 것인가' 하는 생각이었지요.

인간끼리의 말이 그러한데 하물며 하늘의 말이 땅으로 옮겨질 때, 하나님의 말씀이 인간의 말로 변화하고 인간의 문화를 통과하여 인간의 마음으로 굴절할 때 어떤 일들이 벌어질 것인가. 새삼 두려움을 느끼게 된 것입니다.

세례를 받고 나서 한국에서 처음 강연을 했던 것도 서양의 기독교와 한국문화에 대한 것이었지요. 그때 무지개 이야기를 했습니다. 보세요. 가령 무지개라고 하면 누구나 일곱 색으로 알고 있어요. 초등학교에 들어가면 가장 먼저 구구단과 함께 외우는 것이 "빨-주-노-초-

파-남-보"가 아닙니까. 한국 아이들만이 아니라 세계 어디에서나 초등학생들은 무지개의 일곱 색을 외우기 위한 노래를 가지고 있습니다. 그런데 정말 무지개 색은 7색일까요.

미술 시간에 사용하는 크레용이나 물감만 봐도 두 자리 수가 아닙니까. 원래 빛은 하나光이지만 스펙트럼으로 굴절 분산시켜 그 강도와 파장이 여러 색으로 나타날 경우 관측자에 의해서 제각기 다르게 인식되는 법입니다.

희랍의 철학가 크세노폰의 글을 보면 무지개 색은 세 가지라고 되어 있고, 천하의 석학 아리스토텔레스도 삼색이라고 했습니다. 그후에 세네카가 다섯 색, 로마의 집정관이었던 마르켈루스는 여섯 색이라 했습니다. 그러고 보니 홍수 끝에 찬란한 무지개가 떴을 때 노아 방주 속의 생명들은 몇 가지 색으로 보였는지 궁금합니다. 먼 날 얘기도 아닌 패티 김이 부른 노래 가사에도 "오색 무지개"라는 것이 있고, 아프리카의 바자어에서는 두 색입니다.

한국東아시아 사람들은 초록은 동색이라고 하여 파란색과 초록색을 구분하지 않은 경우가 많지요. 그래서 서양에서 들어온 교통신호는 분명 초록색green인데 우리는 그것을 파란blue 불이라고 하잖아요. 그래서 하늘도 벌판도 다 푸르다고 합니다. 그와 마찬가지로 우리는 청출어람靑出於藍이라고 하여 엄연히 파란색과 남색을 구분하는데 서양 사람들은 그것을 구분하지 않았죠. 파란색에 인도나 중국을 뜻하는 이상한 형용사를 붙여서 남색을 "인디고 블루indigo blue" 아니면 "차이니즈 블루chinese blue"라고 부르는 것을 보아도 알 수 있지요.

그런데 뉴턴이 처음으로 스펙트럼을 통해 무지개 색이 나타나자 일곱 색으로 분절하여 이름을 붙여 발표한 데서 7색으로 굳어진 것 같습니다. 조수에게 "나는 일곱 색으로 보이는데 너는 어떻게 보이는가"라고 물었다는 기록이 나오는 것을 보아도 그것이 자의적으로 붙여진 색임을 알 수 있지요. 그래서 아무런 근거가 없는 것인데도 뉴턴의 말을 과학이라고 믿고 오늘날 세계의 어린이들은 과학시간에 스펙트럼 실험을 하면서도 무지개는 7색이라고 외우고 있지요.

놀라운 일입니다. 왜 과학자인 뉴턴이 무지개를 일곱 색으로 보았을까요? 바로 기독교 신자였기 때문입니다. 성경에는 하나님이 이 세상을 7일 만에 창조하셨다고 되어 있습니다. 그래서 일주일도 월, 화, 수, 목, 금, 토, 일의 일곱 요일로 나뉘어 있고 음도 도, 레, 미, 파, 솔, 라, 시의 칠음계로 분할되어 있지요.

이렇게 빛은 하나인데도 분광작용에 의해 제가끔 달리 보이는 것처럼 하나님도 문화에 따라서 다른 양상으로 나타나게 됩니다. 그래서 정말 하나님의 나라, 지상의 일상적 문화의 색에서 벗어나 절대의 빛을 찾아가려면 주관성과 감각에 의존하는 문화의 필터를 뛰어넘어야 한다는 생각입니다.

각자 인간이 만든 문화의 색안경을 통해 세상과 우주를 보면서 서로 다르다고 싸우는 것은 참으로 난센스라고 할 수밖에 없죠. 특히 무지개를 7색으로 하는 것이 유일 절대의 과학이라고 여기고 있는 과학만능주의자들이 더욱 그런 우를 범하기 쉽습니다.

아이들에게 해를 그려보라고 하면, 한국과 일본 아이들은 대체로 빨갛게 그립니다. 그런데 서양 아이들은 오렌지색이나 노란색으로 그린다고 합니다. 그리고 중국에서는 청천백일기의 해처럼 하얗게 그립니다.

해는 하나인데 그림으로 그려지는 그 빛깔은 다 다르다는 것이지요. 의미도 달라요. 국기에 초승달을 그리고 사는 열사의 이슬람 문화권에서는 해는 오히려 생명을 위협하는 부정적 존재로 인식됩니다.

회교 문화권에서는 돼지고기만이 아니라 개도 금기의 대상입니다. 마호메트가 동굴에 숨어 있을 때, 개가 짖어 잡힌 적이 있어 악마의 사자라고 생각하고 있는 것입니다. 그래서 옛날 축음기의 빅터의 로고에 나오는 그 유명한 나팔 앞에 앉아 있는 개 모양이 이슬람권에서는 금지되었다고 합니다. (졸저 『디지로그』의 「에디슨 죽이기」에 자세한 설명이 나오니 참고하시기 바랍니다.) 그래서 개 대신 코브라로 바꿔서 팔았다는 것입니다. 같은 기독교 문화권이라고 해도 이탈리아에서도 역시 개를 그린 그 로고는 환영을 받지 못했지요. 이탈리아에는 음치를 놀릴 때 "개처럼 노래한다"라는 속담이 있었기 때문입니다.

문화는 만인이 고루 누리는 보편적인 것인가, 풍토와 문화에 따라서 상대적인 것인가. 우리는 여자들이 얼굴을 가리고 다니는 것을 부자유스러운 것으로 보지만 그 사람들에게는 오히려 얼굴을 내놓고 다니는 것이 망측한 것으로 보일 수도 있지요.

문화 보편주의와 문화 상대주의의 싸움은 한국에서도 치열하게 벌어지고 있습니다. 믿는 사람과 그렇지 않은 사람 사이에서 '예수 믿는 가정에서 제사를 지내야 되느냐 마느냐' '조상신이라는 것도 일종의 우상 아니냐' 같은 문제로 논쟁이 벌어지는 것이 그 비근한 예입니다. 처음 기독교가 한국에 들어왔을 때 가장 갈등을 일으킨 것이 바로 조상숭배 사상을 우상숭배로 간주한 기독교의 교리였던 것입니다.

그러나 이미 말한 것처럼 문화와 문명은 인간이 만든 것이지 하나님이 만든 것이 아닙니다. 그렇기 때문에 일광의 흰빛을 놓고 빨갛다 파랗다 싸우는 것은 그렇게 심각한 문제가 아니라고 생각합니다. 토착화가 아니라도 기독교가 들어오기 이전의 한국문화 가운데는 오히려 서구문화, 특히 기독교가 로마로 들어와 변질한 것보다 훨씬 더 기독교의 오리진^{origin}에 가까운 문화들이 많았다는 점을 알면 됩니다. 반대로 예수님의 말씀이나 행적을 이해하기 위해서는 그 당시 그 지역의 문화적 문맥을 통해서만 이해를 할 수 있는 것도 많지요. 문제는 그것이 붉은색이든 파란색이든 모든 색채를 수렴하면 거기 휘황한 주님의 원광이 생겨난다는 겁니다. 문화를 초월하는 것, 감각의 세계를 초월하고 그 언어와 풍토를 벗어나 더 높은 곳으로 향할 때 무지개를 만들어내는 빛과 접속을 할 수 있다는 것이 그동안 여러 문화를 비교해온 나의 생각입니다.

그런 관점에서 한국문화와 서양의 기독교 문화를 생각해보십시오. 의식주가 다르니 예수님이 행하신 복음의 레토릭도 달라질 수밖에 없지요. 기독교에서는 다락방이란 말을 많이 씁니다. 지금 아파트에서 사는 한국인은 잘 모르겠지만 전통 한국 가옥의 다락방은 결코 좋은 이미지가 아닙니다. 사람의 눈에 띄지 않는 것들이나 무엇을 숨겨두기 위한 장소로 다락방은 결코 정갈한 곳은 못 됩니다. 쥐들이 돌아다니고 거미줄이 쳐져 있지요. 그런데 이 다락방에서 기도하라니 실감이 나지 않지요. 사실 다락방이라고 하면 어른들 눈을 피해 나쁜 장난을 많이 쳤던 어렸을 때의 기억이 납니다.

"사람이 떡으로만 사는 것이 아니요"라는 성경 구절도 이해하기 힘듭니다. 물론 빵bread을 떡이라고 번역했기 때문입니다. 밥을 먹는 한국 사람에게 떡이라는 것은 간식이나 잔칫날에 먹는 것으로, 서양 사람의 그 빵과는 상징적 의미가 다릅니다. "떡만 먹고 못 산다"고 할 때 보통 한국인이라면 누구나 "그야 당연하죠. 밥을 먹어야지 어떻게 떡만 먹고 삽니까"라고 말할 겁니다.

빵을 식문화의 주개념으로 하고 있는 문화권에서는 빵은 물질적 삶을 뜻하는 제유법이지요. 펜이 문인을 뜻하고 칼이 무사를 상징하는 것처럼 말이지요. 그러니까 의역을 하려면 당연히 떡이 아니라 "사람은 밥만으로는 살아갈 수 없다"라고 해야겠지요.

하지만 문제는 거기에서 끝나지 않죠. 마귀가 예수님에게 내민 것은 돌덩이니까요. 돌과 빵은 같은 형상의 덩어리니까 아퀴가 맞지만 밥이라고 하면 모래를 퍼주는 것으로 이야기 자체를 바꿔야 합니다. 돌덩어리의 모양에 맞추자면 떡이라 해야 맞고 그 뜻을 옮기자면 밥이라야 합니다.

형식을 따르자면 내용이 울고 내용을 택하려면 형식이 울어요. 그야말로 하나님이 오셔도 이 구절은 순수한 한국말로는 번역이 안 됩니다. 그래서 일본 성경은 그냥 빵이라고 했고, 중국 성경에는 막연하게 그냥 식물食物이라고 했어요. 이렇게 번역이 안 되는 문화의 특수성 속에서 과연 전통적인 유불선 삼교 속에서 살아온 우리가 기독교 문화를 토착화할 수 있을 것인가, 그것이 내 살과 피처럼 그렇게 우리 몸속으로 녹아들어올 수 있을까, 의심이 들기도 할 것입니다.

그러나 알다시피 헬레니즘과 헤브라이즘은 서로 다른 가치와 특성을 가진 두 기둥처럼 유럽의 역사를 떠받쳐왔어요. 하지만 두 사상이 서로 교차되고 융합되었을 때 유럽은 평화와 번영을 누려왔고 그것이 서로 대립되거나 한쪽으로 쏠리는 현상을 가져올 때 유럽은 암흑기를 맞이했습니다. 다행히도 동양 문화권에서는 유교 불교 도교의 삼교가 공존 융합하는 경우가 많아서 종교 간의 분쟁이 유럽처럼 심하지 않았던 겁니다.

예수님은 사마리아인을 차별하지 않았지요. 유대인들은 사마리아 사람들을 박해하고 기피했습니다. 사마리아인들은 원래 이스라엘 사람과 같은 핏줄로 북쪽의 왕국에서 살고 있었지만 아시리아인의 공격으로 기원전 721년에 포로가 된 사람들입니다. 이스라엘 땅에 남아 있던 사람들과 그곳으로 이주해온 아시리아 이민 사이에서 혼혈로 태어난 사람들을 사마리아인이라고 불렀고 종교도 서로 혼합되어 성지 예루살렘에 들어갈 수도 없는 사람들이었지요.

그런데도 예수님은 그들을 같은 이웃이라 했습니다. 누가복음 10장에 나오는 그 유명한 '착한 사마리아인'에 대한 비화가 바로 그렇습니다.

누가 정말 우리의 이웃일까요. 강도를 만나 발가벗겨진 채 길에 쓰러져 죽어가는 사람을 보고 그냥 지나간 제사장일까요. 그를 못 본 체 피해간 레위인일까요. 아닙니다. 길가에 쓰러져 신음하는 자의 상처에 기름과 포도주를 붓고 돌봐준 사마리아인이 그의 이웃이었던 겁니다. 지체가 높은 제사장이라고 해도 혈통이 고귀한 레위인이라고 해도 사랑이 없으면 피가 다르고 종교가 다른 사마리아인만 못한 이웃입니다.

비유만이 아니지요. 실제로 예수님은 타 종족의 피가 섞이고 우상을 숭배하는 다른 종교를 혼합한 사마리아인이라고 할지라도 용서했지요. 예수님 일행이 머무는 것을 거절한 사마리아인들에 분개한 제자들이 그 마을을 불살라 징벌하자고 했을 때에도 그를 만류한 것이 바로 예수님이었습니다.

"네 이웃 사랑하기를 네 몸과 같이 하라"에서 그 이웃은 지구상의 모든 인간을 뜻합니다. 기독교를 편협한 일신교라고 비웃는 사람들은 예루살렘의 제사장을 보고, 레위인을 보고 하는 말입니다. 우리 주변을 보세요. 이념이 다르다고 주먹질을 하고 가진 자와 갖지 않은 자를 나눠 시기하거나 모멸합니다. 엊그제만 해도 단일민족이라고 자랑하던 사회가, 지금은 무지개 색처럼 다문화 사회가 되었는데도요.

어떻게 하실 겁니까. 위선자가 되는 한이 있더라도 나와 생각이 다른 사람, 나와 문화가 다른 종족, 그리고 종교가 다른 이교도에게 그 상처에 기름과 포도주를 붓는 사람이 되지 않고서는 오늘의 글로벌 시대를 살아갈 수가 없지요. 예수님을 하나님의 아들이라고 부르지 않는 사람, 기독교를 모른다고 부정하는 사람들이라고 해도 어떻게 착한 사마리아인의 이야기에 귀를 막겠습니까. 내가 그 많은 종교 가운데 기독교를 택한 것은 다른 종교를 싫어해서가 아닙니다. 오히려 불교와 유교는 어렸을 때부터 내 몸 안에 배어 있는 혈액형과도 같은 것이었지요. 다만 착한 사마리아인의 이야기처럼 내 가족 내 민족 내 국가를 뛰어넘는 이웃의 사랑, 내 몸처럼 이웃을 사랑하는 마음이 나에게는 결핍되어 있다는 사실에 눈떴기에 비로소 예수를 나의 주로 영접할 수 있게 된 것입니다.

문화를 뛰어넘는 기독교

기독교 문화는 한국의 전통문화와 쌍방향을 이루는
신비한 힘을 내포하고 있다.
최후의 만찬은 먹는 상징의 한국문화와 이어진다.

놀랍게도 전 세계적으로 번역된 기독교 성서 중에서 잘된 번역 가운데 하나로 한국 성서가 꼽힌다고 합니다. 나는 기독교에 회심하기 이전에 성경을 문학 텍스트로 대학에서도 가르치고 나 자신이 글 속에서 자주 인용도 했지만 실상 무슨 말인지 의미가 통하지 않는 대목들이 많이 있었지요. 영어나 일어 성서를 보고 그 뜻을 알게 된 적도 한두 번이 아니었습니다. 그런데 외국 학자들 가운데 창세기 1장 1절을 비교하면서 영역보다 훨씬 잘된 번역이라고 높이 평가하는 이들이 있다는 겁니다.

태초에 하나님이 천지를 창조하시니라 땅이 혼돈하고 공허하며 흑암이 깊음 위에 있고 하나님의 영은 수면 위에 운행하시니라 (창세기 1:1-2)

영어 성경을 보면 'the earth was formless', 혹은 'without form'으로 되어 있지요. 즉 땅이 '형태가 없다'라고 했습니다. 그런데 우리는 '혼돈混沌'이라고 번역했습니다. '혼'과 '돈'은 모든 것이 섞이고 불분명한 상태, 즉 코스모스에 대한 카오스의 상태를 나타내는 말입니다. 혼돈이란 한자는 다 같은 물을 뜻하는 삼수변에 쓴 것인데 'formless'보다 훨씬 다음에 등장하는 "수면 위에 운행하시니라"의 말과 너무나도 잘 어울립니다. 뿐만 아니라 형태란 말은 겉모양의 단일한 의미이지만 혼돈은 두 의미가 하나로 복합된 것으로 음양의 경우처럼 같은 말끼리 또는 반대되는 말끼리 조화를 이루고 있다는 점입니다.

다음 구절도 마찬가지입니다. '공허하다'는 'empty'라고 되어 있는데, '공'도 빈 것이고 '허'도 빈 거예요. 그다음 'darkness' 역시 우리는 '흑암'이라고 번역되어 있습니다. '암'과 '흑'의 두 글자가 어울리어 하나의 단어를 만든 것이지요. 영어로 '암暗'은 'darkness'로 'light'의 반대예요. '흑'은 'white'에 대한 'black'으로 흑암이란 말은 단순한 어둠이 아니라 빛과 색채의 대칭성을 함유하고 있는 통합적 이미지를 지니고 있지요.

한자말에서 온 한국말에는 이런 복합개념으로 하나의 통합개념을 나타내는 말들이 참 많습니다. 그래서 '목욕'이라고 하면 그냥 영어의 'bathe'를 뜻하는 말로 아는 사람이 많지만 '목沐'은 샤워를 뜻하는 것이고 '욕浴'은 몸 전체를 담그는 'bathe'를 의미하는 말입니다. 이 섬세한 의미의 음양조화로 창세기의 혼돈과 질서의 복합적인 양상을 아주 실감나게 보여줍니다.

그러고 보면 먹는다는 말을 가장 많이 사용하는 한국어, 한국문화와 기독교에서 성찬식을 하는 먹는 제례가 아주 잘 어울립니다. 우리의 오감 중에서 가장 거리가 멀리 떨어져 있는 것이 시각입니다. 하늘의 별까지 보지 않습니까.

그다음이 청각이지요. 번개가 친 다음에 천둥소리가 들리지요. 그다음이 후각입니다. 꽃은 바짝 다가서야 비로소 향기를 맡을 수가 있어요. 그리고 아주 밀착되어 틈이 없는 것이 촉각이지요. 손으로 만지는 대상은 듣고 냄새 맡는 것보다 훨씬 더 가까운 데에 있습니다. 포옹하는 경우처럼 서로 밀착되어 있습니다. 그런데 미각은 어떨까요. 이미 거리는 완전히 소멸되어 대상은 내 속으로, 나의 입 나의 몸으로 들어온 상태입니다. 이렇게 먹는다는 것은 단순히 생리적 신진대사를 돕는 양분의 섭취가 아니라 존재와 존재를 결합하고 일체화하는 융합의 행위인 것입니다.

사과가 아름답다, 사과가 향기롭다, 사과가 매끄럽다는 것은 사과가 내 밖의 대상으로 있을 때지만, 사과를 먹는다고 했을 때는 이미 사과는 사라지고 나와 하나가 되는 것이지요. 그것이 진리라면 바깥이 아니라 내 몸 안으로 체험한 것과 같습니다.

그것이 바로 최후 만찬의 의미, 제자들과 함께 나누어 먹는 빵과 포도주의 의미죠. 빵은 예수님의 몸이고 그 포도주는 피입니다. 가령 요한복음 6장 50절에서 58절까지 빵을 먹고 포도주를 마시는 음식의 이야기는 하늘과 땅이 하나가 되는 결합의 상징으로 등장합니다. 그리고 이어 "아버지께서 내 안에, 내가 아버지 안에 있는 것 같이 그들도 다 하나가 되어 우리 안에 있게 하사 세상으로 아버지께서 나를 보내신 것을 믿게 하옵소서"라는 말이 그것입니다. 빵을 먹고 포도주를 마시는 것이 예수를 매개로 하여 하늘과 땅의 것이 일체화^{oneness}하는 것으로 묘사되어 있습니다.

그것이 바로 '최후의 만찬'으로 예수께서 이 세상을 떠나셔도 식사를 나누는 의식을 통해 제자들^{인간들}과 함께 하나 되는 것입니다. 한솥의 밥을 먹는 것으로 한식구가 되는 성찬식과 같은 일을 우리는 일상 속에서 반복하고 있었으니까 말입니다.

거짓말인가 보세요. 꽃놀이 갔다가 꽃만 보고 오는 사람은 별로 없습니다. 꽃동산에 앉아서 사람들은 싸온 음식을 여럿이 둘러앉아 먹습니다. 눈으로 꽃을 보는 것이 아니라 코로 향내를 맡는 것이 아니라 싸온 도시락을 펼쳐놓고 먹으며 아름다운 경치를 이로 씹고 혀로 맛보고 목구멍으로 삼키면서 온몸으로 감상하는 것이지요. 꽃과 그 경치는 바깥이 아니라 음식을 통해서 나의 몸 안에 들어와 하나가 되어 버립니다.

예수님의 최후 만찬은 말보다, 이적을 보이는 것보다도 이 땅에서 최종적으로 보여준 강렬한 소통의 의지요, 그 방식이었던 겁니다. 한 테이블에 앉아서 함께 빵을 먹고 포도주를 마시는 식사 행위를 통해 진리와 영성을 제자들 몸 안으로 직접 집어넣은 수육화^{受肉化}와도 같은 연출이었다고 봅니다. 빵은 예수님의 살이었고 포도주는 예수님의 피였지요. 예수님과 제자들은 이미 주체와 객체가 아니라 빵과 포도주로 한몸이 된 것이지요.

그래서 미국의 소설가 존 업다이크는 「음악학교」라는 단편소설을 통해 이 성찬식의 본래 의미가 무엇인지를 보여줍니다. 개혁적인 젊은 신부들이 모여 성찬식 때 성병^{聖餠}을 먹는 방식에 대해서 토론을 하는 장면입니다. 지금까지 성찬식에서 성병을 혀에 올려놓고 녹여 먹었지만 이것은 잘못된 의식이라는 비판이었지요. 성경에는 단지 빵을 가리키시며 테이크^{take} 또는 이트^{eat}라고 하셨지 어느 곳에서도 녹여서 먹으라고 한 구절이 없다는 겁니다. 그래서 젊은 신부들은 성병을 더 딱딱하고 두껍게 만들어 신도들이 어금니로 씹어 먹을 수 있도록 해야 한다고 주장했던 것이지요. 하나님의 말씀을 어금니로 씹지 않고 수동적으로 녹여서 삼키기 때문에 오늘의 기독교 신앙은 나약하고 소극적인 것이 되고 말았다는 것이지요.

정말 그래요. 한국 사람이 쌈 싸 먹는 것을 한번 보세요. 어금니로 씹는 정도가 아니지요. 상춧잎에 밥과 반찬과 쌈장을 섞어 도저히 입에 들어갈 것 같지 않은 푸짐한 보쌈을 만들어 통째로 입안에 넣어 와작와작 씹어 먹는 모습을 보면 감탄이 절로 나와요. 신사가 어디에 있고 숙녀가 어디에 있습니까. 쌈 싸 먹는 것을 보면 정말 하늘과 땅의 것이 하나로 뭉쳐 몸속으로 들어가는 것 같습니다. 제상을 차린 것을 우상숭배라고 생각하지 말고 성찬식과 같은 것으로 이해하면 훨씬 이해가 빠를 거예요. 제상에 차려놓은 음식을 먹으며 조상의 영을 영접하듯이 그렇게 빵과 포도주를 마시며 예수님을 영접하고 있으니 어찌 마르다와 마리아가 우리를 부러워하지 않겠습니까.

서로 다른 이념도 보쌈처럼 싸서 씹어 먹으면 그 대립과 모순이 내 몸 안으로 들어와 하나가 될 것입니다. 흔히 자유는 경제원리요 평등은 정치원리라고 하는데 프랑스 대혁명 때에는 자유, 평등의 구호밖에 없었습니다. 박애fraternité는 나중에 생긴 겁니다. 혁명을 일으킨 사람들은 두 파로 갈라져 싸웠지요. 간단하게 말해서 산악파라고 할 수 있는 자코뱅당은 평등원리의 이념을 내세웠고 지롱드당은 항구나 하천 지역의 출신이 많아 무역 같은 상업에 눈뜬 사람들로 경제원리인 자유의 성향이 컸지요.

꼭 냉전 때처럼 말입니다. 대륙과 해양의 두 세력으로 갈라진 프랑스의 혁명 상황은 결국 정치원리가 경제원리를 지배하면서 무자비하게 지롱드의 해양 세력을 짓밟았습니다. 무역은 국부를 유출하는 매국 행위라고 생각했던 것이지요. 그 대표적인 것이 마르세유 항구를 궤멸시키기 위해서 그 이름도 무명無名이라는 뜻의 '상농sans nom'이라고 불렀고, 항구도 메워버릴 계획이었습니다. 결국 정치와 경제의 두 원리를 대립이 아니라 조화로 이끌어간 것은 프라테르니테동지애였지요. 기독교에서 가장 중시한 사랑. 그래서 한자문화권에서는 자유, 평등과 함께 동지애를 박애라고 번역했던 겁니다.

이렇게 모순과 대립을 결합하여 융합하고 조화시키는 것이 기독교의 사랑입니다. 성서에 아흔아홉 마리의 양 이야기가 나옵니다. 그런데 실제로 양을 쳐보지 않은 사람들은 이 구절이 무슨 말씀인지 마음에 와닿지 않을 겁니다. 그래서 성경에는 가끔 한 알의 곡식과 같은 씨 뿌리는 이야기가 나오는데 이것은 유목민이 아닌 농경민을 위한 비유인 것입니다. 그리고 돌아온 탕자 이야기는 자식을 잃어본 사람이라면 누구나 이해할 수 있는 이야기로 상업을 하는 사람들이라고 할지라도 실감할 수 있는 이야기입니다. 예수님은 이렇게 메시지를 전할 때 특정한 그룹이 아니라 세계 전체의 인류를 통째로 싸서 말씀하셨던 것이지요.

기독교는 이처럼 여러 문화를 고루고루 가지면서 특정 지역이 아니라 전 인류를 감쌀 수 있는 메시지를 담고 있습니다. 메타 컬처, 즉 로마문화, 희랍문화, 유대문화까지 모두 포용하고 그것을 풀이하는 메타 컬처의 특성을 지니고 있는 것이지요.

한국도 이제는 다문화 사회가 되어가고 있습니다. 종교가 다르고 인종과 문화가 다른 사람들이 우리 곁에 백만을 육박하고 있습니다. 단일민족 순혈주의가 통하지 않지요. 내 가족 내 마을의 씨족사회의 전통이 아직 가시지 않아 분파가 심하고, 배타적인 텃세가 강한 문화적 쇄국주의가 녹지 않은 봄눈처럼 칙칙할 때가 있습니다. 기독교인들은 다문화의 시대, 글로벌 시대의 한국문화를 이끌어갈 리더가 되어야 합니다.

사랑은 눈으로 보는 것이 아니라 마음으로 속살을 만지는 것이지요. 사과의 겉은 빨갛기도 하고 노랗기도 하지만 사과 껍질을 벗겨놓고 보면 어떤 것이 빨간 사과이고 어떤 것이 노란 사과인지 구별할 수 없습니다. 하나님은 껍질을 놓고 우리에게 사과를 먹으라 하시지 않습니다. 껍질을 깎아서 우리 입에 넣었을 때 그 사과는 같은 사랑이요 이웃이지, 빨간 사과 노란 사과가 따로 있는 것이 아닙니다.

동물도 마찬가지입니다. 큰 고양잇과에 속하는 호랑이와 사자를 구별할 수 있는 것은 털색과 그 무늬 때문이라고 합니다. 그러나 가죽을 벗겨놓으면 동물학자도 어느 것이 사자이고 어느 것이 호랑이인지 식별할 수 없다는 겁니다. 혈액형이 같으면 흑인의 피를 백인에게 수혈할 수 있는 것과 같은 이치지요.

사과의 껍질이 벗겨지는 시대, 호랑이와 사자의 털색과 무늬가 사라지고 생명의 혈맥이 드러나는 이 시대를 살아가기 위해서도 사마리아인과 동행한 예수의 정신이 우리 문화 깊이 배어나야 할 것입니다.

 30
예수님의 두 손, 바위와 보자기

받아들이는 손과 악을 징벌하는 손. 사랑의 손과 정의의 손.
이것을 결합한 것이 그 위에 후광이 퍼져나가는
예수님의 몸이십니다.

    레오나르도 다빈치의 걸작 〈최후의 만찬〉에는 식탁에 올려놓은 예수님의 두 손이 그려져 있습니다. 한 손은 주먹을 쥐고 있고, 한 손은 손바닥을 펴 보이고 있습니다. 아이들이 장난하는 가위바위보로 치자면 예수는 제자들을 향해 주먹과 보자기를 동시에 내민 셈입니다.

    주먹은 바위와 같습니다. 손가락은 성문의 빗장처럼 굳게 안으로 잠겨 있어, 이미 외부의 아무것도 받아들이려 하지 않습니다. 그러기에 주먹은 거부이며 도전이며 징벌의 의지를 나타냅니다. 우리는 거기에서 응고해버린 분노를 봅니다.

    그러나 유다의 배신에 대해서 예수가 오직 주먹만을 쥐었던 것은 아닙니다. 반대로 한 손은 부드럽게 열려 있습니다. 모든 것을 받아들이고 키우는 5월의 대지처럼 그 손은 펼쳐져 있습니다. 텅 빈 하늘이거나 경계선 없는 바다입니다. 눈물을 받아들이고 아픔을 받아들

▶ 레오나르도 다빈치의 「최후의 만찬」의 일부, 1495~1497년
화벽에 유채와 템페라, 460×880cm
이탈리아 밀라노, 산타마리아 델라 그라치에 성당

이고…… 증오나 악까지도 그 손바닥 위에서는 용해되어버립니다. 빈 뜨락과도 같은 손바닥에서 우리는 너그러운 사랑을 봅니다.

　예수는 두 주먹을 쥐지도 않았고 두 손을 모두 펴지도 않았습니다. 주먹과 보자기…… 그러기에 주님은 생의 가위바위보에서 이길 수가 있었습니다. 주먹의 언어와 보자기의 언어를 동시에 가질 수 있는 시인은 예수님처럼 슬프고도 행복합니다. 그리고 비로소 우리는 그 끔찍한 가위를 이길 수가 있습니다. 모든 것을 분할하고 토막내고 갈가리 찢어버리는 가위의 언어를 막을 수 있습니다. 단지 방어하는 것만이 아니라, 우주와도 같은 보자기의 품 안에 자신이 내민 주먹까지도 감싸버립니다.

주먹처럼 단단한 언어로써 벽을 무너뜨려야 합니다. 그 의지로, 그 분노로 유다의 악을 징벌해야 합니다. 그러나 잊지 말아야 합니다. 마치 어린것들의 머리를 쓰다듬듯이 폐허에 새 종자를 뿌리듯이 한 손은 부드럽게 펴야만 합니다. 넓고 텅 빈 손바닥의 그 언어가 있을 때만이 딱딱한 주먹의 언어는 폭력의 벼랑으로 떨어지지 않습니다.

예수의 마지막 구제도 그러할 것입니다. 주먹과 보자기를 내미는 가위바위보. 그렇게 해서 운명의 놀이에서 이길 수가 있습니다.

한쪽은 받아들이는 손이고, 한쪽은 악을 징벌하는, 유다를 향해서 너 할 바를 하라고 하며 유다를 징벌하는 손입니다. 정의의 손과 사랑의 손, 이 두 개의 손이 있는 것이죠. 이것을 결합한 것이 그 위에 후광이 퍼져나가는 예수님의 얼굴이십니다.

그런데 한 손은 주먹을 쥐고 한 손은 벌리는 이 모순되는 것을 합치고 있는 문화가 한국문화입니다. 왜 그럴까요? 서양 사람은 엘리베이터라고 하지요. 위로 올라간다는 뜻만 담고 있을 뿐 내려간다는 뜻은 없습니다. "나 엘리베이터 타고 내려갈게" 하면, 말도 안 되는 소리예요. "나 올라가는 거 타고 내려갈게"라는 이야기가 되어버리거든요. 그러나 한국말로는 엘리베이터를 '승강기昇降機'라고 했지요. 올라가고 내려간다는 뜻이죠. 엘리베이터만이 아닙니다. 서랍을 뜻하는 영어 'drawer'는 '빼다' '끌어내다'의 뜻에서 온 말입니다. 말대로 하자면 서양의 서랍은 빼기만 하고 닫지는 못하는 것이 되지요. 같은 아시아

의 문화권이면서도 일본 역시 서랍을 '히키다시ひきだし'라고 하는데 빼
낸다는 뜻입니다. 중국의 '처우티抽屜' 역시 마찬가지입니다. 오직 한
국에서만 서랍을 '빼닫이'라고 합니다. 빼고 닫고 하는 양면성을 동시
에 나타내는 말입니다.

십자가를 보세요. 하나는 수평이고 하나는 수직이 아닙니까. 정반
대인 두 선의 방향이 한데 어우러진 것이 십자가의 크로스가 아닙니
까. 죄에 대한 징벌과 사랑에 의한 구원이라는 모순되는 행위가 하나
가 된 것이 예수님의 십자가이지요.

불교에서는 수인手印이라는 게 있습니다. 부처님은 중생에게 손의 여
러 가지 형상으로 그 오묘한 메시지를 전합니다. 하지만 불교를 모르
는 사람은 그 손 모양이 무엇을 의미하는지 잘 모를 것입니다. 보편적
사인이라기보다 수화의 경우처럼 서로 약속된 규칙을 통해서만 가능
한 메시지입니다. 인도에서는 춤도 '무드라Mudra'라고 하여 손짓과 그
것이 그려내는 모양을 통해 관중과 소통합니다. 특정한 사람들 사이
에서만 소통되는 것은 일종의 암호인 셈이지요.

그에 비해 십자가는 누구나 생활 속에서 얼마든지 자연스럽게 접할
수 있지요. 다 그만두고 우리가 매일 보는 창살, 매일 다니는 도시의
십자로에서 십자가를 만날 수 있고 설명하지 않아도 그 의미를 터득
할 수 있습니다.

어떤 문화라 해도 십자가에 못 박혀 피 흘리시는 고뇌의 모습 속에
서 사람들은 그 고통과 사랑의 의미를 알게 되는 것이지요. 죽음과 재
생, 절망과 구원, 그리고 육과 영의 두 대립항이 하나가 되는, 즉 죽음

이 부활이 되는 슬픔과 기쁨이 수직과 수평이 마주치는 접점에서 융합 실현되는 것입니다.

오늘날의 지도자는 십자가와 같이 모순을 융합할 수 있는 '톨레랑스tolérance, 관용'를 가져야 합니다. 독사의 독도 입으로 들어갔을 때는 힘을 잃습니다. 소화기관은 신비하게도 이질적인 것을 자기 면역체 속으로 변환시킬 수 있는 T세포를 만들어낸다고 합니다. 어려운 과학이론이 아닙니다. 토끼 피를 직접 나의 혈관에 주입했다고 한번 가정해 보세요. 거부반응으로 금시 죽게 될 것입니다. 그러나 먹으면 아무렇지도 않고 오히려 나의 피로 변합니다. 그것을 생물학에서 관용과 같은 말인 톨레랑스라고 명명했지요. 관용은 이렇게 윤리적인 용어가 아니라 생물학적 용어가 되어버린 것이지요.

죄를 용서하고 나와 다른 남을 받아들일 수 있는 힘은 관용에서 나오고 그 관용은 바로 사랑에서 나오는 것이라고 봅니다. 기독교의 교리가 모든 문화를 뛰어넘을 수 있는 힘이 있다면, 그것은 바로 예수님의 사랑이며 그 죽음이지요. 부활의 죽음 말입니다. 죽음을 이기는 사랑 말입니다. 그것만이 개체를 초월할 수 있는 진정한 글로벌리즘globalism이라고 할 것입니다.

어느 날 캐나다로부터 글로벌리즘의 정의가 뭐냐는 물음을 인터넷 메일로 받았어요. 읽어보니까 질문이 아니라 글로벌리즘의 정의를 내린 조크였습니다. 글로벌리즘은 다이애나 황태자비의 죽음이라는 것이었지요. 다이애나 황태자비는 영국인이면서도 프랑스의 파리에서 죽었기 때문이라는 겁니다. 그리고 그가 타고 있던 자동차는 독일제 벤츠였고 그 자동차의 운전수는 벨기에 사람, 그리고 그녀 옆에 동승한 자는 이집트인 남자친구였다는 거지요. 여기에 자동차 사고의 원인이 된 파파라치들은 이탈리아인이었고 그들이 타고 있던 오토바이는 일본제 혼다였다는 겁니다.

이야기는 여기에서 끝난 것이 아닙니다. 다이애나 비를 수술한 사람은 미국인 의사였고, 그때 사용된 마취제는 남미산이었다는 거죠. 그리고 사후에 세계 곳곳에서 배달된 조화는 네덜란드산이었다는 겁니다. 이러한 기사들은 한국제 삼성 모니터에 뜬 기사를 대만산 로지텍 마우스로 클릭해서 다운을 받았다는 것이지요. 한 여인의 죽음에 이렇게 세계 여러 나라의 많은 사람들이 개입했으니 글로벌리즘의 상징이라는 것이지요.

그런데 이 메일의 마지막 글이 더욱 충격적입니다. "혹시 '캐나다 사람이 빠졌네'라고 말할 사람이 있을지 모른다. 하지만 걱정 마라. 이 이야기를 쓴 사람이 바로 캐나다인이니까."

누구나 글로벌리즘을 그렇게 생각하고 있을 겁니다. 하지만 잘 생각해보세요. 이 이야기의 이파리는 글로벌한 것이지만, 그 뿌리는 글로벌과 정반대인 영국 왕실의 로컬문화에서 생겨난 비극입니다. 이 세상에 정말 글로벌한 죽음이 존재한다면 그것은 다이애나 비의 죽음이 아니라 바로 십자가에서 못 박혀 돌아가신 예수님의 죽음인 것입니다. 하나님의 사랑 그 이상의 글로벌한 힘은 아무 데도 없습니다. 글로벌 리더가 되려면 예수님을 따르라는 것입니다.

31

제비가 물어다준 신앙의 박씨

모든 새들이 사람을 피해 먼 곳에
둥지를 트는데 어째서 제비만은 집 안에 들어와
알을 까고, 새끼를 키우는가?

초등학교 2, 3학년 때쯤이었던 것 같습니다. 선생님이 흑판에 그림을 그려놨어요. 거북이, 토끼, 까마귀에, 맨 나중에는 제비를 그려놓고 서로 속도를 비교하는 숫자를 써놓았지요. 그야 누가 봐도, 숫자가 없어도 제비가 가장 빠르다는 것을 반 아이들 모두가 알고 있었지요. 그 당시 한국에서 만주까지 가는 가장 빠른 급행열차를 '쓰바메^{제비}'라고 불렀으니 말이지요.

'제비 빠른 걸 누가 모르나, 정말 궁금하고 알고 싶은 것은 가르쳐주지 않고 왜 이런 쓸데없는 것을 가르쳐주지? 집에서 기르는 닭이나 오리도 아닌데, 다른 새들은 사람들을 피해 높은 나뭇가지 위에 둥지를 틀거나 깊은 풀숲에 몰래 알을 낳는데, 어째서 제비는 사람 사는 집에 들어와 겁도 없이 집을 짓고 새끼까지 칠까? 그런데도 제비 잡아먹었다는 사람은 없고 오히려 부러진 제비 다리를 고쳐준 흥부 이야기는 있으니, 이게 대체 무슨 이치일까?' 공부하다 말고 이런 궁리를 합니다.

궁금한 것은 그것만이 아니지요. 어미 제비가 먹잇감을 물고 둥지로 돌아오면 새끼 제비들은 제가끔 입을 벌리고 서로 달라고 아우성을 칩니다. 그런데 어미 제비는 어떻게 먹이를 준 녀석과 주지 않은 녀석을 골라 먹이를 고루 줄 수 있는지요? 만약 어미 제비가 새끼들에게 원칙 없이 아무렇게나 먹이를 나눠준다면, 어느 녀석은 배 터져 죽고, 또 어느 녀석은 배고파서 죽겠지요.

그런데 이런 질문을 하면 어른들은 실없는 말이라고, 쓸데없는 걸 묻는다고 야단을 치지요. 더구나 교실에서 선생님에게 이런 질문을 하면 선생님을 놀리고 수업을 방해한다고 뺨을 맞지요. 호기심에 차 눈이 반짝이던 아이들은 학교에 들어오자마자 그 눈빛이 흐려지고 입은 다물게 됩니다. 그러면 어른들은 말하지요. 애가 철이 들었다고 말입니다. 어른이 되었다고 말이지요.

의문을 품었기 때문에 답이 나오는 것입니다. 어렸을 때 그 질문을 포기하지 않았기 때문에 나는 커서 결국 제비가 왜 사람 집에 둥지를 틀고, 어떻게 배고픈 제비 새끼를 알아보고 먼저 먹이를 주는지 알게 된 것이지요. 어미 제비는 새끼들 가운데 주둥이를 가장 크게 벌린 녀석에게 먹잇감을 물린다는 거지요. 왜냐하면 먼저 먹이를 받아먹은 녀석들은 아무리 입을 크게 벌리려고 해도 그렇게 안 된다는 겁니다. 그러니까 어미 제비는 그냥 입을 크게 벌린 녀석에게 먹이를 주면 되는 것입니다.

이 섭리를 알면 요즘 왜 제비의 개체 수가 줄어드는지 그 재앙의 원인도 알게 됩니다. 사람들이 농약을 뿌리고, 도시는 공해로 오염되면서 제비의 먹잇감들이 줄어든 것입니다. 옛날엔 수 분 간격으로 먹이를 물어다주었지만, 지금은 수십 분 간격으로 먹이를 물어 온다는 거죠. 그래서 먼저 먹은 녀석들은 그사이에 소화가 다 되어버리고, 다른 제비와 똑같이 입을 크게 벌릴 수 있게 된 겁니다. 그러니 어미 제비가 헷갈릴 수밖에 없지요. 신호 체계에 '노이즈'가 생겨나 무엇이 가짜 정보이고 무엇이 진짜 정보인지 분간할 수 없게 된 겁니다.

제비가 우리 주위에서 점점 사라지게 된 것은 날아다니는 속도가 떨어져서도 아니요, 단순히 공해 때문에 먹잇감이 줄어서도 아닌 것이지요. 그 소통 신호 체계의 교란으로 어느 것이 진짜인지 가짜인지 제비 세계에도 바벨탑 현상이 일어나게 된 까닭입니다. 인간 사회에도 이와 흡사한 일이 벌어지고 있는 중이지요.

제비는 왜 모든 새들이 무서워서 접근하지 않는 사람의 집에 둥지를 트는지. 그리고 어미 제비를 보면, 왜 제비들이 일제히 입을 크게 벌리며 짹짹거리는지. 선생님이 가르쳐주지 않은 진짜 해답을 구하다 보면, 지성을 넘어 영성으로 가는 계단이 나타나는 것이지요. 교과서가 아니라 성경에 그 답이 있었기 때문입니다. 그래요. 성서를 펴보세요. 분명히 제비 이야기가 나올 겁니다.

왜 제비만은 사람을 믿고, 날 잡아먹으라는 듯 사람들이 사는 집에 집을 지을까요? 사람을 믿고 의지하면 천적들이 덤비지 못하지요. 인간을 믿고 자신의 목숨을 맡긴 제비들은 인간의 보호를 받게 됩니다. 과학은 이런 해석을 할 수 없지요. 교회에 와서 목사님에게 믿음을 배워야 비로소 알게 됩니다. 믿고, 안심하고, 잡아먹힐 각오를 하고, 가장 가까운 안채에 떡하니 집을 짓는 제비를 어떻게 잡아먹을 수 있겠습니까? 더구나 해충을 잡아주는 착한 익조益鳥를 말입니다.

의문은 지성을 낳지만, 믿음은 영성을 낳습니다. 지성과 영성의 차이는 무엇일까요? 간단합니다. 의심 속에서, 끝없는 의문 속에서 지성은 커집니다. 하지만 사람 집에 집을 짓고 살게 하는 하나님의 섭리, 그러한 짐승들의 슬기에 대해서는 대답을 하지 못합니다. 제비처럼 믿어야만 인간의 힘을 빌려 다른 짐승들의 위협에서도 보호를 받고 편안하게 살 보금자리를 얻어 새끼들을 안심하고 키웁니다. 심지어 다리가 부러져도 흥부가 와서 치료를 해주고 말이지요. 그런데 놀부를 보세요. 흥부가 부자가 되었다고 하니까 일부러 제비 발목을 분지르고 나서 고쳐주지만 얻은 것은 재앙뿐이었지요. 마찬가지로 누가 하나님을 믿더니 부자가 되었다, 병을 고쳤다는 소리를 듣고 교회에 나가는 거짓 신자들은 놀부처럼 빈 박, 재앙의 박씨밖에는 얻지 못해요. 보세요. 성경 속의 제비 이야기는 바로 믿음의 박씨였던 거지요.

나의 왕, 나의 하나님, 만군의 여호와여 주의 제단에서 참새도 제 집을 얻고 제비도 새끼 둘 보금자리를 얻었나이다 제단 옆에서 자기가 안식할 사람 사는 그 대들보 옆에서 제비가 새끼를 보는 집을 얻었나이다

이렇게 시편 84편 3절에 제비 이야기가 나옵니다. 제비가 사람 사는 집에 둥지를 트는 것처럼, 하늘나라의 하나님 집에 굳건한 믿음을 갖고 집을 지어놓으면 해로운 것들이 범할 수 없습니다. 그리고 거기에서 알을 낳으면 하나님의 섭리대로 먹일 수 있습니다. 제단 옆에 제비처럼 믿고 보금자리를 마련하면 독사도 까마귀도 독수리도 오지 못합니다. 내 알은 틀림없이 부화할 것이요, 내 새끼는 하늘을 나는 날개를 얻게 될 것입니다. 그것이 제비를 빌려 성경에 쓰인 하나님의 말씀인 것입니다. 그럼 이번에는 예레미야 8장 7절을 볼까요.

공중의 학은 그 정한 시기를 알고 산비둘기와 제비와 두루미는 그들이 올 때를 지키거늘 내 백성은 여호와의 규례를 알지 못하도다

공중의 학은 그 정한 시기를 알고 산비둘기와 제비와 두루미는 그들이 올 때를 지킨다는 것입니다. 제비는 정확히 봄이 되었을 때 가장 먼저 날아옵니다. 제비 한 마리가 날아오면 봄이 오는 겁니다. 이렇게 신의를 지키는 것이지요. 하지만 너는 제비만도 못하다. 제비는 때를 알아서 정해진 때에 오는데, 너는 왜 때가 됐는데도 오지 않느냐? 이스라엘 백성들아, 한국 백성들아. 때를 알고 여호와의 규례를 지키는 것, 가장 흔한 법을 지키는 것도 못하니, 제비만도 못하지 않느냐는 이야기입니다. 시편, 예레미야서에 나오는 제비는 우리에게 귀한 박씨를 물어다줍니다. 이것이 지성으로는 얻을 수 없는, 영성의 선물입니다.

기독교에서는 제비 자체가 영성, 하나님의 영이 육화된 예수 자체이기도 합니다. 예수님이 십자가에 못 박혀 돌아가셨을 때, 제비가 날아와 '콘솔, 콘솔console, console' 하고 울었다고 합니다. 콘솔은 제비 소리의 의태어인데, 이는 제비가 인간들을 위로해주는 존재임을 나타냅니다. '걱정 마라, 걱정 마라' 하고 부활을 예고한 것이지요. 그래서 기독교 문화권에서 제비는 비둘기와 마찬가지로 예수님의 상징으로 그려지기도 합니다.

서양 문화에서 제비는 갈증, 굶주림의 상징이기도 합니다. 제비 새끼들이 먹는 것을 한번 보십시오. 앞에서도 말했지만, 어미가 오면 주린 녀석도 배부른 녀석도 막무가내로 입을 벌립니다. 얼마나 배고프고 목마르면 그렇게 먹고도 계속 보채는 것일까요? '스왈로우swallow'가 동사로 쓰이면 '마시다, 먹다'가 되어서, 자연히 제비 하면 굶주림과 갈증이 연상되는가봅니다. 그 갈증과 굶주림을 모르면 영성을 만날 수 없습니다.

사막처럼 척박한 환경에서의 굶주림과 갈증이 정신적으로 승화되는 종교가 기독교입니다. 성서는 일관해서 가장 굶주린 단계인 배고픔부터 가르쳐주고, 거기에서 나아가 또다른 배고픔과 갈증을 가르쳐주고, 마지막에는 영성에 도달하는 갈증을 가르쳐줍니다. 내가 성서에서 발견한 것은 갈증과 굶주림이 영성으로 인도한다는 사실입니다. 그런데 지금까지 나의 갈증과 굶주림은 지적인 것이어서 서가의 책들과 두꺼운 백과사전으로 족했지만, 영적인 굶주림과 갈증은 누가 채우고 적셔줄 수 있는가요?

32

사하라 사막을 적시는 눈물

우리는 빵을 쌓아두고도 배가 고프고 포도주가 넘치는 데도
갈증이 나는 땅에서 영혼을 갈구하는 존재입니다.

우리는 쉽게 '지성에서 영성으로' 혹은 '이성에서 영성으로'라는 말을 씁니다. 하지만 지성도 영성도 나에게는 합당한 말이 아닙니다. 사실 지성이나 이성이라는 게 무엇인지 그리고 더욱이 영성이라는 게 무엇인지 정말 나는 잘 모릅니다. 겸손이 아닙니다. 60년 이상 문학을 한 사람이고 또 문학에 대해서 가르치기까지 한 사람인데도 사실 누가 나보고 문학이 무엇인가라고 물으면 도망치고 맙니다.

특히 왜 교회에 가는가라고 비난조로 묻는 사람들이 있지요. "당신은 지성인인데 집에서 찬송가 부르고 성서 읽고 기도하면서 책 읽으면 되지 무엇 때문에 사람들 앞에 나서서 예수 믿는 티를 내느냐"는 겁니다.

그럴 때 제가 하는 말이 있죠.

"배가 고프면 어디에 가지?"

"식당에."

"뭔가 알고 싶을 때는?"

"도서관 가면 되지."

"심심하면?"

"극장 가서 영화 보면 돼."

"몸이 아프면?"

"병원에 가지."

"그럼 먹어도 배고프고 마셔도 갈증나고 놀아도 심심하고 배워도 답답하면 어디를 가나?"

"그게 뭔데?"

"배고픈 것처럼 갈증나는 것처럼 영혼이 굶주려 있을 때."

그러면 아무 대답도 하지 못합니다.

"그런 때 가는 곳이 교회란 말야."

그러면 또 교회에 대한 욕을 합니다. 싸우고 소송하고 사교 같은 이상한 짓을 한다는 교회를 들어 그런데 왜 가느냐고 합니다.

그때 나는 이렇게 말합니다.

"식당이라고 다 맛있는 음식이 나오던가. 병원 간다고 다 의사가 명의라 병이 낫던가. 극장 가면 재미있는 명화만 트는가. 그래도 배고프면 식당을 찾아가듯이 모든 교회가 다 탈속하고 영적인 것은 아니지만 역시 영혼이 메마른 사람이 찾아갈 곳은 교회가 아닌가. 부패한 교회가 있다고 해서 교회를 가지 말라는 것은 병원 의사가 오진하여 죽었으니 앞으로 병이 나도 병원 가지 말라는 말과 같은 거지."

그리고 시편 42편 1절에서 3절까지 읽어보라고 말하고 싶습니다.

하나님이여 사슴이 시냇물을 찾기에 갈급함같이 내 영혼이 주를 찾기에 갈급하나이다 내 영혼이 하나님 곧 살아 계시는 하나님을 갈망하나니 내가 어느 때에 나아가서 하나님의 얼굴을 뵈올까 사람들이 종일 내게 하는 말이 네 하나님이 어디 있느뇨 하오니 내 눈물이 주야로 내 음식이 되었도다

이러한 갈급함이 없는 사람들은 이 아름다운 시 한 편을 영원히 감상할 수 없을 겁니다. 사슴이 목마를 때 골짜기에서 간절히 물을 찾듯이 우리는 영혼의 목마름을 적시기 위해 주님을 찾아가는 것이지요. 그런데 사람들은 종일 "네 하나님이 어디 있느뇨"라고 묻습니다. 때로는 조롱까지 하지요. 그때 뭐라고 대답해야 합니까. 이 시에서는 눈물로 화답합니다. '주야로 흘리는 내 눈물'이 나의 양식 나의 음식이 된다는 것이지요. 눈물 속에서 영혼이 그렇게 자랍니다.

눈물이라고 하니 내가 대학에서 보들레르의 시를 가르치던 때 생각이 납니다. 물론 그때에는 전연 믿음을 갖지 않은 무신론자의 입장에서 강의를 했지요. 하지만 그때 이미 눈물과 영성의 관계를 알고 있었던 것이지요. 그 시를 의역해보면 대충 이런 것이었습니다.

아무런 노여움도 증오심도 없이
인정사정 없이 내 너를 치리라.
마치 (바위를 지팡이로 내려쳐 물을 솟아나게 한) 모세처럼

그래서 네 눈꺼풀에서 고통의 물을 흐르게 하여
내 마음의 사하라 사막을 적실 것이니라.

「자기 자신을 벌하는 사람」이라는 아주 까다로운 제목을 단 시인데, 이 시의 뜻을 제대로 이해하려면 바위를 쳐 물을 솟아나게 한 모세의 기적을 알아야 할 것입니다. 모세가 지팡이로 바위를 쳐 물을 솟게 한 것처럼 우리는 매로 사람을 쳐서 고통의 눈물을 흐르게 할 수 있습니다. 피와 땀과 눈물은 인간의 몸 안에서 겉으로 솟아나는 것인데 피부가 바위같이 두꺼운 사람은 여간해서 무엇을 사랑하거나 갈구하면서 눈물을 흘리는 일이 없지요.

마른 바위에서 물이 솟는 기적처럼 불모의 메마른 정신에 이따금 기적의 지팡이가 가슴을 칠 때가 올 것입니다. 나를 향한 것이든 어느 여인을 향한 것이든 고통의 그 눈물이 솟아날 때 우리는 비로소 내 마음의 사하라 사막을 적실 수 있을 것입니다.

보들레르는 「알레고리」라는 또다른 시에서 여성의 피부를 모든 것이 미끄러지고 둔해지는 화강암에 비유한 적이 있습니다. 모세의 지팡이 같은 기적이 일어나지 않으면 사하라 사막의 메마른 세계를 적셔줄 눈물을 어디에서 구할 수 있겠습니까. 그래서 사랑과 영혼에 목타는 그 불모의 땅은 아마도 아모스서 8장 11절에 나오는 기근의 땅과도 같을 것입니다.

주 여호와의 말씀이니라 보라 날이 이를지라 내가 기근을 땅에 보내리니

> 양식이 없어 주림이 아니며 물이 없어 갈함이 아니요 여호와의 말씀을 듣지 못한 기갈이라

우리는 지금 "수금과 비파와 소고와 피리와 포도주를 갖추었어도 여호와께서 행하시는 일에 관심"이 없어 빵은 있으나 굶주리고, 포도주가 넘쳐나도 갈증이 나는 참으로 이상한 기근의 땅에서 살고 있는 것이지요. 지금 밥이 넘쳐나고, GDP가 3만 불, 5만 불을 넘어서도 우리와 우리 자녀들은 끝없이 배고파할 것입니다.

33
무화과나무에 열매가 없을지라도

"일지라도"의 이 짧은 한마디 말이 있기에
내일의 문을 열 수가 있다.

교회 강단에 서서 눈물에 대한 의미를 이야기하고 난 뒤, 그리고 세례를 받고 얼마 안 되어, 어렸을 적에 내가 내 손으로 키웠던 외손자 훈우를 잃게 됩니다. 아주 갑자기 예고도 없이 그야말로 '천(天)의 바람'이 되어 아이가 내 곁을 떠납니다. 내가 출근하려고 할 때 떨어지기 싫어 나의 넥타이를 잡던 그 작은 손이 생각납니다. 시차적응을 하지 못하고 새벽이 언제 오나 창가에 서서 밖을 내다보던 그 뒷모습이 눈앞에 보입니다. 이제 다 커서 굵어진 목소리로 '할아버지'라고 부르던 녀석. 버클리 대학을 졸업하고 하버드 법대를 가려고 준비 중이었던 눈부시게 젊던 녀석…… 다시는 그 목소리조차 들을 수 없게 된 것입니다.

죄를 짓고도 저렇게 많은 사람들이 시퍼렇게 살아 있는데, 어쩌자고, 아무 잘못도 하지 않은 젊은 애를 빼앗아가십니까? 그 아이가 남의 재물을 탐했습니까? 남의 아녀자를 희롱이라도 했습니까? 아니면 내 주를 욕되게 하였습니까? 다 그만두고라도 당신의 딸 민아는 어찌 살라고, 그 품 안에 있던 자리를 그렇게 쉽게 비우십니까?

그 아이가 병명도 제대로 모른 채 병원에서 의식 없이 사경을 헤매고 있을 때, 나는 서나 앉으나, 눕거나 걷거나 하나님께 기도를 드렸지요. 남이 알까봐, 아내가 따라 울까봐 몰래 화장실에서 수돗물을 틀어놓고 흐느끼며 기도를 드렸지요. 그러나 이번에는 아무런 응답이 없으셨습니다.

훈우가 그렇게 떠난 후, 나는 눈물과 함께 조용히 성경을 덮었지요. 더이상 기도를 드리지도 주님을 찾지도 않았지요. 다윈은 진화론을 주장하면서도 하나님에게 등을 돌리지는 않았습니다. 생전에 보냈던 수천 통의 편지는 대부분이 목회자에게 보낸 것들이라고 합니다. 그러나 사랑하는 딸을 잃고, 세상의 생사를 주관하는 것은 신과 무관하다는 생각이 들면서 교회와 신앙의 세계에서 멀어지기 시작한 것입니다. 누구나 사랑하는 사람을 잃으면 그렇게 될 겁니다. 나도 별수 없이 그런 사람들 중의 하나에 지나지 않지요.

그러다 어느 날, 아주 옛날에 읽었던 도스토옙스키의 소설 한 구절이 머리에 떠올랐습니다. 희미한 기억이었지만 『카라마조프의 형제들』에 등장하는 조시마 장로와 이반의 대화 장면이었던 것 같습니다. "사망이 죄의 값이라면 갓 태어난 아이의 죽음은 어떻게 설명하시렵니까?" 그 말에 신부님은 이렇게 답합니다. "그것은 이미 2천 년 전에 끝난 이야기이다. 아이보다도 더 순결한 예수님이 아무 죄도 없이 십자가에 못 박혀 돌아가시지 않았는가."

그래서 나는 다시 성경을 펴고, 욥의 이야기를, 그리고 하박국과 예레미야 애가를 읽었습니다.

> 비록 무화과나무가 무성치 못하며 포도나무에 열매가 없으며 감람나무에 소출이 없으며 밭에 먹을 것이 없으며 우리에 양이 없으며 외양간에 소가 없을지라도 나는 여호와로 인하여 즐거워하며 나의 구원의 하나님으로 말미암아 기뻐하리로다 (하박국 3:17-18)

무화과나무에 과일이 없고 포도나무에 열매가 없을지라도, 올리브나무에서 딸 것이 없고 밭에서 거둘 것이 없을지라도, 우리에 양이 없고 외양간에 소가 없을지라도, 나는 주님 안에서 즐거워하리라. 나를 구원하신 하나님 안에서 기뻐하리라. 읽고 또 읽고 마음을 달랬지요. 그리고 또 예레미야 애가를 읽으며 하나님을 그토록 처절하고 비통하게 원망하면서도 하나님을 따르며 믿으며 이것이 본심이 아닐 거라고 한 슬픈 노래를 몇 번이나 외워보기도 했습니다.

> 내가 부르짖어 도움을 구하나 내 기도를 물리치시며 다듬은 돌을 쌓아 내 길들을 막으사 내 길들을 굽게 하셨도다 그는 내게 대하여 엎드려 기다리는 곰과 은밀한 곳의 사자 같으사 나의 길들로 치우치게 하시며 내 몸을 찢으시며 나를 적막하게 하셨도다 활을 당겨 나를 화살의 과녁으로 삼으심이여 화살통의 화살들로 내 허리를 맞추셨도다 (예레미야 애가 3:8-13)

이렇게 하나님을 원망하면서도 3장 32-33절에 이르면,

그가 비록 근심하게 하시나 그 풍부한 인자하심에 따라 긍휼히 여기실 것임이라 주께서 인생으로 고생하게 하시며 근심하게 하심은 본심이 아니시로다

사람들은 자기가 예수님을 믿고, 예수님께 몸을 던진다고 생각하는데 사실은 뒤에 끈을 달고 뛰는 번지점프를 하는 겁니다. 실제로는 끈 없이 뛰어야 하는데, 나는 그게 아직 안 됩니다.

아직 회심하기 전, 교회에 초청 강연을 하러 가던 때가 기억납니다. 운전기사가 거리만 보고 운행 시간을 잘못 계산하는 바람에, 그리고 그날따라 길이 많이 막히는 바람에 예정된 시간 안에 교회에 도착하기 어렵게 되었습니다. 시작부터 빨간불에 걸렸지요. 그래서 속으로 기도했습니다. '주님. 제가 모처럼 교회에 가는 착한 일을 하려는데 이러시깁니까, 왜 빨간 신호를 주십니까?' 그러자 파란불이 탁 들어오는 겁니다. 그때 '야~ 하나님이 진짜 계시긴 하는 모양이다.' 그러고 가는데 또 빨간불이 들어오는 거예요. '그러면 그렇지, 하나님이 어디 계시냐.' 그 순간 또 파란불이 들어오는 겁니다.

이렇게 몇 번을 거듭해서 교회에 도착했습니다. 그러니까 오는 동안에 유신론, 무신론 논박을 계속하면서 교회에 다다른 것이죠. 그런데 정말 놀랍게도 딱 30분 만에 도착한 겁니다.

끝없이 방황하고, 끝없이 멈추고 회의하지만, 어느새 자기도 모르는 사이에 자기가 원하는 땅, 세속적인 곳에서는 몰랐던 새로운 땅에

도착합니다. 뒤에서도 얘기하겠지만 믿는 자에게 가장 중요한 것은 아마도 '그럼에도 불구하고^{though}'라는 말일 겁니다. 이 귀중한 단어 하나 때문에 나는 다시 일어서서 외치는 돌이 되고자 했던 것입니다.

향기로운 비
― 사랑하는 훈우薰雨에게

얼마나 큰 슬픔이었기에
너 지금 저 많은 빗방울이 되어
저리도 구슬피 내리는가

한강으로 흐를 만큼
황하를 채울 만큼
그리도 못 참을 슬픔이었느냐

창문을 닫아도 다시 걸어도
방 안에 넘쳐나는 차가운 빗발
뭔가 말하고 싶어 덧문을 두드리는
둔한 목소리

그런데 이 무슨 일이냐
시든 나뭇잎들은 네 눈물로 살아나
파란 눈을 뜨고
못생긴 들꽃들은 네 한숨으로 피어나
주체하지 못하는 즐거움으로 빛살을 짓는다

얼마나 큰 기쁨으로 태어났으면
저리도 많은 빗방울들이
춤추는 캐스터네츠의 울림처럼

그리움에 목 타는 목을 적시고
미어지는 가슴을 다시 뛰게 하더니
어느새 황홀한 무지개로 오느냐

향기로운 비가 내린다
너 지금 거기에 살아 있구나
표주박으로 은하의 강물을 떠서

잘 있다 잘 산다 말하려고
너 지금 그 많은 비가 되어
오늘 내 문지방을 적시는구나

비야 향기로운 비야

34

아버지 없는 사회

어머니의 몸과 아버지의 이름.
이 이름이 사라지고 있는 것이
21세기 문명 상황입니다.

짐승들에게는 떼群는 있어도 가족은 없다고 합니다. 동시에 동물의 세계에는 새끼를 낳아 기르는 어미는 있어도 인간과 같은 아버지의 존재는 드뭅니다. 그래서 "인간의 가족제도는 아버지를 발견하고 창조한 그 순간에서부터 시작된 것"이라고 말하는 학자들도 있습니다.

남성 우월주위에서 나온 학설이 아닙니다. 동물과 마찬가지로 출산 능력을 지닌 어머니를 자연적인 존재라고 한다면, 아버지는 법이나 제도에 의해서만 그 지위가 보장되는 문화 사회적 허구의 존재라는 겁니다. 복잡한 말이 아닙니다. 법적으로 인정되지 않은 남녀관계에 의해서 태어난 아이를 사생아私生兒라고 부르는 것을 보면 그 논리가 명확해집니다. 남성들이 발견하고 창조한 것은 바로 사적 영역이 아니라 공적 영역이었고, 생명의 증식과 반복이 아니라 자연 상태에서 벗어난 문화 문명의 창조를 맡는 역할이었던 것입니다. 그때 비로소 수컷은 아버지가 되고 암컷은 어머니가 됩니다.

생물학적인 생식 차원으로 볼 때 남성들의 힘은 여성에 비해 한없이 왜소하고 그 지위는 미미하기 짝이 없었지만 문화사회 문명적 문맥에서 보면 오히려 주도적인 역할을 해온 것이 남성입니다.

한나 아렌트의 말대로 희랍인들이 여성과 노예를 무시한 것은 주로 그들의 관심과 하는 일이 개인이 먹고 살아가는 가사의 생계 노동에 속해 있었던 까닭입니다. 희랍인들은 폴리스를 건설하고 지켜가는 공론의 장과 공공 영역에서 일하는 시민들의 일을 노동과 구분했던 것이지요. 그래서 여성과 노예의 노동과 구분하여 공적인 일을 하는 것을 '행위의 활동비따 악티바'으로 규정했던 것입니다.

한자의 부父 자는 도끼를 들고 있는 모양을 본뜬 글자라고도 하고 또는 손又에 회초리를 들고 있는 형상이라고 풀이하는 사람들도 있습니다. 도끼든 회초리든 한자의 '부' 자는 사사로운 자애보다는 법이나 공권력 같은 엄한 질서의 이미지를 띠게 됩니다.

이런 관점에서 보면 지금 한국에서 급속히 변화해가고 있는 아버지의 지위와 권위의 하락, 그리고 그 역할의 왜소화는 퍼블릭이라고 하는 공적 공간이 사라지고 사적 공간, 먹고 자고 입는 일상의 생활을 위한 노동만이 주류를 이루고 있음을 의미합니다. 공공의 것, 정의, 명예, 공동체의 비전, 이런 것을 위한 공론의 장이 빙산처럼 녹고 있는 것은 단순히 가부장제도의 붕괴나 남녀평등이라는 젠더 혁명의 문제로는 풀이되지 않는 현상입니다.

한마디로 옛날 같으면 "아비 없는 호래자식"이라고 욕하던 사회와 시대가 오고 있음을 암시하는 것입니다. 사생아의 사회란 공론의 장이 소멸되고 공공 영역의 활동이 모두 자기 입만 걱정하는 사적인 노동 사회로 전락해가고 있음을 상징합니다.

그것은 아시아 지역에서 근대화 운동과 함께 일어난 '아버지 죽이기'와도 성격이 다릅니다. 20세기 초 중국의 천두슈陳獨秀, 후스湖適, 루쉰魯迅 등에 의해 펼쳐진 아버지 타도와 부권추방은 반유교적 친서양 문명의 트렌드를 반영한 것이지만 오늘날의 그것은 오히려 서구의 개인주의나 자유주의 자체가 품고 있는 내재적인 문제에서 비롯된 것이라고 할 수 있습니다.

오늘날의 '아버지 없는 사회' 현상은 지금까지 인류를 떠받쳐왔던 부父-모母-자子의 삼각구조가 무너지고 있는 가족 자체의 붕괴를 의미합니다. '학부형회'라는 말이 '자모회'로 바뀌었다는 것은 교육의 주도권이 남성에서 여성으로 넘어갔다는 것을 상징하는 것만이 아닙니다. 아버지 없는 학생은 사생아의 경우처럼 공교육에서 사교육의 학생으로 넘어가고 있음을 암시하는 현상입니다. 한국의 남성(아버지)이 죽은 것은 월급봉투가 온라인으로 아내에게 직접 송금되던 바로 그날이라는 농담이 있듯이 교육도 경제권도 모두 아내가 장악하면서 남자는 '가시고기'가 되었다고 한탄합니다.

그러나 아버지 없는 사회의 비극은 남성의 소외나 주도권의 문제가 아니라 여성과 아이를 포함한 인류 모두의 위기를 의미하는 것입니다. 가족은 단순한 짐승 같은 '떼'가 되고 '활동'은 노동이 되고 그동안 쌓아올린 문화의 창조는 자연의 황무지로 되돌아갑니다. 인간이 추락하면 동물이 되는 것이 아니라 동물 이하가 된다는 것이 아버지 없는 사회의 위기 신호입니다.

교회의 쇠퇴와 아버지의 관계는 더욱 깊습니다. 기도문을 보십시오. "하늘에 계신 우리 아버지여 이름이……"라고 합니다. 어머니의 몸과 아버지의 이름, 이 이름이 사라지고 있는 것이 21세기 문명 상황입니다. 현실 속에서 아버지의 이름이 지워지면 하나님 아버지의 이름도 사라지게 됩니다. 왜 성별 없는 하나님을 남성의 호칭인 아버지라고 했는지, 그것은 바로 인간의 가족을 성가족으로 유추해서 얻어진 이름인 것입니다.

아버지를 존경하지 않는 사회, 아버지의 권능이 무력해진 사회에서 어떻게 하나님 아버지의 힘을 느낄 수 있겠습니까.

지상에 있는 아버지와 하늘에 계신 아버지는 같은 이미지를 나누고 있습니다. 아버지가 아버지 구실을 못할 때 우리는 하나님 아버지에게 죄를 짓는 것이 될 것입니다. 그것이 바로 아버지의 이름을 욕되게 하는 것입니다.

35

참된 포도, 시지 않은 포도의 수확

예수님께서는 "너희는 잎만 무성한
포도밭이 되지 말라" 하셨습니다.

한밤중에 글을 쓰다가 외로우면 창문을 열고 밖을 봅니다. 한시, 두 시가 넘었는데 무엇 때문인지 창문에 불이 꺼지지 않은 집들이 몇 있어요. 누가 아픈지, 시험공부를 하는지, 사랑하는 사람이 세상을 떠나 슬퍼서 그러는지, 남들은 다 자고 있는데 몇몇 집들이 불이 켜져 있어요. 저쪽 집에서도 올려다보면 내 집 창에 불이 켜져 있는 걸 볼 수 있겠지요.

한밤중에 아프고 슬프고 아직도 방황하는 사람들이 불을 끄지 못한 채 있어요. 그것이 나의 제단입니다. 나의 제단은 교회가 아닙니다. 나는 글을 쓰는 사람이기에, 불 켜져 있는 한밤중의 창문들을 보면 여러 생각이 듭니다. 그때의 나는, 나만을 위해 기도했던 지난날과 달라서, "주님, 이 밤중에 잠들지 못하는 자들이 있습니다. 그들의 영혼, 불 끄고 편한 잠을 자지 못하는 그들의 영혼을 편히 쉬게 하소서. 그리고 다음 날 일어나 부족한 대로 또 사람의 아들로 조금씩 쌓아가며 어제보다는 나은 삶을 살게 하소서"라고 빌어요. 그래도 잘 안 될 때는 "하나님도 외로우시지요, 쓸쓸하시지요? 제가 바둑은 잘 못 두지만 한판 두실래요?" 하고 가끔 어리광을 피우지요.

하나님은 너무도 위대하고 크시고 빛나는 분이기에, 아직 내 눈에는 비유적으로 메타포로만 나타나실 뿐, 나는 아직 어떠한 영적 체험도 하지 못했습니다. 내 딸이나 주위 분들 중에는 선택받은 분들이 있어서, 하나님 음성을 들었다는 사람도 있고 꿈에 나타났다는 사람도 있습니다. 인도나 아프가니스탄으로 가라고 일러주시는 경우도 있다지만, 나는 아무리 기도를 드려도 음성도 듣지 못하고 빛도 보지 못합니다.

크리스천이 된다는 것은 얼마나 어려운 일인지요. 외람된 말이지만 지금까지 세속적으로 편안하게 살던 것을 끊고, 추락의 경험과 아픔이 없으면 주님을 함부로 말해서도 안 되고, 예수님을 믿는다고 말해서도 안 된다고 생각합니다.

정말로 모두 끊어버리고, 모두 버려야 합니다. 예수님은 가장 먼저 부모와 가정을 버리시고, 고향을 버리시고, 모든 가진 것을 버리시고, 마지막에는 생명까지 버리셨습니다. 우리는 구하려고만 하는데 그분은 계속 버리셨어요. 적어도 종교적 지도자가 되려면 버리지 않고는 안 되는데, 버려지지 않는 거예요.

그래서 저와 가까운 목사님에게 농담조로 이야기한 적이 있습니다. "목사님, 모든 걸 버리고 주님과 하나님 곁으로 점프하셨어요? 떨어지면 죽는 골짜기로 정말 점프하셨어요? 사실은 그냥 뛰어내린 게 아니라 번지점프하셨죠?" 우리가 지금 번지점프하고 있는 것 아닙니까. 저 자신을 비롯해서 다 그런 거 아닙니까. 정말 모든 것을 끊고 저 심연 속으로, 하나님 품으로, 하나님 세계로 뛰어내린 사람이 몇이나 될까요.

예수님 옆에서 이적도 보고, 가르침도 받고, 항상 예수님을 쫓아다닌 베드로도 막판에 예수님을 부정하잖아요. 예수님이 돌아가실 때 제자들이 부활하실 것을 믿었나요? 다 뿔뿔이 흩어졌지요. 그런데 종교 지도자도 아닌 여성 한 명이 사랑으로 믿고 무덤으로 갑니다. 그리고 예수께서 부활하신 걸 알게 되지요. 도마 같은 사람은—제가 봐도 저는 도마인데—부활했다고 모두 믿는데 그만 안 믿었죠. 증거가 있느냐고, 재판정에서처럼 증거를 대보라고 했습니다. 사실 마리아가 예수님의 몸을 만지려고 할 때에, 아직 하나님 곁으로 가기 전인 몸이니 만지지 말라고 하셨는데 도마에게는 자신을 증거하기 위해서 손을 내미십니다.

미덥지 않으면 한번 만져보라는 것이죠. 도마는 예수님의 창 자국과 못 자국이 있는 것을 만져보고서야 부활하셨음을 믿게 됩니다. 현대인들도 증거 없으면 믿지 않는다고 하지요. 오늘날의 교회나 목회자들이 창 자국이 없고 못 자국이 없을 때, 증거할 능력이 없을 때, 어떻게 신자들이 믿겠느냐는 것입니다. 저를 비롯해서, 믿음의 극한이라는 것은 사실 인간이 죽고 난 후의 영적인 구제를 받는 것인데, 살아서 못하는 것인데, 노력만 하는 것인데, 간혹 가짜 못 자국이나 창

자국을 진짜 창 자국으로 아는 사람들이 있습니다.

오늘 저는, 포도 이야기를 통해, 어떻게 하면 우리 교회가 지금보다 더 융성하고, 힘 있고, 믿지 않는 사람들에게서 핍박받지 아니하고, '워십worship', 즉 존경을 받을 수 있고, 하나님의 영광을 믿게 될 것인가를 말씀드리고자 합니다.

알다시피, 기독교는 사막의 체험에서 비롯된 종교입니다. 사막의 삶에서 갈증이란 대단한 것입니다. 아무것도 없는 사막에서 혀가 돌처럼 굳어지는 격렬한 갈증을 겪어본 분은 없을 겁니다. 사막이기 때문에 갈증의 그 고통을 알게 되는 것입니다. 사막에서 살아보지 않은 사람, 물이 귀한 황무지에서 살아보지 않은 사람은 갈증의 뜻을 잘 알지 못합니다. 호수가 있고, 냇물이 있고, 냉장고 안의 페트병에 물이 넘치는 세상에서, 안 믿는 자에게 갈증을 이야기한들 아무런 소용이 없어요. 주님을 영접하는 것이, 하나님을 찾는 것이 갈증 없이 이루어지는 기독교나 교회는 주님의 뜻을 알지 못하는 것입니다.

포도는 가장 척박한 땅에서 자라납니다. 풀도 자라지 않는 척박한 황무지에서 자라지요. 보통 정성을 들이지 않고는 포도를 키울 수가 없습니다. 성서를 보면 포도 이야기가 많이 나옵니다. 아가서에도 "포도나무는 꽃을 피워 향기를 토하는구나 나의 사랑, 나의 어여쁜 자야 일어나서 함께 가자"라는 구절이 있지요. 신부를 맞이하는 사랑을 고백하는 겁니다. 그런데 왜 포도원에서 할까요? 왜 예수님이 포도일까요? 왜 우리가 포도원의 나뭇가지일까요?

저는 문학하는 사람이기에 그 상징성을 들여다보고자 합니다. 비록 우리는 사막에 살아보지도, 포도를 따보지도 못했지만, 그 숨은 의미를 알면 성서 구절 하나하나가 하나님의 은총으로 다가오리라 생각합니다.

사막의 메마른 땅에는 물이 귀하지요. 그래서 포도 뿌리는 몇십 미터 암반을 뚫고 들어가서 물을 빨아올립니다. 뿌리의 그 갈증이 얼마나 깊고 심하면 땅을 파고 들어가서 반석 밑 암반수에 뿌리가 닿는 걸까요.

예수님께서는 "너희는 잎만 무성한 포도밭이 되지 말라" 하셨습니다. 오늘날 우리 교회가 몇십 층짜리 집을 짓고 수천수만 명이 모여서 겉으로는 풍성해 보일지는 모르지만, 포도에 열매가 맺히지 아니하면, 그 열매로 사람의 피보다도 붉은 포도주를 빚어 가장 향기로운 포도주를 만들지 못하면, 그 갈증을 어떻게 적셔주겠습니까. 포도나무의 잎만 무성하다고 포도밭이라고 하지는 않습니다. 주님의 은총과 믿음의 결실이 풍성한 포도로 가장 향기로운 포도주를 담가야 신 포도주가 안 됩니다.

예수님이 돌아가실 때의 최후의 갈증을 생각해봅시다. 하나님의 아들이 아니라 인간의 아들로서 못 박혀, 그 마지막 갈증이 십자가에서 타오르는데, 한 모금의 포도주도 인색하여 신 포도주를 드립니다. 주님이 오셨을 때 우리는 가장 향기로운 포도주를 빚어놓고 그분을 맞아야 합니다.

그런데 우리에게는 포도주가 낯선 것이죠. 초기에 선교사들이 들어왔을 때, 다른 것은 몰라도 빵과 포도주만은 꼭 가지고 왔다고 합니다. 가톨릭 의식 때문이죠. 그러다 붙잡혀서 박해를 당할 때, 포졸들이 포도주를 보고는 마시고 좋아하는 사이, 십자가와 성상을 몰래 숨겼다고 합니다. 이렇게 우리는 포도주가 무엇인지 알지 못하고 이상한 술로 알고 그냥 마시고 먹고 취했지요.

요즘 아이들에게 포도 이야기를 아느냐고 물어봐도 다들 이솝우화에 나오는 여우가 따 먹는 포도를 이야기합니다. 포도가 너무 높이 있어 못 따 먹으니까 "따 먹으나 마나 신 포도야" 하고 갔다는 여우, 그걸 자기합리화라고 하죠. 프로이트는 이것을 '자기방어기제self-defense mechanism'라고 이름 붙였습니다. 절망하면 너무 비참하니까, 욕망이 좌절된 자기 자신을 속이는 겁니다. 남이 볼 때에는 자기합리화이고, 자기중심으로 말하자면 자기기만이지요. 사실은 무력, 권력이 좋은데, 못 얻으니까 '황금을 돌같이 보라' '권력 별거 아니다' '나는 청렴결백하다' '세속적이지 않다' '나는 믿는 사람이라 부럽지 않다'라고 합니다. 자기기만이지요. 사실은 가지고 싶은데, 교회에 가서 목자가 되고서도 여전히 욕망이 있는데, 스스로를 속이는 겁니다.

제가 방금 전에 광야의 시간이라 한 것도 아직 제가 자기기만 속에 있기 때문입니다. 지금도 하루에도 몇 번씩, 영성과 지성 사이의 문지방을 오르락내리락합니다. 그런데 내가 뭘 믿고 큰소리치고 다니느냐. 딱 하나가 있습니다.

계속 ▶ 36

36

인간은 시간으로 재고 하나님은 마음으로 재신다

늦게 와 일한 자에게도 같은 품삯을 주는 이유.
맹목의 믿음보다 죄인의 회개가 더 귀하다.

    대낮에 빈둥빈둥 놀고 있는 사람을 보고 왜 일하지 않느냐고 물어보면 일자리가 없는데 어떻게 일하느냐고 대꾸합니다. 그래서 포도원 주인이 그에게 일거리를 주겠다고 하니 고분고분 따라와 일을 합니다. 하지만 벌써 해가 뉘엿뉘엿 저무는 때이라 얼마 일을 하지도 못했는데 품삯 주는 걸 보니까 아침부터 일한 사람이나, 불과 몇 시간 동안 일한 사람이나 똑같이 주는 거예요. 그것을 보고 불공평하다고 말하는 일꾼이 있었지요. 그때 포도원 주인은 단호하게 말합니다. "내 돈 들여 품삯을 주는 것인데 너희가 무슨 참견이냐." (여기서 포도원 주인은 하나님을 비유한 것이죠.) 너희의 마음이나 생각으로 나를 헤아리지 말라는 뜻입니다.

    주인은 은총은 내 권한이다, 땅의 논리가 아니다, 너희는 일을 시간으로 재지만 나는 마음으로 잰다, 하고 말합니다. 돈 준다니까 그냥 와서 포도 가꾸는 일꾼들은 기계적으로 그냥 일을 합니다. 일이 무엇인지도 모르고 말입니다. 하지만 일하고 싶어도 일자리를 얻지 못한 사람에게 일거리를 주면 얼마나 고맙게 여기며 일을 하느냐, 너희는 돈을 바라보고 일했지만 이자는 한 시간을 일해도 자기를 써준 것을 감사히 여기며 일을 했다, 하시고는 이렇게 말씀하시죠.

나중 된 자로서 먼저 되고 먼저 된 자로서 나중 되리라 (마태복음 20:16)

이 이야기를 듣고 정신이 번쩍 들었습니다. 해가 뉘엿뉘엿 질 무렵 겨우 포도밭에 왔는데 나에게도 똑같이 품삯을 주시는 하나님, 뒤늦게 왔는데 앞장을 서는 하늘나라. 이런 횡재가 어디 있겠습니까. 제가 늦게 왔지만 하나님께 정말 감사드리고 그동안 못한 일을 열심히 하면 틀림없이 그 포도원 주인처럼 저에게도 같은 은혜를 주실 것이라는 생각이 든 것이지요.

선교라는 것이 무엇입니까. 포도 덩굴이 뻗어가는 것입니다. "너희는 포도 덩굴처럼 자꾸 뻗어서 땅끝까지 가라" 하십니다. 아프간 피랍 사태도, 그곳에 가고 싶어서 간 것이 아닐 겁니다. 우리는 포도나무이기 때문에 포도 덩굴처럼 바깥으로 나가게 마련인 것입니다. 누구한테 허락받아 가는 게 아니에요. 누가 시키지 않고 말려도, 위험한 곳을 가리지 않고 포도 덩굴은 끝없이 낯선 땅 저편으로 갑니다.

로마 초대교회의 순교자들이 편안한 마차를 타고 제독의 옷을 입고 갔습니까? 그곳에 들어가면 죽는데 간 겁니다. 그게 순교예요. 교회의 교세를 확장하려 했다고 하는 말들을 합니다만, 억울한 얘기입니다. 사람이 죽고 사는 곳인데, 가면 죽을 수도 있는 곳인데 그걸 알고 간 거 아닙니까. 별 다섯 개 붙은 호텔에 가서 누가 선교를 못 하겠어요? 제가 세례받는 날 일이 터졌습니다. 엉뚱한 폭풍이 저한테 불기도 했지요.

그뿐이 아니에요. 저는 6·25전쟁을 겪은 사람입니다. 어떤 이는 1·4후퇴 때, 그 엄동설한에, 열차도 아닌, 뚜껑도 없는 화물차에 타고 피난 가다가 추위에 손이 곱고 졸음이 와서 품속에 안았던 아이를 그만 놓치는 겁니다. 그러고는 생명이 뭔지 제자리에서 발을 동동 구를 뿐이죠. 저는 그때 "하나님은 어디 계십니까, 이걸 보고 계십니까, 정말 계시다면 어디서 무얼 하고 계십니까" 하고 외쳤죠. 인간이란 이 세상에 아무런 희망도 구제도 없이 내던져진 존재라는 것을 알았기에, 무신론자, 실존주의자가 되었던 것이지요.

아무 죄 없는 욥이 형편없이 박해를 받고, 가축이 죽고, 가족이 죽고, 마지막에는 자기마저 병들었을 때, 부인이 입을 열어 당신이 믿는 하나님을 저주하라고 합니다. 그래도 "복을 받았은즉 화도 받지 아니하겠느냐" 하고 입술로 범죄하지 않았던 욥이지만 그도 결국에는 하나님을 원망하기에 이릅니다. 욥은 이렇게 말하지요. "나의 말이 곧 기록되었으면, 책에 씌어졌으면, 철필과 납으로 영원히 돌에 새겨졌으면 좋겠노라." 작가가 글을 쓰는 심정도 대개는 다 그럴 것입니다. 자신의 절망을 글로 써야겠다, 그게 마지막 희망이다, 우리가 얼마나 비참하고 이 세상은 얼마나 허무한가를 증거하겠다, 그래서 나는 글을 쓴 것이고, 그것도 저항의 글을 쓴 것입니다.

그러나 나는 그러한 6·25전쟁을 겪었기 때문에 하나님의 존재를 육신의 구원자가 아니라 영혼의 구제자로서 인식하게 된 것이지요. 인간이 풀 수 있는 영역에 대해서 하나님은 늘 침묵한다는 것을 깨달았습니다. 인간의 역사는 인간이 만들고 인간이 풀어야 합니다. 그것이 바로 에덴 바깥에서 일어나는 인간들의 비극이고 원죄에 대한 값이었지요.

예수님이 최초로 보이신 기적은 혼례 때 포도주가 없어 손님들을 대접하지 못하는 사람을 위해 돌항아리에 물을 그득히 담으라고 하시고 그 맹물을 포도주로 바꾸신 것입니다. 여기에서 잠깐 포도주에 대한 이야기를 생각해보기로 하겠습니다.

포도 껍질에 붙어 있는 미생물들은 발효가 되는 과정에서 다른 미생물들을 잡아먹습니다. 즉, 포도가 발효된다는 것은, 포도주가 된다는 것은 효모균에 의해 불필요한 균들이 퇴치되는 과정이지요. 악이 전부 퇴치된, 순수한 효모에 의해서 깨끗해진 술. 그래서 옛날에는 포도주를 주사액으로까지 썼다고 합니다. 또 강도를 만나 죽어가던 사람을 사마리아 사람은 기름과 포도주로 치유하기도 했지요. 이러한 포도주의 발효 과정처럼 우리 영혼 속에 있는 혼탁한 마귀의 생각인 미생물들을 하나님의 힘으로 모두 퇴치하여 순수한 영만을 남겨주십니다. 그것이 바로 맹물로 포도주를 만드는 기적이지요.

요즘 이솝우화는 이렇습니다. 목마른 여우가 포도를 따 먹어보니 진짜 신 포도였습니다. 그러면 더이상 안 따 먹어야 되는데, 옆에 있는 여우들이 부러워하고 침을 흘리니까 우쭐해서 신 포도라고 말을 못 하는 겁니다. "아, 달다" 하며, 옆에서 박수치면 또 따 먹고…… 속으로는 울면서도 겉으로는 행복한 척하고 따 먹어요.

속된 세상에는 이런 여우들이 많습니다. 행복한 얼굴을 하고, 기름진 얼굴을 하고, 행복한 가정인 것처럼 하고 사는데, 속으로 울고 있어요. 그 사장 자리가, 그 장관 자리가, 세상이 이런 줄 알았으면 누가 했겠느냐. 그런데 아무개 아들이 회장, 장관 아들이라 그러니까 참는 거죠. 그렇게 계속 맛있는 것처럼 신 포도를 따다가 위궤양에 걸려 죽었다는 것이 현대인의 이솝우화지요.

참된 포도, 시지 않은 포도를 우리는 수확해야 합니다. 믿는 사람들, 포도원 사람들만이라도 덩굴을 뻗어가야 합니다.

힘을 가지십시오. 남들이 핍박하면 핍박할수록 여러분이 의인이라는 증거입니다. 그러나 사랑을 잊어서는 안 됩니다. 요즘 의인이 많은 것 같지만, 불구덩이에 들어가는 의로움이 있어도 사랑이 없으면 소용이 없다고 했습니다. 요즘 기독교인이 많지만 사랑이란 것이 없습니다. 사랑 없는 정의는 인간이 할 수 있는 정의입니다. 인간이 할 수 있는 정의는 역사와 시장 속에서 하는 일이라 한계가 있지요. 이미 우리는 그것에 절망한 사람들입니다.

저는 문학하는 사람이라 제가 포도밭에서 일한 소감을 시로 써보았습니다. 저는 신학도 모르고 기도도 드릴 줄 모르는 사람이지만, 시 같으면 제 전공분야이기 때문에 여러분과 다른 방식의 기도가 가능하리라는 생각에 이 만남을 뜻깊게 하고자 합니다.

포도밭에서 일할 때

포도는 잡초도 자라지 않는 척박한 땅에서
자란다고 하더라
그 목마름이 얼마나 타올랐기에
물을 찾는 뿌리가 수십 척 땅속
암반수岩盤水에 이른다고 하더라
포도나무 가지에 움이 트고
작은 꽃들이 피어날 때
님이 와서 말한다고 하더라
너를 사랑한다고

그 갈증의 뿌리가 나뭇가지마다
포도송이를 영글게 할 때
포도원지기는 이마의 땀을 씻고 말한다 하더라
이 포도밭은 당신의 것
당신이 이 포도밭 주인이라고

그분이 목말라할 때 신 포도주가 되지 않도록
사람들은 새벽에 일어나 포도를 딴다 하더라

알알이 소망의 빛이 밴 포도송이를 따다 술을 빚고

말한다고 하더라

여기 지상에서 가장 향기로운 술이 있나이다

말한다고 하더라

내가 마시기 위해서가 아니요

오직 한 분의 입술을 적시기 위해서라고

말한다고 하더라

포도로 빚은 술은 사람의 피보다

더 붉다 하더라

여름 태양빛이 노을로 불탈 때보다

더욱 붉다 하더라

내가 포도밭에서 일할 때

그런다고 하더라

하늘의 새, 들의 백합꽃

무엇을 먹을까 걱정하지 말라 하시지만
나는 새처럼 하늘을 날 수 없습니다
무엇을 입을까 걱정하지 말라 하시지만
백합처럼 비단을 짜 제 몸을 치장할 줄 모릅니다

당신이 아니 계시면 추워서 떨고
배고파 울었겠지요
그러나 이제는 하늘을 나는 새
들판에 피는 백합도
부럽지 않습니다

당신의 목소리를 듣고부터
날개가 없어도 하늘을 날고
베틀이 없어도 베를 짭니다

그래도 근심 걱정이 남아 있어요
당신이 너무 먼 곳에 있어
보이지 않을까봐서

제4부

아버지와 딸의 만남

민아의 편지

빨간 우체통의 작은 기적

아빠 저예요. 오랜만에 이메일이 아니라 펜으로 쓰는 편지예요. 제가 아주 어렸을 때 빨간 우편함 앞에서 매일같이 기다리던 아버지의 편지가 프랑스에 도착하던 날, 하얀 봉투를 찢지 못한 채 그냥 가슴만 두근댔던 그 감동이 다시 살아난 거예요.

지금 기분이 꼭 그래요. 10년 동안 소망해오던 제 기도가 거짓말처럼 전부 이루어졌기 때문이지요. 아팠던 아이가 정상으로 돌아왔어요. 가망이 없다던 내 눈이 이제는 밤에도 혼자서 운전할 만큼 밝아졌어요. 더구나 애아빠의 신앙심에도 불이 붙었어요.

그것보다도 늘 기다려오던 소망대로 아빠가 드디어 세례를 받게 되었다는 것이지요. 정말 기뻐요. 아무라도 붙잡고 소리치고 싶어요. 내 육신의 아버지와 하늘에 계신 내 영혼의 아버지가 저를 버리지 않고 이 날까지 기다려주신 거지요. 그 깊으신 사랑을 알고서야 비로소 지금까지 내가 혼자였다는 생각을 깨끗이 씻어버릴 수 있게 된 거지요.

아빠 정말 그렇죠. '사랑'은 '설명'이 아니지요? 외쳐야만 되돌아오는 산울림소리가 아니지요? 잘났든 못났든 아빠가 절 사랑해주시는 것은 복잡한 이유가 있어서가 아니라 그냥 제가 딸이니까 사랑하는 것이지요. 그것처럼 우리에게 생명과 영혼을 주신 하나님도 그럴 거라고 믿어요. 다만 제가 아빠에게 그랬던 것처럼 우리가 그 사랑과 은혜를 제대로 느낄 줄 몰랐던 것뿐이지요. 그것을 깨닫고 나서야 편안한 삶이 돌아오게 된 것이죠.

  3년 전 일이에요. 저를 보러 헌팅턴 베이에 오셨을 때 "너만 행복하다면 무얼 못해주겠니"라고 하시면서 교회에 가는 저를 묵묵히 따라오셨던 것 기억나세요? 그 고맙고 찬란한 동행의 기쁨, 그 사랑을. 그때는 교회에 다니기 싫어하는 아빠가 그냥 밉기만 했었지요. 아빠 미안! 오늘에서야 실토하는 거예요.

  아빠, 정말 감사해요. 사랑해요. 주님의 이름 받들어 축하드려요.

민아 올림

아버지의 편지

너는 나의 동행자

너의 편지 겨우 다 읽었다. 여기저기 편지 글이 눈물로 번져 있더구나. 이국땅에서 혼자 살아갈 때에도 너는 나에게 눈물을 보이지 않았다. 검사 생활을 그만두고 암과 투병을 할 때에도 그랬고, 변호사 생활을 접고 아이의 교육 문제로 단신 하와이로 떠났을 때에도 그랬다. 다 그만두고 의사로부터 실명할 우려가 있다는 절망적인 선고를 받고 나서도 너는 울지 않았다. 어머니의 품에 안겨 나를 처음 바라보았던 네 최초의 그 미소. 그것을 너는 늘 지켜왔다.

그런데 네가 지금 모든 소망이 이루어졌다고 하면서 웬일로 그렇게 많이 울었느냐. 네 마음을 몰라서 하는 소리가 아니다. 사랑의 불꽃은 연기가 되고 연기는 다시 재로 변한다는 슬픔, 그리고 아무리 불러도 빈 들에 나 혼자라는 것. 새삼스럽게 그런 일로 흘린 눈물은 아니었을 것이다.

너의 가슴은 지금 넘쳐나는 사랑과 떨리는 생명으로 가득 차 있을 것이다. 비가 오고 난 뒤 하늘에 아름다운 무지개가 선 것처럼……

더구나 오늘은 너의 생일이고 우연히도 내가 세례를 받는 날이다. 네가 그렇게 기뻐하는 것을 보니 너에게 최고의 생일선물을 준 것 같구나. 아니지, 네가 나에게 선물을 준 것이다.

암에 걸렸던 너의 아픔으로, 시력을 잃어가던 너의 어둠으로 나를 영성의 세계로 이끌어주었다. 네가 애통하고 서러워할 때 내 머릿속의 지식은 건불에 지나지 않았고, 내 손에 쥔 지폐는 가랑잎보다 못하다는 걸 알았다. 칠십 평생 살아온 내 삶이 잿불과도 같은 것이라는 것을 가르쳐준 것이다.

지성에서 영성으로. 너의 기도가 높은 문지방을 넘게 했다. 가족만이 아니다. 너는 법정에서 그동안 죄지은 불쌍한 젊은이들의 영혼을 구하기 위해서 애써왔다. 이제는 법의 힘이 아니라 하나님에게서 받은 사랑과 은총의 힘으로 가난한 이웃, 애통하는 사람들과 함께 동행해야 할 것이다. 힘든 길이겠지만 걱정하지 마라. 이제 네 스스로 인정한 것처럼 혼자가 아니다. 너의 곁에서 주님이 늘 함께 하시듯이 아버지도 이제 너를 혼자 있게 하지는 않을 것이다. 그래 함께 가는 거다. 아버지의 이름으로, 사랑하는 모든 사람들의 이름으로 약속한다. 아주 어려울 때를 위해서, 아버지의 사랑만으로는 도저히 감당하기 힘들 때를 위해서 주님께 드리는 기도는 남겨두기로 하자.

서울에서 아버지로부터

37

믿음의 시작

> 나는 여호와로 말미암아 즐거워하며
> 나의 구원의 하나님으로 말미암아 기뻐하리로다.

이사야서 55장 8절에서 "이는 내 생각이 너희의 생각과 다르며 내 길은 너희의 길과 다름이니라 여호와의 말씀이니라"고 하셨습니다. 하나님의 생각은 나의 생각보다 높다고 하셨습니다. 많은 사람들이 하나님을 믿는다고 하지만 자신의 생각에 하나님이 맞춰지지 않으면 하나님을 믿지 않고 하나님이 틀렸다고 불평을 하게 되죠. 제가 서른 두 살에 예수님을 영접하고 나서도 10년 동안은 제 생각의 틀에 하나님을 맞추는 신앙생활을 했습니다. 제 생각대로 해주시면 하나님을 좋아하고, 내 생각에 맞지 않으면 하나님이 나를 사랑하지 않는다고, 무서우신 하나님인가 보다고 생각을 했어요. 제가 1992년 부활절에 세례받으면서 시작한 신앙생활의 10년 정도는 남들처럼 교회에 다니면서 내가 편한 것만 골라서 먹었습니다. 그 기간 동안에는 하나님께서 거의 일방적으로 저를 찾아오셔서 만나주셨던 것 같아요. 하나님을 아버지로 만난 것도 아니고 하나님의 사랑을 제대로 알지도 못했지만 하나님께서 일방적으로 저와 맺으신 피의 언약 때문에 주님께서는 항상 나의 것이다 하고 나를 붙잡아주셨던 것 같습니다.

이사야서 46장에서 말씀하신 것처럼 하나님은 하나님 한 분만을 섬기시기를 원하십니다. 그런데 우리에게는 너무나도 다른 신이 많은 것 같아요. 저도 그 물질적이고, 세상적으로도 사람들에게 인정받고 싶은 것, 여러 가지 다른 우상들을 섬기면서 하나님도 같이 겸해서 섬기는 그런 신앙생활을 했습니다. 그러던 중, 이사야서 46장 마지막절 말씀대로 시온 하나님의 거룩한 산, 도시를 다시 회복시키려는 하나님의 저를 향한 열정이 저를 그대로 내버려두질 않으셨습니다.

1992년에 예수님 영접하고, 3개월밖에 안 된 1992년 7월 11일, 저는 간단한 종양을 제거하는 수술인 줄 알고 병원에 입원했습니다. 일단 열어보니까 그 안에 현대의학으로는 알아낼 수 없는 갑상선암이 갑상선 안에 가득 퍼져 있는 것을 발견하게 됐어요. 그래서 갑상선을 들어내는 대수술을 받았습니다. 수술 후에 깨어났을 때 의사가 그렇게 말하는 거예요. "네가 믿는 하나님, 네가 믿는 신이 있느냐." 그래서 제가 예수님 믿게 된 지 얼마 안 됐다고 얘기하니까 이 유대인 의사가 "네가 믿는 하나님이 정말 하나님이다. 암이 갑상선 밖으로 나가지 않게 몰려 있는 것을 의학적으로 설명할 수가 없다"고 하면서 임파선으로 퍼지지 않게, 마치 보이지 않는 손이 나의 갑상선을 보자기처럼 싸고 있는 것 같았다고 했어요. 그래서 갑상선을 들어낸 이후에 임파선까지는 퍼지지 않았지만 갑상선암 중에서도 악성이었다고 의사는 얘기했습니다. 다행히도 생명에는 지장이 없고, 방사능 치료를 받은 후에 다시 정상적인 생활을 할 수 있게 되었습니다. 그때 저는 어린아이 같은 마음으로 생명을 건져주신 하나님께 감사했고, 하나님 너무 좋은 분이라고 간증도 하고 사람들에게 전도도 하면서 제가 신앙심이 굉장히 깊다고 생각했어요.

4년 후인 1996년에 9월에 병원에 정기진단을 갔을 때, 암이 재발했다는 청천벽력 같은 소리를 들었습니다. 그때 저는 어린아이가 셋, 사춘기 아이가 하나 있었어요. 열네 살, 네 살, 두 살, 한 살. 이런 아이들을 놓고 제가 죽을지도 모른다고 생각을 하니, 두려움이 몰려왔어요. 그때 주님께서 저에게 주신 말씀이 예레미야서 29장 11절, "여호와의 말씀이니라 너희를 향한 나의 생각을 내가 아나니 평안이요 재앙이 아니니라 너희에게 미래와 희망을 주는 것이니라" 주님께서 말씀을 저에게 주셨지만 그게 제대로 믿어지지가 않았어요. 재앙을 줄 생각이 없다면 왜 나에게 다시 암을 재발되게 하셨을까. 그때 저에게 큰 신앙의 위기가 왔습니다. 그래서 교회도 가지 않고, 그냥 집에서 울면서 시간을 많이 보냈습니다. 또 방사능 치료를 받아야 한다니까, 치료받던 당시의 괴로웠던 것들도 생각나고, 완치가 안 되고 재발될지도 모른다는 의사의 말에 8개월밖에 안 된 딸을 붙들고 침대에 누워서 계속 울었어요.

한 친구가 제가 걱정이 돼서 저에게 함께 교회를 가자고 불렀습니다. 그때 H 목사님이 간증하는 것을 들었습니다. 너무 몸이 안 좋으셔서 강대상에 기대서서 "나의 은혜가 내게 족하도다"는 바울 사도의 말씀, 고린도 후서 10장 말씀을 가지고 설교하셨어요. 그걸 들으면서 저렇게 열심히 하나님을 섬기시는 목사님도 아플 수가 있구나, 그런데 왜 저분은 하나님을 원망하지 않고 계속해서 하나님의 일을 하는 걸까. 그게 굉장한 미스터리였습니다. 그때 제 신앙은 저에게 잘해주고 기적을 베풀어주면 하나님을 믿고, 병을 고쳐주지 않으면 믿지 않는 완전히 이기적이고, 비성숙한 상태였습니다. 목사님의 말씀이 굉장히 신선한 충격으로 다가오면서 저 사람에게는 내가 알지 못하는 하나님에 대한 깨달음이 있다고 느꼈습니다.

저에게도 목사님처럼 정말 하나님을 알고 싶다, 하는 그런 새로운 소망이 솟아났습니다. 그 소망이 이뤄져서 상심했던 마음이 다시 회복되기 시작했어요. 저는 병원에 가서 고통스러운 치료를 받고 또 일 년마다 계속 재발되었나 검사를 해야 했습니다. 하지만 저의 병을 고쳐주실 뿐만 아니라 저를 창조하시고, 이 모든 인생을 주관하시는, 인간이 상상할 수 없는 선함과 신실함을 지니신 그분이 바로 나의 창조주 하나님이시라는 그 목사님의 설교말씀이 저의 귀를 계속 떠나지 않고 늘 따라다녔습니다.

그래서 성경을 읽고, 하나님을 알고 싶어서 96년에 QT를 하기 시작했어요. 자매님들과 함께 같이 목요일마다 QT를 하는 동안 성경책에 있는 말씀들이 한마디씩 한마디씩 살아나서 생명으로, 생명의 떡으로 작용하기 시작했습니다. 아침에 일어나면 밥보다도 하나님의 말씀을 보는 것이 더 먼저인, 하나님의 말씀이 더 배고파지는 그러한 마음, 그러한 은혜가 제게 임했던 것 같아요.

2002년까지 6년 동안 하나님의 말씀을 읽고, 하나님의 말씀을 묵상하는 QT 중심의 생활을 했습니다. 당시에는 우리 아이가 자폐증상과 과잉행동증상 때문에 학교를 다니는 것이 굉장히 힘든 상황이었는데요. 다섯 살 때부터 2002년에 열 살이 될 때까지, 유치원 1학년 때부터 6학년 때까지가 힘든 기간이었어요.

아이도 돌보면서 말씀도 열심히 읽었지만 아이는 나아지지 않고 점점 나빠지는 상황에서 2002년에 저에게 다시 한번 신앙의 큰 변화가 왔습니다. 제가 10년 동안 해오던 검사직을 그만두고, 아이들을 잘 기르고 또 시간을 좀 많이 보내려고 변호사로 직장을 바꾼 게 2002년 2월 달이었던 것 같아요. 그때 한 아이가 인디아나주에 가서 말썽을 자꾸 부려서 기숙사 학교에 넣어놨는데 추운 날씨에 런닝셔츠만 입고 도망을 갔어요. 아이의 어머니, 아버지가 아이가 죽을까봐 너무 걱정을 하면서 저를 찾아왔어요. 또 그러한 아이들을 돌보는 '젊음의 집' 김규호 목사님이 전화를 하셔서 간절히 부탁을 하셨습니다. 이 아이를 만나보고 이 사건을 해결해달라고. 그때 제가 검사직을 사직한 상황이 아니었어요. 검사는 변호사를 겸해서 할 수가 없기 때문에 제가 못한다고 거절을 했어요.

그런데 만나보지도 못했던 아이의 얼굴이 자꾸만 떠오르면서 간절했던 어머니 아버지의 음성이 자꾸 떠나질 않는 거예요. 그래서 일단 검사를 사직하고 이 케이스를 맡은 다음에 다시 또 돌아가면 되지, 하는 생각으로 사직을 했습니다.

　나중에 그때를 돌아봤을 때, 내 인생을 주관하시는 하나님의 계획이었다는 것을 제가 깨닫게 됐어요. 그때부터 시작한 변호사 일이 청소년 사업처럼 변했습니다. 고등학교에 다니는 열여섯 열일곱 살의 아이들을 하나님의 마음으로 사랑하도록 주님께서 하셨습니다. 그때 사춘기를 겪고 있는 우리 아들 유진이도 주위에 그런 갱단이라든지 마약을 하는 아이들에게 특별한 마음을 가지고 있었어요. 그래서 집에서 쫓겨났다던가, 말썽을 부리는 애들을 우리 집에서 머물게 했어요. 처음에는 그 아이들이 우리 아이에게 나쁜 영향이 될까봐 밉고 싫었는데, 어느 날 유진이 말했습니다. "엄마, 엄마는 예수님을 믿는다면서 세상 사람들과 다를 게 하나도 없어. 이 아이들이 갈 데가 없는데, 내가 애들을 내보내면 길거리에서 자는 거 알면서. 내 아들만 사랑하는 것이 예수님 사랑하는 게 아니잖아." 유진이 나이에 맞지 않을 정도로 어른스러운 소리를 하자, 그것이 성령의 음성으로 들렸어요. 하나님이 저에게 "네 아이들만 사랑하면 세상 사람과 다를 게 뭐가 있냐. 네 아이를 사랑하고 안타까워하는 마음으로 아이들을 사랑해달라"는 부탁 같았어요.

　저는 내 아이가 눈에 넣어도 아프지 않을 정도로 예뻤고, 아이가 잘못된다는 생각을 하면 너무 두려웠고, 우리 아이 기도만 했던 전형적인 한국 엄마 크리스천이었습니다. 그러던 제가 아들과 하나님의 음성으로 인해 바뀌게 되었습니다. 저는 진정한 회개는 슬퍼하고, 후회하는 것이 아니라, 잘못된 생각으로부터 진리이신 하나님의 말씀으로 내 인생을 바꾸겠다는 결심으로 하나님에게로 돌아가는 것이라고 생각해요. 그때까지는 내 아이들 나와 내 가정밖에 몰랐던 제가 저의 고객 아이들을 내 아이들처럼 마음에 품고 기도하는 중보자로 변하기 시작했습니다. 그 케이스 하나하나 맡을 때마다 그 아이들의 엄마의 마음이 제 마음이 되게 해달라고 기도했습니다.

그때 하나님께서 홍해를 가르는 기적을 많이 행해주셨습니다. 감옥에 가서 10년, 20년 지내야 하는 중범을 저지른 아이들도 중보 기도와 함께 하나님의 말씀을 나눌 때, 아이들도 회개하고 하나님에게 돌아오는 역사가 일어나기 시작했습니다. 아이들이 하나님의 말씀으로 살아나는 것을 보면서, 저도 하나님을 더욱더 사랑하는 사람으로 변하게 되었습니다. 그리고 기적이라고밖에 할 수 없는 하나님의 손길이 느껴지면서 아이도 변하고, 끝까지 하나님을 믿지 않던 고객의 아버지까지도 기적을 행하시는 하나님의 손을 보고, 엎드려서 회개하고 돌아오는 그런 역사도 일어났습니다. 또 소망을 다 잃고 그 절망에 빠지고, 우울증에 걸려서 총기를 구입하고 마약을 하고 이러던 아이가 빌립보서 4장 13절 말씀 "내게 능력 주시는 자 안에서 내가 모든 것을 할 수 있느니라" 는 말씀을 나눴을 때, 그 말씀이 생명으로 아이를 살리는 것을 보았습니다. 이 아이의 눈이 빛나기 시작하면서 "변호사님, 나도 한번 믿어볼래요. 정말 그렇게 나에게 능력을 주시는 분이 예수님이신가요?" 하고 겨자씨만 한 믿음을 고백했을 때, 그날 판사의 마음이 움직여서 모든 사람의 입이 벌어지는 상황에서 이 아이가 나오게 되었습니다. 그후 마약 퇴치를 위해서 시작한 사역인 '주님센터'라는 곳에서 완전히 마약도 끊고 하나님을 깊이 만나게 되는 그런 일도 있었습니다.

2002년부터 2005년까지 3년 동안 변호사 일을 하면서, 많은 선교 단체와 마약 퇴치 같은 일을 하는 센터와 청소년 선도 단체를 운영하시는 목사님들과 함께 사역을 하면서, 하나님은 자기 자녀를 사랑하시는 아버지라는 것과 우리의 생각과 다르다는 것을 깨닫게 되었습니다. 또 내가 대가를 다 치른 후에야 사랑하시고, 회복시켜주시고, 상주시는 분이 아니라 예수님이 "다 이루었다"고 말씀하신 그 고백 때문에, 요한복음 3장 16절 말씀처럼 "하나님이 세상을 이처럼 사랑하사 독생자를 주셨으니 이는 그를 믿는 자마다 멸망하지 않고 영생을 얻게 하려 하심이라" 독생자 예수님이 우리를 위해서 십자가에서 죽으심으로 모든 죄의 대가가 치러졌고, 회개가 아니라 믿음으로 구원을 얻게 하신다는 것을 깨닫게 되면서, 복음을 전도하고 싶은 열정이 불처럼 솟아나기 시작했어요.

내가 돈이 많고, 남편의 사랑을 받고, 아이가 공부를 잘하고, 아름다운 집에서 살아도 채워지지 않던 마음속의 허전함과 허무함이 하나님의 사랑을 깨닫고, 생명의 떡이신 하나님의 말씀을 매일 접하게 되면서 제가 구원받았다는 그 사실 때문에, 하박국 3장 17, 18절처럼 "비록 무화과나무가 무성하지 못하며 포도나무에 열매가 없으며 감람나무에 소출이 없으며 밭에 먹을 것이 없으며 우리에 양이 없으며 외양간에 소가 없을지라도 나는 여호와로 말미암아 즐거워하며 나의 구원의 하나님으로 말미암아 기뻐하리로다" 하는 것이 나의 신앙고백이 되었습니다.

특히 아들이 마음을 아프게 할 때마다 그 아이만 고쳐주시면, 그 아이만 정말 회복되면 이 세상에 부러울 게 없는데, 하나님은 독생자를 우리 같은 죄인들을 위해서, 우리가 그분을 받아들이지도 않고 멸시하고 때리고 죽일 것을 알면서 보낼 정도로 우리를 사랑하셨을까. 에베소서 3장 말씀처럼 3년 동안 하나님의 사랑의 깊이와 넓이, 이해할 수 없는 모든 마음을 다 알게 되면서 그리스도 안에서 생명을 다시 얻는 삶이 뿌리를 내리고, 바람이 와도 흔들리지 않는 신앙으로 변하게 되었어요.

단지 말씀만 읽고 나에게 이걸 해주셨으면, 저걸 해주셨으면 하는 신앙생활은 10년, 20년을 해도 사람이 변하지 않습니다. 베드로는 예수님을 거부하고, 기다리라고 한 그 명령조차 지키지 못한 데다가, 낚시하러 가서도 아무것도 못 잡고 만신창이가 되어서 지쳐 있는 상황이었습니다. 예수님은 신앙의 실패와 좌절의 한복판에 찾아오셔서, 너는 이걸 다 회개하고 다 잘한 다음에 나에게 오라고 하지 않으시고 "너는 나를 사랑하느냐"고 물으셨습니다. 베드로가 사랑한다는 대답조차 제대로 할 수 없는 상황에서 "예수님, 예수님이 아시지 나는 모릅니다"라는 고백을 할 때 예수님께서 베드로를 옆에 두셨습니다. 옆에 베드로가 없으면 예수님은 다른 사람을 사용해서 얼마든지 사역을 하실 수 있었습니다. 하지만 베드로를 사랑하시기 때문에 "그러면 네가 내 양을 먹여라, 내 양을 돌보라"고 하셨습니다.

예수님께서 베드로에게 맡긴 사역의 의미를 3년 동안 청소년 사역을 하면서 깨닫게 되었습니다. 그때 저는 사춘기의 반항하는 아이와 또 자폐 때문에 학교를 못 다니는 두 아들 사이에서 지칠 대로 지친 상황이었습니다. 저의 아이보다 더 힘들어하는 아이들, 제 아들보다 더 소망이 없는 그 아이들을 돌보면서 "내 양을 먹여라"는 예수님의 명령이 저를 회복시키려는 사랑이었다는 것을 나중에야 깨닫게 됐어요.

그때는 내가 이 아이들을 잘 돌보고 예수님 말에 순종해서 사역을 잘하면 우리 아이를 고쳐주시지 않을까 하는 불순한 동기에서 시작했던 것이었는데, 내 힘으로는 할 수 없었던 그 사역이 내 것이었던 것 같아요. 그래서 성령의 힘에 의지하고, 기도의 힘에 의지하면서 제 안에 있는 예수님, 영광이며 소망이신 예수님을 의지할 수밖에 없고, 그분이 저의 손과 입을 빌려서 그 아이들을 끝까지 포기하지 않고, 다시 구원하고 회복하고 돌이키시는 예수님을 만나게 되면서 저의 심령에도 구원과 회복이 오기 시작했습니다. 진정한 예수님과의 만남이 시작된 것은 그 사역을 하면서부터였던 것 같아요.

▶ 계속 38

38

더이상은 내 힘으로 살 수 없구나

> 이제는 내가 사는 것이 아니요. 오직 내 안에 그리스도께서 사시는 것이라.
> 이제 내가 육체 가운데 사는 것은 나를 사랑하사 나를 위하여 자기를 버리신
> 하나님의 아들을 믿는 믿음 안에서 사는 것이라.

　우리 아이가 너무 심한 상태였기 때문에, 교회에 다니지 않는 저희 남편도 적극적으로 사역을 도와줬습니다. 그래서 그때 2004년에 우리 아이가 열두 살이 되었을 때 제가 아무리 기도해도 낫지 않는 아이 때문에 절망해서 밤새도록 울면서 기도하고, 아침에 습관처럼 QT책을 봤을 때, 사도행전 3장 말씀이 본문, 생명의 삶 본문이 있었습니다. 베드로가 "은과 금은 내게 없거니와 내게 있는 이것을 네게 주노니 나사렛 예수 그리스도의 이름으로 일어나 걸으라" 했을 때 태어났을 때부터 절름발이었던 거지가 그 말씀을 믿음으로, 그 즉시 일어나서 걸었다는 그 본문을 읽으면서 더이상은 내 힘으로 살 수 없다는 그런 울부짖음이 터져나오기 시작했어요. 그래서 그 앞에 엎드려서 기도했습니다. 말씀을 펴놓고 "주님, 예수님은 어제나 오늘이나 영원토록 동일하시다는데 이 말씀이 진리라면 왜 은과 금은 없거니와 내게

있다고 베드로가 얘기한 예수님은 내게 없습니까? 왜 내가 기도하면 우리 아이는 낫지 않습니까? 주님, 정말 지난 7년 동안 제가 열심히 기도했는데, 하나님 열심히 믿고 사역도 했는데, 우리 아이가 왜 낫지 않습니까? 왜 저에게는 능력이 없습니까?"라는 가슴을 찢는 기도가 성령님이 저 대신 하셨던 탄식과 함께 나오기 시작했어요.

그때 저에게 깨달음이 왔습니다. 내 안에 예수님은 없다, 내 안에 진정한 살아 계신 예수님이 없기 때문에 베드로와 달리 나에게는 없기 때문에, 나에게는 금과 은도 없거니와 예수님도 없다. 생각해보니까 내가 예수님보다 더 많이 믿었던 것들이 나의 변호사 직위, 또 나의 돈 버는 능력, 결혼생활, 우리 남편, 우리 부모님들, 또 우리 교회 목사님들, 의사를 찾아가서 약을 한번 먹여볼까 하는, 내가 하나님 말고 의지하는 것들이 있었다는 것을 깨닫게 되면서 베드로의 "은과 금은 내게 없거니와"라는 고백이 중요하다는 것을 깨달았어요. 베드로는 예수님밖에는 아무것도 없었던, 예수님 제자였어요.

예수님이 제자들에게 말씀하신 걸 현대 경영인들은 좋아하지 않아요. 하나님은 "세상과 나를 함께 섬길 수 없으며, 나를 따르려면 너의 아비와 전답과 자식까지도 다 버리고 따르라"고 하셨습니다. 어떤 부자가 예수님을 찾아와서 내가 하나님의 계명을 다 지켰는데 어떻게 하면 천국을 얻을 수 있느냐고 했을 때, "너에게 모자라는 것이 하나 있나니 너에게서 소중한 것들 다 버리고 나를 따라오라"고 하자, 슬퍼하면서 떠났다고 했습니다. 저는 교회가 예수님을 믿으면 이 세상과 예수님을 함께 누릴 수 있다고 가르치고 싶어한다고 생각해요. 그래야 교인들이 많이 오니까.

　QT하는 동안 계속 성경을 읽으면서, 하나님의 말씀은 내가 원하는 말씀뿐만 아니라 내가 원하지 않는 부분까지도 진리라는 것을 믿게 되었습니다. 그날 하나님이 저에게 큰 도전을 하셨습니다. "너에게는 금과 은이 너무 많다. 너에게는 가진 것이 너무 많다. 너는 그것들을 나보다 더 사랑한다." 주님께서는 베드로와 같은 능력을 제가 가진 신앙에서는 가져올 수 없다는 것을 알게 하셨어요. 그때 제가 엎드려서 기도했습니다. "하나님, 저에게 금과 은이 다 없어도 좋으니까, 이 세상의 모든 것을 다 가져가셔도 좋습니다."

　우리 아들뿐만 아니라 저처럼 소망이 없어서 울부짖는, 이 세상의 모든 금과 은으로 해결할 수 없는 문제들이 있는 사람들이 너무나 많습니다. 어떤 관계가 끊어졌을 때 돈으로도 해결되지 않아요. 저는 제 주위에서 돈도 많고 지위도 높지만 결혼생활이 괴로워서 지옥같이 사는 부부들을 너무나도 많이 봤습니다. 현대 의학으로도 질병이 고쳐지지 않아서 고생하는 사람도 너무 많이 봤어요. 사역하는 동안에, 열심히 살아서 가진 것도 많고, 부부생활도 좋고, 다른 애들은 다 잘 컸는데 말 안 듣는 한 명의 아이 때문에 부모가 초죽음이 되어서 모든 소망을 잃고, 자살 직전까지도 가는 그런 상황도 봤습니다.

　돈으로도, 지위로도, 우리의 힘으로도 해결하지 못하는 많은 문제들 때문에 절망하는 영혼들이 저에게 느껴지기 시작했어요. 그 영혼들 때문에 너무 가슴이 아팠습니다. 그 영혼들의 죄의 문제를 해결하기 위해서는 그 죄의 뿌리를 해결해야 하지만, 절대로 우리 힘으로는 죽음과 사망과 죄에서 벗어날 수 없기 때문에 예수님이 십자가에서 돌아가셨다는 것을 그때야 깊이 깨닫게 되었어요. "은과 금은 내게 없거니와 내게 있는 이것을 네게 주노니 나사렛 예수 그리스도의 이름으로 일어나 걸으라 하고" 베드로가 그렇게 말했을 때, 태어났을 때부터 일어나 걸을 수 없었던 다리에 힘이 들어가고, 절망밖에 없었던 거지에게 소망이 생기고, 겨자씨만 한 믿음이 생겼을 때 그가 일어나 걸었다는 것을 진심으로 깨닫게 되었습니다. "주님 저에게도 그 겨자씨만 한 믿음을 주시옵소서. 제가 예수님을 믿겠습니다. 저에게는 금과 은이 필요 없습니다. 저에게 예수님을 주시옵소서."

제가 예수님을 저의 구주로 영접하고 거듭난 것은 그때인 것 같아요. "하나님은 예수님을 부활시키신 하나님이며 우리 죄 문제를 해결하시고 부활하신 예수님을 우리가 마음으로 믿으며, 이제는 나를 구원하신 하나님일 뿐만 아니라 나의 주인이십니다. 내가 나의 인생의 주인이 아니라 나의 죄 문제를 해결하시고 나의 사망의 문제를 해결하신 하나님의 독생자 아들 그분이 이제부터는 내 영혼의 주인이 되셔서 나를 주관하십니다" 하는 고백이 내 입에서 나올 때, 로마서 10장 9, 10절 말씀을 깨닫게 하셨습니다. 그리고 "그러므로 믿음은 들음에서 나며 들음은 그리스도의 말씀으로 말미암았느니라"는 하나님의 생명의 말씀을 깨달을 때만 나에게 진정한 믿음이 생긴다는 것이 그날 QT 말씀을 하는 도중에 알게 되었습니다. '금과 은은 나에게 없지만 나에게 예수님이 있어야겠다' 하는 그 깨달음과 함께. 예수님은 내가 아무때나 쓸 때 필요하면 뽑아서 쓰는 커피 자판기 같은 그런 하나님도 아니고, 또 이웃사람도 아니고 나의 모든 것을 주관하고 다스리시는 하나님이시며 내가 그분을 주인으로 섬기고 받아들여야 된다는 말씀이 깨달아지면서 저의 생명을 주님께 비로소 완전히 드렸습니다.

"주님은 나의 모든 것을 주관하시는 주님이십니다. 내가 나의 인생을 주님께 드립니다. 우리 아들을 고쳐주십시오 주님. 우리 아들뿐만 아니라 절망적인 상황에 있는 이 세상의 모든 생명들, 또 나같이 울부짖는 엄마들, 소망이 끊긴 자들에게 진정한 소망을 가져오는 사역을 제가 하게 하여주시옵소서." 치유사역을 하게 해달라는 기도가 우러나오면서 베드로처럼 그런 소망이 끊어진 엄마나 아이들에게 하나님이 저를 보내주시면 "금과 은은 내게 없거니와 내 안에 있는 살아계신 예수님의 능력으로 내가 그분의 이름으로 내가 너에게 임하노니 너는 나음을 입으라" 하는 그런 사역을 주님께서 제게 하게 하셨다는 소망을 제게 주셨습니다.

그다음 날부터 초자연적인 기적의 삶이 시작되었습니다. 첫번째 일어났던 기적은 치유사역을 하시던 에릭 목사님을 제가 후배 변호사 소개로 그 집에 가서 뵌 적이 있었는데요, 친구 변호사의 남편은 의사인데, 아이 하나는 정상적으로 학교생활을 잘하는데 아홉 살짜리 형이 심한 자폐를 앓았습니다. 학교도 다닐 수 없고, 말도 할 수 없고, 짐승 같은 소리밖에 못 내는 상황에서 그 목사님의 기도를 받고 2년 만에 완전히 회복이 되어서 정상적인 학교생활을 하고 있어요.

변호사 후배가 제가 아들 때문에 힘들어한다는 얘기를 듣고 그 목사님에 대한 얘기를 해서 아이를 데리고 목사님의 집에 갔었습니다. 그런데 애가 너무 난리를 치는 바람에 기도도 제대로 못 하고 그냥 울면서 돌아왔어요. 이전에 후배가 에릭 목사님의 전화번호를 줘서 그냥 메시지만 남겨놨었는데, 미문의 거지가 일어나는 QT 본문 가지고 기도하고 난 다음날 통화가 됐어요. 저는 3주 동안 연락이 안 와서 유명하신 목사님이니까 바빠서 전화를 안 하시나보다 하고 포기를 하고 있었습니다. 그런데 사도행전 3장 말씀 가지고 QT한 그다음 날 아침에 학교에 아이를 데려다주고 오는데 전화가 와서 받았더니 바로 그 목사님이셨습니다.

　그것이 하나님이 저에게 기도응답을 시작하셨다는 어떤 사인처럼 느껴졌어요. 그래서 제가 그 목사님에게 매달렸습니다. "목사님 우리 아들 좀 고쳐주세요." 목사님이 말씀하셨습니다. "오늘부터 제가 LA에서 집회를 시작하는데 한번 와보십시오." 그래서 그날 저녁에 아이를 데리고 갔습니다. 그런데 너무 실망스럽게도 두번째도 기도를 제대로 못 받았어요. 아이가 제대로 서 있지도 않고 도망가는 바람에 아이를 또 붙잡아다놓고, 붙잡아다놓아도 아이가 계속 뛰고 도망을 가버렸습니다. 제가 너무 절망스러워서 울기 시작했을 때 목사님이 저에게 기도해주기 시작했습니다. 목사님이 "자매님, 내가 자매님 기도를 하고 싶은데요." 그러면서 기도를 해주셨어요. 저에게 하나님이 너무 멋있는 집을 주셨는데 지붕이 없는 집이라고 하셨습니다. 그래서 방을 포함한 모든 것이 예쁘게 꾸며져 있는 이층집인데도 비가 오면 엉망이 되고, 눈이 오면 눈으로 덮이고 바람이 불면 바람으로 엉망이 된다고 했습니다. 그런 집에서 사람들이 살 수가 없잖아요. 제 영적 상태가 마치 지붕이 없는 집과 같다고 말씀하셨습니다. "지금 자매님에게 가장 필요한 것은 믿음의 지붕입니다. 예수님이 자매님의 남편, 아버지가 되고 싶어하십니다. 자매님에게는 지붕이 없습니다"라고 말씀하셨습니다.

당시에는 남편도, 아버지도 믿지 않으실 뿐만 아니라 제가 신앙생활하던 것을 못마땅하게 여길 때여서 힘들게 신앙생활을 하는 중이었어요. 92년에 예수님 영접하고 12년째 되던 때였습니다. 그동안 예수님 믿으려고 노력은 했지만 계속 좌절하고 실패하면서 거기까지 왔는데 갑자기 나에게 지붕이 있었으면 좋겠다, 하는 생각이 들어서 엉엉 울었습니다. 나를 덮어주셔서 내가 혼자 투쟁하지 않아도 되는 신앙생활을 하면 얼마나 좋을까, 믿음이 좋은 남편과 함께 신앙생활하는 자매님을 보면 항상 부러웠고, 또 신앙이 좋은 가정에서 자라서 어려운 일이 있을 때마다 아버지에게 가서 신앙상담을 받는 친구를 보면 굉장히 부러웠어요. 하나님 말씀에 "남자는 머리를 덮고 하나님에게 오는 것이 수치스러운 것이지만, 여자들은 반드시 덮고 하나님에게 오라"고 했던 성경 구절이 떠오르면서 제가 여잔데, 저에게는 아버지와 남편이 정말 필요하다는 것을 느꼈습니다. 신앙의 아버지, 신앙의 남편이 있었으면 좋겠다는 소원을 항상 누르면서 살아왔었는데, 그날 봇물처럼 터져버렸어요. 그래서 엉엉 울었습니다.

그때 목사님이 "예수님이 자매님의 지붕이 되겠다고 하십니다. 오늘부터 예수님이 지붕이 되어주시겠다고 하세요." 예수님은 자기의 몸을 찢어서, 내장을 찢어서 하나님 아버지, 우리의 아버지인 하나님과 우리의 관계를 회복시켜주시면서 아버지가 우리를 다시 덮을 수 있게 해주신 그 지붕이 되어주셨습니다. 창세기에 아담과 이브가 죄를 짓고 제일 먼저 수치심 때문에 무화과나무 잎으로 몸을 가렸을 때, 하나님이 그걸 보고 마음이 아프셔서, 그 죄 때문에 하나님과 분리가 되는 상황에서도 어린양을 죽인 가죽으로 옷을 만들어서 입혀주셨다는 창세기 3장이 생각나면서 예수님이 하나님이 죽이신 어린양, 피를 흘리신 어린양이라는 것을 깨닫게 되었습니다. 그래서 그 어린양이 죽었기 때문에 그 어린양의 가죽으로 제가 덮였다는 것, 완전한 덮임이 있는 그런 신앙생활을 이제 할 수 있다는 것을 깨닫게 되었습니다. 그래서 "예수님 제 지붕이 되어주세요" 하고 목사님과 함께 기도했습니다. "예수님이 이제부터 자매님을 덮어주십니다. 예수님에게 인생을 맡기고 예수님이 하라는 대로 사는 것이 중요합니다." 그분이 다시 제게 영접기도를 시키셨어요.

이제부터는 예수님에게 저를 덮어주신, 그 예수님에게 저의 육신의 삶은 완전히 다 십자가에서 죽고, 갈라디아서 2장 20절 "내가 그리스도와 함께 십자가에 못 박혔나니 그런즉 이제는 내가 사는 것이 아니요 오직 내 안에 그리스도께서 사시는 것이라 이제 내가 육체 가운데 사는 것은 나를 사랑하사 나를 위하여 자기 자신을 버리신 하나님의 아들을 믿는 믿음 안에서 사는 것이라"처럼 예수님이 저의 생명이 되시는 삶을 깨닫게 되었습니다. "이제부터는 예수님과 사는 삶, 남은 기간 동안 믿음으로만, 나를 사랑하사 자기 몸을 완전히 버리시고, 자기 몸을 찢으셔서 나를 덮어주시는, 아무것도 덮어줄 수가 없는 죄를 덮어주기 위해서 자기의 삶을 완전히 버리시고 십자가에서 만신창이가 되어서 죽으신 그 예수님, 그 예수님의 사랑, 그 불가사의한 하나님의 사랑, 믿음 안에서 이제부터는 살겠습니다" 하는 신앙고백을 했습니다.

▶ 계속 39

39

주님 저를 써주세요

네가 내 마음을 다 아는데 나를 사랑하면 너에게
크고 비밀한 것을 보이리라. 내가 너를 쓰리라.

2004년 5월, 완전히 거듭나면서부터 목사님과 치유사역을 시작했는데요, 목사님이 저에게 통역을 해달라고 부탁을 하셨어요. 2002년 2월에 미국교회에 다니기 시작했는데요, 교회 목사님의 복음적이고 생명적인 말씀이 주말마다 역사하셨을 때 2002년 크리스마스에 완전히 말씀으로 암이 낫는 기적을 체험했거든요. 그날 말씀이 바디메오, 장님 바디메오가 눈이 낫는 그 말씀이었는데, 제가 여태까지 알고 있었던 것과 다른 부분을 알게 되었습니다. 예수님이 십자가에 못 박히러 여리고 성을 지나갈 때 우리 같으면 울부짖는 소리가 귀찮았을 텐데, "다윗의 자손이여, 나를 불쌍히 여기소서" 하는 그 보잘것없는 거지의 음성 한마디 때문에 예수님이 멈춰 서서 "왜 그러는지 나에게 데리고 오라"고 하셨습니다. 다른 사람들은 그 사람에게 조용히 하라고 했지만 예수님은 그 울부짖음을 들으시고 멈추셨다는 것이 저에게는

제4부 아버지와 딸의 만남

충격으로 다가왔습니다. 그때 예수님이 요구하신 거라곤 믿음밖에 없다는 것이에요. 그 사람이 남을 다 용서하고 신앙생활을 열심히 하던 사람이라는 얘기가 없잖아요. 그런데 그냥 "나는 당신이 다윗의 자손인 걸 믿습니다. 그리고 나의 병을 고쳐줄 수 있는 것을 믿습니다" 하는 그 신앙고백을 했을 때 "네 믿음대로 될지어다" 하고 병을 고쳐주셨다는 설교말씀이 저에게는 정말 충격으로 다가왔습니다. 그렇다면 나도 고쳐주실 수 있겠다, 하는 들음에서 나온다고 하는 그 믿음이 저에게서 나왔어요. 그 로마서 10장 17절처럼 "그러므로 믿음은 들음에서 나며 들음은 그리스도의 말씀으로 말미암았느니라"고 한 설교말씀이 성령의 감동으로, 살아 있는 하나님의 말씀으로 저에게 전해져 왔습니다.

  2002년 12월 방사능 검사 때문에 설교말씀을 듣고 호텔방으로 돌아갔을 때, 믿음이 저의 마음속에서 겨자씨만큼 생겨난 그 하나님의 믿음이 제 안에 있었습니다. 그 믿음으로 기도했어요. "하나님 바디메오를 고쳐주시려고 예수님께서 멈춰 서셨듯이 저의 울부짖음도 들어주시고 호텔방에 와서 멈춰주세요. 주님, 저를 고쳐주세요. 주님이 저를 대신해서 울부짖음도 들으셨고, 주가 채찍을 맞음으로 제가 나았다는 것을 제가 믿습니다. 제가 지난 10년 동안 너무 힘들게 암 투병을 했습니다. 계속 재발이 되고 매년 검사를 받는 게 힘든 저를 불쌍히 여기시고, 저는 자격이 없지만 다 이루신 십자가에서 예수님이 이루신 그 보혈의 능력으로 저를 고쳐주세요. 제가 믿겠습니다" 하고 서투른 그런 신앙고백을 했어요.

신앙고백을 하자마자 그 믿음이 없어졌습니다. 내가 괜히 방에서 혼자 울고불고 했던 게 창피해서 그냥 아무도 안 본 게 다행이라고 생각하고 잤습니다. 그다음 날 아침에 검사결과가 나오기를 기다리다가 걱정돼서 전화를 했더니, 조금 기다리라고 의사가 그러면서 두번째 오피니언을 받아봐야 한다고 했습니다. 저는 상태가 안 좋은가보다 싶어서 다시 짐을 싸기 시작했습니다. 세 번씩이나 재발이 될 때마다 방사능 치료, 즉 항암 치료를 받게 되면 일주일 동안 병원에 가 있어야 해서 아이들도 못 돌보거든요. 그래서 굉장히 심란한 상황이었어요. 아이들 픽업도 여기저기 부탁하고 있는데 30분 만에 전화가 왔습니다. "제가 재발이 됐나요, 혹시?"라고 묻자, 의사는 "암세포가 완전히 없어져서 암을 앓았던 흔적조차 없다"고 말을 했습니다. 호르몬 암은 절대 그렇게 완치가 될 수 없는데, 암을 앓았던 그런 몸을 찍은 결과가 아니라고. 너무 이상해서 다른 의사에게 다시 보냈는데 그 의사도 똑같이 그렇게 얘길 했다고 했습니다. 완전히 완치가 됐다고, 의학적으로 있을 수 없는 일이라고 나에게 그 사람이 몇 번씩 이야기를 했습니다. 믿어지지가 않았어요.

6개월 후에 다시 병원에 갔을 때도 역시 깨끗한 상태로 남아 있었습니다. 10년 전에 이 암은 절대 완치될 수 없고, 죽을 때까지 검사를 해야 한다고 했던 그 의사가 저에게 "이건 의학적으로 설명을 할 수 없습니다. 그렇지만 이제는 다시 검사를 받을 필요가 없습니다"라고 말을 했습니다.

저에게는 치유를 받은 간증이 있었는데도, 우리 아들이 낫지 않았습니다. 병이 다 나은 이후에도 2년 동안 똑같이 믿음으로 기도를 했는데도 아들이 낫질 않으니까 굉장히 혼란스러웠어요. 2004년 5월에 다시 예수님에게 제 인생을 완전히 드리고 나서 사역을 하겠다고 서원을 하고 나서부터 믿음이 점점 더 커지기 시작했습니다. 주변을 보면 믿음이 커질 만한 상황이 아니었어요. 아이가 낫질 않으니까. 그럼에도 하나님 말씀에 의지하는 신앙생활을 시작했어요.

그때 저를 고쳐주신 하나님에게 너무 감사한 마음으로 설교를 들으면서 목사님이 우리 한국에 와서 이런 말씀을 좀 전해주셨으면 좋겠다, 하는 소원과 함께 저 혼자만 맛있는 음식을 먹는 것 같은 죄책감이 들었습니다. 2002년에는 이런 목사님들, 치유에 대해서 깨달은 미국 목사님들을 하나님이 한국에 보내주신다면, 내가 목사님이 돼서 그런 깨달음으로 설교를 하려면 너무나도 시간이 많이 걸리니까 나는 통역을 했으면 좋겠다, 라는 소원을 주셨어요.

로마서 10장 14절 말씀을 주님께서 주시면서 "그런즉 그들이 믿지 아니하는 이를 어찌 부르리요 듣지도 못한 이를 어찌 믿으리요 전파하는 자가 없이 어찌 들으리요" 들음이라는 것이 그냥 설교가 아니라 하나님의 말씀을 생명의 말씀으로 깨달은 선교자가 그 깨달음의 말을 전할 때, 그 말씀이 예언처럼 우리에게 들릴 때, 그 말씀에서 믿음이 생기고, 그 믿음으로 부를 때 구원을 받는다는 깨달음을 주셨습니다.

그래서 제가 다니던 교회 목사님처럼 하나님의 말씀을 깨달은 목사님들을 만나게 해달라는 기도를 하기 시작했고, 그 목사님들을 만나게 되면 제가 통역을 하게 해달라는 기도를 했습니다. 그래서 제가 다니던 교회 목사님의 설교 테이프로 동시통역 연습을 하면서 기다리고 있었어요.

　2년 후인 2004년 5월에, 저는 저희 교회 목사님의 설교를 통역하게 될 거라고 생각했는데, 전혀 다른 목사님, 에릭 목사님께서 통역을 해달라는 부탁을 하셨습니다. 저는 2년 동안 준비를 해왔기 때문에 그렇게 하겠다고 금방 대답을 하고, 집에 와서 남편하고도 의논을 했습니다. 그래서 "여보, 내가 이런이런 서원을 했었는데, 우리 아들이 의학적으로는 고칠 수 없는 자폐증인데, 당신도 아는 내 후배 변호사의 아들은 이 목사님의 기도를 받고 완전히 나았다고 하더라. 그러니까 내가 이 목사님 사역을 도와주면서 우리가 기도를 열심히 하면 우리 아들도 나을지 모르니까 내가 이 사역을 도와주게 허락을 좀 해달라"고 제가 부탁을 했을 때, 우리 남편은 하나님을 믿지 않는 변호사였지만 아들 때문에 너무 급한 상황이었고, 몇천 불을 다 쓰면서 여기저기 다녀도 의사가 안 된다는 절망적인 소리만 하던 상황이었습니다. 남편은 지푸라기라도 잡는 심정으로 그렇게 하라고 허락해줬습니다.

　그래서 그 목사님이 일주일에 한 번씩 치유사역을 할 때마다 가서 통역을 하는 그런 사역을 시작했습니다. 2004년 5월부터 2005년 9월까지, 1년 정도 사역하는 동안 저는 성경에 나오는 모든 치유의 역사를 다 보았습니다. 죽은 사람이 살아나는 것만 빼놓고요. 자폐 아이들이 낫는 것도 너무 많이 봤고요, 또 과잉행동 아이들이 그 자리에서 낫는 것도 보았고, 암환자, 또 휠체어에 앉아서 생활하던 자가 걷는 것도 보았고, 또 아내를 농약을 먹여서 죽이고 자살을 기도한 치매 5기였던 사람이 그 자리에서 생명의 말씀으로 생명이 돌아와서 완전히 완치되는 것도 보았고요, 교통사고로 얼굴이 일그러져서 몇 번이나 성형수술을 받아도 회복이 안 됐던 사람이 그 자리에서 모든 근육과 얼굴이 변해서 정상으로 얼굴이 돌아오는 것도 봤습니다. 왼쪽 눈이 동공이 없는 상태로 태어났던 열아홉 살짜리 목사님 딸이 그 자리에서 눈이 생기는 그런 기적도 봤지만 우리 아들은 빨리 낫지를 않았습니다.

그렇게 많은 기적을 통해 살아 계신 하나님이 역사하시고, 예수님이 어떻게 자기 백성들을 만지시고 자기를 경배하는 자들을 찾아다니시는지 체험하게 되면서 우리 아들이 낫는 것은 그렇게 중요하지 않다고 생각하게 되었습니다. 역대하 16장 말씀에서 하나님이 자기를 믿어주는 자, 자기에게 정말 마음을 다 준 그 한 사람을, 여기저기를 다니면서 찾아다니신다고 했는데, 제가 그 사람이 되고 싶다는 서원이 생겼어요. 하나님께서 저를 그 예배자로 만드셨습니다. 이 세상에서는 불신과 하나님을 무시하는 풍토와 교회 안에서도 하나님을 예배하는 것이 아니라 하나님을 자기 목적에 맞게 쓰려고 하는 불경한 것이 너무나 많았고, 저도 그 중에 하나였습니다. 그곳에서 진정으로, 신령과 진정으로 예배하는 예배자, 하나님을 믿고 예배하는 예배자를 찾아다니시는 하나님의 갈급한 심령이 저에게 느껴지면서 제가 엎드려서 회개하였습니다. "주님 저희 아들을 고쳐주시지 않으셔도, 저에게 아무것도 주지 않으셔도, 저는 저에게 구원의 하나님이신 하나님 예수님을 저에게 보내주신 하나님의 사랑 때문에 저는 하나님을 예배하는 "자가 되겠습니다" 하고 주님께 기도하게 되었어요.

하나님을 아는 자로 변하게 되는 그런 귀한 사역 기간이었습니다. 하나님을 아는 것이 얼마나 중요한지 하나님을 아버지로, 우리를 정말 사랑하는 아버지, 우리 육신의 아버지보다 우리를 더 사랑하시는 그 아버지를 기적적으로 만나는 것이 얼마나 중요한 건지를 깨닫게 되었고. 하나님을 아는 자들은 마지막 때 어둠이 와서 모든 자들이 다 두려움에 떨 때 적들을 무찌를 뿐만 아니라 적진에 들어간다는 다니엘서 말씀도 저에게 주셨습니다. 2004년 5월부터 2005년 9월까지가 아들의 병이 낫는 것이 가장 중요한 게 아니라, 하나님을 알고, 예배하는 자가 되고 싶다는 소원으로 제가 바뀌게 되는 귀한 기간이었던 것 같아요.

2005년 8월에 제가 남편과 함께 휴가를 갔는데 그때 큰 부흥이 일어나는 레딩이라는 곳에 빌 존슨 목사님이 하시는 그 벧엘 교회가 있습니다. 그때 젊은 아이들의 부흥이 일어나고 있었는데 그 근처인지도 모르고 우리 남편은 가족과 함께 샤스타와 호수라에 배를 타러 갔어요. 저는 몸이 안 좋아서 호텔방에서 성경 구절을 읽고 있는데, 8월 23일이었습니다. 그날 벧엘 말씀이 저에게 전기처럼 와닿는 체험을 했습니다. 그때 하나님께서 마태복음 22장 37, 39절에서 말씀하십니다. "네 마음을 다하고 목숨을 다하고 뜻을 다하여 주 너의 하나님을 사랑하라 하셨으니 (…) 네 이웃을 네 자신같이 사랑하라 하셨으니" 그 말씀을 제가 읽는데 갑자기 그 말씀이 전기처럼 살아나서 마치 하나님이 제 앞에서 음성으로 말씀하시는 것처럼 들렸어요. 침대에서 그 구절을 읽다가 떨어져서 바닥에 엎드려 울기 시작했습니다. 방에 마치 하나님이 걸어 들어오신 것과 같은, 전류처럼 강한 그런 임하심이 있었습니다. 하나님께서 저에게 그렇게 말씀하셨어요. "네가 네 마음을 다해서 나를 사랑하면 너에게 크고 비밀한 것을 보이리라. 내가 너를 쓰리라" 말씀하셨고 "내가 너에게 이웃으로 준 너의 어머니 아버지, 네 남편, 네 교회 사람들을 너 자신처럼 사랑하면 예수님의 사랑을 전하는 사역자로 주님께서 나를 쓰시겠다"는 그런 말씀을 주님께서 저에게 하시면서, 제가 정말 마음을 다해서 예수님을 사랑하는 사람이 아니며, 내 이웃을 내 몸처럼 사랑하지 못하는 이기적인 사람이라는 것을 그때 깨닫게 해주셔서 제게 회개의 영이 임하여 많이 울었습니다. 그러면서 "주님 저는 이제 정말 두 마음으로 나뉜 사람, 그런 신앙생활 하는 것에 지쳤습니다. 하나님, 제 마음을 다 드립니다. 주님 저를 써주세요" 하는 서원기도가 나왔고, 그리고 "하나님을 사랑하는 마음으로 저에게 모든 가족, 교인들, 저를 보내시는 곳마다 제가 만나는 사람들을 저처럼 사랑할 수 있게 해주세요" 하고 기도했습니다.

그날 제가 하나님을 정말 강하게 만난 것이 그것이 바로 부흥, 영혼의 부흥인 것 같아요. 부흥이라는 것이 다른 것이 아닙니다. 저는 살아 계신 하나님을, 말씀이신 하나님이 저에게 육신으로 다가오는, 제 몸이 강하게 체험하면서 온몸이 사시나무처럼 떨리고 주체할 수 없었어요.

▶ 계속 40

40

지상과 천상의 두 아버지

> 엘리아의 영이 우리 가족에게 임해서
> 이제는 하나님의 말씀을 영으로 깨닫고,
> 이제는 더이상 고독한 자가 아니게 하신 것이
> 저에게는 가장 감사합니다.

그리고 도저히 있을 수 없는 그러한 기적들이 일어나기 시작했습니다. 저희 남편이 LA에서는 도저히 학교를 찾을 수 없으니까 다른 곳으로 아이를 보내겠다는 결정을 하면서 저와 아이들을 하와이로 보냈어요. 남편도 곧 정리하고 따라오겠다고.

2005년 9월에 아들을 보낼 학교를 캘리포니아에서 찾을 수가 없었기 때문에 하와이로 떠나게 되었습니다. 9월 4일, 절망적인 마음으로, 이게 하나님께서 보내시는 거라는 믿음 하나 붙들고 "하나님, 말씀 주셔야 제가 가겠습니다" 했을 때, 에스겔서 36장 26절 말씀, "또 새 영을 너희 속에 두고 새 마음을 너희에게 주되 너희 육신에서 굳은 마음을 제거하고 부드러운 마음을 줄 것이며" 하는 말씀을 주셨습니다. 저는 그 말씀을 붙잡고, 아무도 알지 못하는 타지로 아이들을 데리고 떠나게 되었어요.

그때는 남편과의 관계가 정말 좋았기 때문에 남편과 사이가 나빠지면 어떡하나 하는 두려움도 있었고, 16년 만에 처음으로 남편과 떨어져서 혼자 아이들과 간다는 것이 너무나 두려웠습니다. 거기에서 학교를 찾는다는 보장도 없고 일요일마다 생명의 떡, 말씀을 받아서 먹게 해주셨던 사랑하는 교회, 2002년부터 3년 동안 저에게 성령의 말씀으로 양육해주셨던 목사님을 떠나는 것도 싫었습니다. 제가 변호사 하면서 사역하던 것도 하나님의 기름 부으심으로 많은 청소년 아이들이 살아난 것도, 저를 엄마처럼 그렇게 따르던 사역을 버린다는 것도 저에게 너무 힘들었고, 또 바닷가의 아름다운 집을 주셔서 아침마다 새벽이면 일어나서 QT를 하던 장소를 빼앗기는 것도 너무 힘들었어요. 학교생활 잘하고 있는 밑의 두 아이를 전학시켜야 한다는 것도 막막했고, 정말 힘들었습니다. 그리고 에릭 목사님과 함께 하던 치유사역도 자리가 잡혀서 한인들이 많이 오던 시기였습니다.

사역이라든지 가정이라든지, 우리 아들 문제만 빼고는 가진 것이 많았는데 그것들을 다 내려놓고 헤어져서 가야 한다는 것은 정말 지기 싫은 십자가였습니다. 그런데 성령이 바람처럼 너무 강하게 저를 휘몰아쳐서 더이상 주저할 수 없는 상황으로 만들어가셨고, 하나님이 인도하시는 거라는 믿음으로 제가 하와이에 갔습니다.

하와이에 발을 디딘 순간부터 하나님이 예비해놓으셨던 사람들을 만나며 일주일 만에 학교와 교회와 집을 교회 장로님 한 사람을 통해서 마련해주셨어요. 그래서 하와이 사람들이 다니는 교회, 한국 사람들이 하나도 없는 벽지에서 제가 학교 선생님을 하면서, 하와이에서는 변호사를 할 수 없고, 남편은 2주에 한 번씩 오는 상황에서 1년을 보냈습니다.

아름다운 하와이 섬에서 친구도 하나도 없으니까 아침마다 제게 말씀해주시는 그 예수님을 만나면서 저에게 예언의 은사가 임하기 시작했어요. 하나님의 말씀을 읽으면, 그날 그 말씀이 꼭 필요로 하는 사람을 만나게 해주시고, 어떤 사람을 위해서 기도하고 있으면, 그 사람의 상황을 알려주시면서 비전도 보여주시고, 예언적인 꿈도 꾸게 하셨습니다. 1년 동안 그 하와이에서 완전히 하나님과 독대하는 그런 기간 동안 저에게 없었던 은사를 주님께서 주셨습니다.

제가 다니던 교회가 1년 만에 문을 닫게 되면서 지금 제가 사역하는 'Heaven on Earth' 즉 '이 지상의 천국'이라는 치유사역을 함께하는 랜디 목사님을 만나게 되었어요. 2006년 9월 23일, 지금으로부터 3년 전 제가 그 목사님의 기도모임에 걸어 들어가면서 제 인생이 또 다시 한번 업그레이드가 되었는데요. 그날 목사님이 나에게 영혼기도를 해주셨습니다. 아이가 아픈 것, 또 남편이 믿지 않는 것, 이런 저의 상황을 전혀 모르는 상태에서 "그런 상황에 얽매이지 말고 하나님께서 너에게 해주신 약속의 말씀, 그 비전들을 가지고, 네가 비전을 가지고 하나님께 기도하면서 말씀 안에서 살 때 다른 문제들은 하나님께서 해결해주신다"고 그렇게 기도해주셨습니다.

그때 하나님이 저를 치유사역자로 쓰시겠다고 하셨던 말씀들과 한국에 청소년 아이들을 중심으로 하는 부흥을 주시겠다고, 그 스타디움 야구장처럼 사람들이 많이 모여 있는 환상을 상기시켜주시면서

"비전이 없으면 백성이 망한다"는 말씀을 저에게 다시 주셨어요. 내가 되찾아야 하는 것은 하나님이 주셨던 비전, 하나님이 주셨던 예언적인 말씀을 통해서 내가 누구인지를 깨닫고, 나를 중보사역자로서 하나님이 쓰실 때, 우리 가족은 하나님께서 회복시켜주신다는 약속 말씀을 그날 다시 한번 받았습니다.

그 기도 모임을 걸어나올 때는 완전히 제 마음에 정말 이해할 수 없는, 세상 사람들은 알 수 없는 평강과 기쁨과 소망이 넘쳐흘렀어요. 9월 23일, 제가 다시 한번 하나님의 부흥을 체험했습니다. 그래서 그때부터는 'Heaven on Earth' 사역을 목사님과 하면서 저희들이 함께 기도를 했습니다. 저는 목사님 통역을 하면서 같이 사역을 했는데, 그 하와이에 있는 교포들이 오기 시작하면서 많은 치유회복들이 일어나고, 가정들이 회복되는 기적이 일어났어요.

갑자기 제 눈이 안 보이게 됐어요. 2006년 5월에, 그러니까 목사님을 만나기 전에 갑자기 실명을 하게 되었어요. 그 망막이 완전히 떨어지는 상황이 되어서 운전도 하지 못하고, 아이들도 제대로 돌볼 수 없었습니다. 침침하고 까맣게 눈앞이 큰 점처럼 보이고, 눈앞은 하나도 보이지 않고 그 주위만 보이는 불편한 상황에서 7개월을 보냈습니다.

10월 10일에 'Heaven on Earth' 사역을 시작할 때는 눈도 보이지 않는 상태였습니다. 그다음 해 1월, 조그맣게 사역하는 곳에 저희 아버지가 오셨어요. 아버지께서 그렇게 기도를 했다고 하셨습니다. "우리 딸이 눈이 낫게 되면 제가 하나님을 위해서 일을 하겠습니다." 하나님께서 그 기도를 들어주셨어요.

1월 말에 아버지가 가시고, 2월 말에 제가 어떤 집회에 갔습니다. 그때 예언 치유사역하시는 데이빗 헐작이라는 목사님이 "오늘 이 망막이 떨어져서 눈이 보이지 않는, 실명하신 분이 있는데 하나님이 지금 낫는다고 하십니다" 하는 예언 말씀을 했을 때, 제가 그 말씀을 그냥 믿으면서 벌떡 일어났어요. 그 성전 안을 두어 바퀴 정도 믿음으로 돌았을 때, 그 자리에서 망막이 붙는 기적이 일어났습니다. 그래서 눈 앞이 보이게 되고, 저희 아버지도 구원받으시고, 그다음부터는 제가 이제 제 인생을 완전히 다 드려서 치유사역을 하게 되었는데요. 2007년 2월에 눈이 낫고 나서 한 3, 4개월 지나고 나서 저희 아들의 자폐증도 완전히 나았어요. 한국에 와서 그 두 가지 일에 대해서 간증도 하고, 일본 러브 소나타에 가서 7월 23일 제 생일날 저희 아버님이 세례도 받으시고, 저에게는 가장 큰 승리들이 임하는 2007년이었습니다.

　아버지께서 러브 소나타에서 세례를 받으시고, 우리 아들 자폐도 완전히 낫고, 제 눈도 낫고. 이제부터는 간증의 사역을 하게 되는 기회도 또 열리게 되었습니다. 제가 기쁨으로 집으로 돌아온 지 3주밖에 안 지난 8월 16일, 저희 큰아들이 그때 스물다섯 살이었는데, 버클리 나오고, 법대 갈 준비 하고 있는 상황에서 아무 이유도 없이 코마 상태에 빠졌어요. 그래서 LA에서도 가장 좋다는 병원에 갔습니다. 우리 아버지 세례받으신 직후에, 정말 기쁨이 사라지기도 전에 그런 시험이 왔습니다. 그것이 저에게, 아버님이나 저에게는 큰 믿음의 시험이었어요. 우리 아들은 예수님을 영접한 아이였고, 제가 3주 동안 열심히 기도를 했는데, 19일 만인 2007년 9월 5일, 천국으로 갔습니다.

많은 사람들이 저에게 그렇게 열심히 치유사역을 하고 하나님을 믿었는데, 지금 얼마나 실망이 되고 원망이 되느냐고 말했습니다. 너무 놀라웠던 것은 하나님이 그동안 여러 가지 사역과 은혜를 베풀어주시면서 저의 심령에 부흥이 왔고, 하나님을 아는 자가 되었기 때문에 저는 완전히 이해는 할 수 없었지만, 하나님이 이사야서 55장 8절 말씀을 주셨어요. "이는 내 생각이 너희의 생각과 다르며 내 길은 너희의 길과 다름이니라. 너는 그래도 나를 믿겠느냐. 내 생각은 너의 생각과 다르다. 그래서 네 생각으로는 나를 이해할 수 없을 때가 온다. 내가 너를 사랑하는 너의 아버지이며, 너를 너무나 사랑해서 나의 독생자를 너에게 주었고, 독생자를 믿는 자마다 구원을 받고 영원히 죽지 않는다는 것. 나를 믿는 자는 죽어도 다시 살아난다는, 예수님의 말씀이 네 생각으로는 믿어지지 않고, 이해되지 않고, 나의 길이 네가 보기엔 악하게 보일지 모르지만, 내가 너의 아들을 지금 천국으로 데려간 것, 그것이 사랑인 것을 너는 믿겠느냐. 그것이 너를 향한 나의 생각이 항상 선하다는 것을 너는 믿겠느냐." 주님께서 저에게 그렇게 속삭여주셨어요. 그래서 제가 그렇게 대답했습니다. "하나님 아버지, 아버지가 저를 사랑하시는 것을 믿습니다. 우리 유진이를 제가 사랑하는 것보다 더 사랑하시는 분인 것을 믿습니다. 그러나 저의 생각으로는 이해가 가지 않고, 저의 길과 하나님의 길이 너무나도 다릅니다. 그러나 저의 길을 내려놓고 하나님의 길을 택하겠습니다. 저의 생각을 내려놓고, 하나님의 생각을 믿겠습니다. 저는 주님이 저를 사랑하시고, 저의 아들을 너무나 사랑하셔서 가장 좋은 것을 주셨음을 믿습니다. 지금 이 아이가 천국에 가는 것은 죽는 것이 아니고 예수님이 말씀하신 것처럼 '나를 믿는 자는 영원히 죽지 않겠고, 죽어도 살겠다' 하는 그 부활의 생명을 우리 아들에게 주셔서 요한계시록 21장 말씀, 제가 제일 좋아하는 말씀, 예수님이 있는 보좌에 우리 아들이 있음을 저는 믿습니다. 그곳에는 눈물도 없고, 죽음도 없고, 애통하는 것이나 곡하는 것도 없고, 예수님 앞에서 유진이가 엄마 아빠 이혼하고 힘들었던 기간에 흘렸던 모든 눈물들 다 씻어주시고, 그래도 삐뚤어지지 않고 엄마 아빠 사랑하는 좋은 아이로 잘 길러주셔서 우리 아이의 장례식에, 사랑하는 사람들로만 가득하게 해주신 것 감사합니다. 25년 동안 미워하는 사람, 상처 주는 사람이 하나도 없이 모두들 그리워하는 아이로 저에게 주셨던 것도 너무 감사합니다. 이 아이 대신 어머니 아버지 사랑 못 받고 하나님 모르는 아이들에게 저를 보내주시면, 제가 그 아이들을 위해서 열심히 사역하고, 하나님이 저에게 주신 청소년 사역 비전, 중보사역을 하겠습니다"라고 하나님께 기도하게 하셨어요.

우리 아들 비석 세우는 날, 주님께서 아침에 찾아오셔서 '아버지 어머니를 사랑하고, 몇 년부터 몇 년까지 살았던 아무개' 이렇게 평범한 비석으로 하지 말고, "내 아버지 집에는 쉴 곳이 많다"는 그 성경 구절, 예수님이 요한복음 14장 2절에서 하신 "내 아버지 집에 거할 곳이 많도다 그렇지 않으면 너희에게 일렀으리라 내가 너희를 위하여 거처를 예비하러 가노니"라는 말씀을 아침에 주셨어요. 유진이가 자기 방을 보고 너무 좋아하는 모습도 저에게 보여주시고, 그래서 비명을 그렇게 지으라고 말씀하셨습니다. '하나님 아버지 집에서 지금 편히 쉬고 있는 우리 아들 유진, 1982년 7월 29일부터 2007년 9월 4일까지 나에게 선물처럼 와서 너무나 많은 사랑을 주고 간 아이' 그애의 여자친구가 저에게 울면서 말했어요. "유진이는 너무 사랑이 많은 아이였어요. 내가 아버지, 어머니에게 못 받은 사랑까지 다 해줬어요. 천국에 가서 더 많은 사람들을 사랑할 수 있는 사역을 하려고, 어머니 도우려고 천국에 갔을 거예요."

손자를 잃고 아버지의 믿음이 흔들리지나 않을까도 걱정이 되었어요. 그때 아버지는 아무런 말도 없이 시 한 편을 보내주셨어요.

사랑하는 薰雨에게

얼마나 큰 슬픔이었기에
너 지금 저 많은 빗방울이 되어
저리도 구슬피 내리는가

한강으로 흐를 만큼
황하를 채울 만큼
그리도 못 참을 슬픔이었느냐

창문을 닫아도 다시 걸어도
방 안에 넘쳐나는 차가운 빗발

뭔가 말하고 싶어 덧문을 두드리는
둔한 목소리

그런데 이 무슨 일이냐
시든 나뭇잎들은 네 눈물로 살아나
파란 눈을 뜨고
못생긴 들꽃들은 네 한숨으로 피어나
주체하지 못하는 즐거움으로 빛살을 짓는다

얼마나 큰 기쁨으로 태어났으면
저리도 많은 빗방울들이
춤추는 캐스터네츠의 울림처럼

그리움에 목 타는 목을 적시고
미어지는 가슴을 다시 뛰게 하더니
어느새 황홀한 무지개로 오느냐

향기로운 비가 내린다
너 지금 거기에 살아 있구나
표주박으로 은하의 강물을 떠서

잘 있다 잘 산다 말하려고

너 지금 그 많은 비가 되어
오늘 내 문지방을 적시는구나

비야 향기로운 비야

그래서 그날부터 저는 옆도 보지 않고, 앞도 보지 않고, 정말 청소년 사역하는 데만 모든 것을 바치고 여태까지 달려왔습니다. 제가 지금 섬기는 교회, 저를 보고 엄마라고 하는 불쌍한 아이들이 너무나 많아요. 자기 엄마 아빠들이 이해하지 못해도 신앙생활을 아름답게 하는 아이들이 많아요. 성경말씀처럼 "내가 아이를 잃었을 때, 내가 낳지도 않은 많은 아이들이 와서 이 장막이 좁습니다. 더 넓혀주세요" 한다고 주님께서 약속한 말씀처럼 우리 아들 죽고, 지금 2년 만에 저에게는 가는 곳마다 내가 배를 아파서 낳지도 않은 아이들이 너무나 많아요. 한국에 오면 한국에서 만나고, 아프리카에 가면 아프리카에서 만나고, 중국에 가서도 저에게 따라오고 싶다고 계속 울면서 매달리는 아이들도 있었고요. 지금 제가 사역하는 곳에서는 저를 자기 친아버지 어머니보다 더 의지하고 따르고 신앙의 어머니로 어려운 일이 있을 때마다 찾아와서 기도해달라고 하는, 어떻게 생각하면 제 아들보다 더 소중한 그런 아이들이 있습니다. 주님께서 저에게 정말 너무나 귀한 축복을 주셨습니다.

이번에 한국에 와서 온누리교회에서 사역할 때도, 젊은 대학생들이 하나님의 예언 말씀처럼 우리를 안위하고 권면하고, 덕을 세운다고 했어요. 하나님이 제게 주신 말씀으로 기도할 때, 배터리가 나간 것처럼 축 처졌던 아이들이 살아나고, 실망했던 아이들이 다시 소망을 찾고, 위로받지 못해 항상 슬펐던 아이들이 기쁨을 찾아 춤추면서 노래하고 주님을 찬양하는 일들이 우리 사역하는 곳마다 일어났습니다. 뉴욕에 가서도 유학생으로 와서 힘든 아이들이 저희 랜디 목사님과 저에게 아버지의 사랑을 깨닫게 해주셔서 너무 감사하다고 해서 축복기도를 해주고, 가는 곳마다 하나님이 귀한 자녀를 주시고, 가족을 주십니다.

시편 말씀인 것 같아요. "고독한 자애를 가솔 중에 처하게 하신다"고 하셨습니다. 저는 어머니 아버지가 너무 사랑을 많이 해주시고, 남편이 많이 사랑해줬지만 예수님을 만난 다음부터 신앙적으로 참 고독했어요. 가족 중에는 아무도 하나님을 알지 못하니까 영적인 가족이 없었어요. 영적인 고아처럼 저는 가족 없이 혼자 생활을 했지만, 하나님이 영적인 가족을 저에게 많이 주셨습니다. 랜디 목사님은 저에게 영적인 아버지 같은 분이시고, 지난 3년 동안 저를 제자 삼아주셔서 제가 어렸을 때부터 받고 싶었던 아버지의 사랑을 많이 해주셨고, 저희 아버지도 하나님께서 구원해주셔서 육적인 아버지일 뿐만 아니라 영적인 아버지로 회복시켜서 신앙의 대화를 할 수 있게 된 것 또한 가장 기쁩니다.

신앙적인 것을 깨달으면서 하루하루를 사는데 가장 사랑하는 저희 가족들과 대화가 되지 않는 게 너무 힘들었어요. 제가 억지로 믿으라고 어머니 아버지를 몰아붙였기 때문에 오히려, 하나님께로 돌아오시는 데 오래 걸린 것도 있었던 것 같아요. 그런데 하나님의 은혜로 아버지가 신앙적인, 영적인 깨달음이 있으시면서 이제부터는 영적 대화를 할 수 있게 되면서, 어렸을 때부터 받지 못했던 아버지의 사랑까지도 다 아버지가 주셨습니다.

그래서 "그가 아버지의 마음을 자녀에게로 돌이키게 하고 자녀들의 마음을 그들의 아버지에게로 돌이키게 하리라 돌이키지 아니하면 두렵건대 내가 와서 저주로 그 땅을 칠까 하노라 하시니라"고 하신 말라기서 4장 6절 말씀이 저의 인생에 임하였습니다. 그래서 제가 하와이에 갔을 때, 신령과 진정으로 예배드릴 수밖에는 없고, 하나님의 말씀을 깨달아서 하나님을 알게 하는 예언의 영이 임하여 아버지의 마음을 저에게로, 저의 마음을 아버지에게로 완전히 회복시켜주시는 기적이 일어났기 때문에 여러 가지 치유의 기적과 여러 가지 기적도 체험했고, 열매도 많이 맺었습니다. 아프리카 갔을 때는 3천 명이 하나님에게 돌아오는 그런 전도의 열매도 많이 맺게 해주셨지만 저에게 가장 기쁜 것은 엘리야의 영이 우리 가족에게 임해서 이제는 하나님의 말씀을 영으로 깨닫고, 아버지와 저의 관계가 육적인 관계에서 영적인 관계로 나아가게 하시어 가정을 이루게 하셔서 이제는 더이상 고독한 자가 아니게 하신 것이 저에게는 가장 감사를 해야 할 일입니다.

하나님께 모든 영광을 돌립니다.

제5부

문지방 위의 대화

문지방 위의 대화 1

마음이 가난한 자는 복이 있나니

버리는 것이 바로 얻는 것이니
기적과 구원의 의미이고, 죄를 버려 영생을 얻는 길입니다.

팔로워십은 사실 기독교적 관점에서도 굉장히 중요합니다. 한국 기독교가 이 사회에 좀더 건강한 영향력을 미치기 위해서는 무엇이 필요할까요.

기독교원리는 우선 버리는 것이라고 생각합니다. 예수님은 우리에게 버리는 것을 보여주셨습니다. 가족을 버리고 고향을 버리고, 마침내는 인간에게 가장 소중한 목숨을 버리셨지요. 그래서 십자가는 버림의 극한이고 그 극한을 통해서 예수님은 부활의 기적을 이루었습니다. 버리는 것이 바로 얻는 것이다, 바로 이것이 기적과 구원의 의미이고 죄를 버려 영생을 얻는 길이라고 생각합니다.

오늘날 기독교는 너무 많이 소유합니다. 사람들은 자식 많은 것을 오복五福이라고 하는데, 기독교는 애통해하고 가난한 것을 "복이 있나니"라고 하지 않습니까. 우리가 보기에는 다 박복한 것인데, 예수님은 이런 역설을 가르쳤습니다. 다시 말해, 교회는 일상의 가치를 뒤집어야만 합니다. 사람이나 교회나 양적으로만 비교해서 자랑하고 있습니다. 물론 우리가 모두 예수님처럼 척박한 사막에서 맨발로 서 있을 수는 없겠지요. 예수님이 우리를 위해 대속하셨기에, 큰 집에서 기름진 음식을 먹어도 예수님의 정신을 알면 구원받을 수 있겠지만, 물질과 욕망을 버리셨던 예수님을 알지 못한 채 세속적 가치에 매여 산다면 예수님을 모신다고 할 수 없습니다.

한국의 현재 상황에서 예수께서 말씀하신 메시지들은 크리스천이 아니라도 가장 귀중한 가르침이 될 것입니다. 나눔, 사랑, 관용&용서. 이것만 있으면 대한민국의 앞날은 밝겠지요.

심령이 가난한 자는 복이 있나니 천국이 그들의 것임이요
애통하는 자는 복이 있나니 그들이 위로를 받을 것임이요
온유한 자는 복이 있나니 그들이 땅을 기업으로 받을 것임이요
의에 주리고 목마른 자는 복이 있나니 그들이 배부를 것임이요
긍휼히 여기는 자는 복이 있나니 그들이 긍휼히 여김을 받을 것임이요
마음이 청결한 자는 복이 있나니 그들이 하나님을 볼 것임이요
화평하게 하는 자는 복이 있나니 그들이 하나님의 아들이라 일컬음을 받을 것임이요
의를 위하여 박해를 받은 자는 복이 있나니 천국이 그들의 것임이라

(마태복음 5:3-10)

『빛과 소금』 2007년 7월호 인터뷰 중 기독교 관련 부분

문지방 위의 대화 2

인생이란 15분 늦게 들어선 영화관

빛과 어둠 사이의 황혼이 아름답듯이
크리스천과 비크리스천의 문지방에는 긴장의 노을이 있습니다.

로맹 롤랑Romain Rolland은 인생이란 15분 늦게 들어간 영화관과 같은 것이라고 했습니다. 뭐가 어떻게 돌아가는지 알 수 없는 것이라고. 사람들은 놓쳐버린 15분의 줄거리를 찾기 위해 신앙을 가지고 철학에 매달리는지도 모릅니다.

사실 20대 때에는 교회를 비판하는 글을 많이 썼습니다. "내가 노아라면 모든 사람들이 다 물속에 빠져 죽는데 혼자 살겠다고 방주를 만들지는 않겠다. 결국엔 노아도 망령 들어 죽지 않았나"라고 호기를 부리기도 했습니다. 또 구약에는 하나님이 앞장서서 한 종족 편을 들어 상대편을 치는데 이게 어떻게 공의의 종교냐며 시비를 걸기도 했습니다. 니체나 카뮈에 매료되어 허무주의, 실존주의, 휴머니즘의 입장에서 거침없이 성서를 비판했습니다. 하지만 기독교에 관심이 아예 없었다면 그렇게 핏대를 올리지 않았겠지요. 그런 사람이 돌아선 것이지요. 아침에는 생각지도 않았던 일들을 오후엔 알게 됩니다. 인생도 마찬가지입니다. 나 역시 꿈에서도 그리지 못한 것들을 겪고 있습니다. 살아오면서 크리스천이 되리라고는 한 번도 생각하지 못했던 내가 말입니다.

> 너는 내게 부르짖으라 내가 네게 응답하겠고 네가 알지 못하는 크고 은밀한 일을 네게 보이리라 (예레미야 33:3)

신앙을 가지면서 번뜩이는 감각, 냉철한 비판력이 약해지는 것은 아닌가 묻는 분들도 계십니다. 하지만 거꾸로입니다. 내 작은 머리에서 나온 언어와 판단이 더 큰 영성에 의지한다면 지성이나 두뇌 순발력이 더 좋아지지 않겠습니까? 지성을 넘어서는 거니까, 지성을 버리는 게 아니라 넘어서는 거니까요. 영성을 얻기 위해 지성을 버려야 한다는 사람도 있지만 난 그렇게 생각하지 않습니다. 지성은 깨달음으로 가는 사다리입니다. 예수님이 왜 육체로 왔습니까? 육체로 왔다는 것은 육(肉)이 지닌 욕망, 잘난 척하는 지성, 변덕스러운 감정, 이기적인 본능을 다 가지고 이 세상에 나오신 거지요. 우리와 똑같은 육의 조건 속에서도 그분은 십자가에 못 박히시고 부활한 것이지요.

나처럼 먹물에 찌든 사람은 죽을 때까지 백 퍼센트 신자는 못 됩니다. 하루에도 몇 번 밤에 자다가도 불현듯 회의와 참회를 되풀이하면서 살지요. 문지방 위를 아슬아슬하게 걷고 있는 자신이 딱할 때도 있습니다. 하지만 빛과 어둠 사이의 황혼이 아름답듯이 크리스천과 비크리스천의 문지방에는 긴장의 노을이 있습니다.

『주부생활』 2007년 9월호

문지방 위의 대화 3

초월적 영성으로 만난 하나님

성서의 말씀을 조각내면 하나도 믿을 게 없지만
전체로 읽고 느끼면 초월적인 영성이 다가옵니다.

저는 선생님이 한국에서 사도 바울 역할을 하셔서 사람들에게 새로운 삶을 선물해주실 수 있다고 믿습니다.

신앙심으로 말하자면 베드로를 따를 사람이 없죠. 사실 바울은 예수와 기독교를 탄압했던 사람이고 지성인입니다. '바울의 가시'라는 게 있지 않습니까. 바울은 회심해서 이름도 바꾸고 사도로서 위대한 일을 했지만 끝내 바울의 가시, 아픔, 고통이라는 그 가시를 빼지 못했지요. 그런데 오늘날 베드로 역할을 하실 분들은 참 많습니다.

가까이 계시는 목사님들 정말 존경스럽거든요. 그런데 저는 절대 그렇게 못 해요. 하지만 바울의 역할, 해석하고 분석하고 어려운 지경에 있는 신자들에게 편지도 써주는, 그런 지적인 역할은 할 수도 있지 않을까 생각합니다. 누가 그래요. 당신은 문학평론을 하고 지금까지 이성적으로 살아온 사람이니 이것 좀 해석해봐라. 노아의 방주에 모든 생물들이 쌍으로 들어갔다는데 그게 다 들어가지나? 몇 종류가 들어갔어? 얘기 좀 해봐. 그리고 물고기는 어떻게 되는 거야? 홍수가 나면 땅에 있는 것, 하늘 안에 있는 모든 생명을 멸한다 했는데 물고기는 생명 아니냐? 천지창조 때 안 만들었어? 하나님이 만드셨지? 그런데 홍수 나면 물고기들 안 죽어. 이게 말이 되는 소리야?

전에는 제가 그런 짓을 했죠. 하지만 지금은 자신 있게 답변합니다. "그런 게 아니다. 장님 코끼리 만지듯 부분 부분 보아서는 절대 코끼리를 모른다."

임파테이션impartation이라는 말이 있습니다. 기독교와 예수님, 하나님의 일부분이 내게 오는 게 아니라 내가 송두리째 그 예수님의 몸 안으로 들어가는 거예요. 예수님이 "이것이 나의 몸뚱이요, 내 피니라. 먹어라"라고 하셨잖아요? 그건 '나를 이해해라, 내 메시지를 이해하라'라는 뜻이에요. 무슨 메시지나 언어, 음악, 그림이 아니라 삼위일체의 그 신격이 나한테로 들어오고 내가 그 안으로 들어가는 거예요. 먹는다는 것은 그런 뜻입니다.

물이든 음식이든 저 밖에 있지만 그걸 먹고 마시면 내 안으로 들어옵니다. 그게 임파테이션입니다. 그러니까 성서나 기독교를 이해한다는 것은 그런 것입니다. 성서의 말씀을 조각내서 보면 하나도 믿을 게 없지만 전체를 읽고 느끼면 하나하나 아귀가 맞아서 초월적인 영성을 느낄 수 있는 것입니다.

『주부생활』 2007년 9월호

문지방 위의 대화 4

매일 죽고 매일 태어난다

나는 자신을 토끼로 알고 살았는데 거북임을 깨달았습니다.
인간의 오만에서 벗어나는 것, 휴먼 프라이드를 버리는 것,
그것이 기독교인들의 가장 위대한 변화입니다.

이제는 "한국 교회의 아웃사이더가 아니라 인사이더로 협력하겠다"라는 말씀을 하셨는데 어떻게 협력하실 건가요?

사람들이 그래요. "당신 위선자 아니냐. 당신 같은 사람은 그저 성서 보고 신학책 읽고 기도 드리면 됐지 왜 교회 나가서 나 예수 믿는다고 떠드느냐, 차라리 무교회주의자가 되지." 그때 내가 비유로 말했어요.

「워싱턴 포스트」지에서 사람들이 정말 음악을 알아듣는 귀가 있나를 시험한 적이 있습니다. 세계 최고의 바이올리니스트 조슈아 벨Joshua Bell에게, 거리의 악사처럼 허름한 옷을 입고 3백5십만 달러짜리 스트라디바리우스를 시시한 깽깽이처럼 들고 연주해보라고 한 겁니다. 자기네가 지식인입네 하는 사람들이 가장 많이 다니는 워싱턴 랑팡 플라자L'Enfant Plaza 지하철역에서 말이죠. 조슈아 벨은 연주회 입장권이 수천 달러나 하는 스타니까 사람들이 사인해달라고 마구 덤비면 어떡하나 걱정하기까지 했지요. 아침 7시 50분부터 약 45분 동안 출근시간에 바이올린을 연주했는데 조슈아 벨을 알아보기는커녕 그 아름다운 음악을 귀담아 듣는 사람조차 없더랍니다.

다들 휴대전화로 통화하느라 정신이 없고 바빠 출근하느라고 걸음을 멈추는 사람도 없었어요. 일곱 사람만이 잠시 멈춰 서서 그의 음악을 들었다고 합니

다. 연주자가 조슈아 벨인지는 모르고 말이지요.

나는 그 얘기를 이렇게 풀이해주었습니다. 하나님은 우리 곁에 있다. 아름다운 하나님의 음악이 있는데 바빠 출근하기 위해 지하철을 타러 뛰어가느라고, 삿된 목적을 쫓느라고 그 목소리를 못 듣는 것뿐이다. 조슈아 벨이 길거리가 아니라 어마어마한 카네기홀에서 연주해봐라. 평소에 별 관심이 없던 사람도 워낙 유명한 사람의 연주이니 가서 듣고 감탄할 거 아니냐. 마찬가지다. 교회라는 게 음악으로 치면 극장이다. 교회는 어디에나 있지만 조슈아 벨 연주를 듣기 위해 티켓을 사서 들어가는 공간처럼 교회 역시 누구나 선망하는 하나님을 만나는 공간이다. 그렇게 얘기해주었습니다.

CBS 〈영화감독 이장호, 누군가를 만나다〉 중에서, 2007. 10. 25.

먼저 된 자 나중 되고, 나중 된 자 먼저 된다

지나온 지적인 삶을 결산하고 고해성사하듯 거듭난 어린아이처럼
새롭게 보는 자연, 인간, 사랑을 소박하게 써나가고 싶습니다.

5차 방정식이 인간의 한계를 깨닫게 해준 것처럼, 인간의 구원은 인간으로부터 오지 않고 하나님께로부터 온다는 깨달음이 결국 선생님께서 신앙을 갖게 된 계기가 된 것이군요.

다른 사람들은 세례까지 받았으니 신앙이 확실하다고 하지만, 솔직히 고백하자면 저는 아직 광야에서 헤매고 있습니다. 베드로가 예수님을 쫓아다니면서 평생 수제자 역할을 자처했지만 결국 예수님이 돌아가실 때 부정하고 도망갔잖아요. 눈으로 본 베드로도 그랬는데, 어떻게 제가 지금 자신 있게 신앙이 있다고 할 수 있겠습니까. 지금 제가 믿는 것은 예수님께서 하신 말씀입니다. 성경의 "먼저 된 자가 나중 되고, 나중 된 자가 먼저 된다"는 말씀입니다. 저는 먼저 된 자가 절대 될 수 없습니다. 하지만 늦게 들어가서 일을 해도 같은 돈을 주신다는 말씀이 저에게는 고마운 말씀입니다. 이 말씀을 안 하셨다면 제가 감히 이 나이에 '지성에서 영성으로'라는 말을 안 했을 것입니다. 성경에 이런 말씀이 있기 때문에 믿는 것입니다. 인간 논리에 맞는 이야기만 한다면 무엇 때문에 예수님을 믿습니까. 가룟 유다는 그렇게 생각했습니다. 예수님이 분명히 지상에 천국을 만들어주신다고 생각한 것입니다. 가룟 유다적 관점은 하나님의 질서가 아니라 지상에서 질서를 만들고 지상의 천국을 만들고자 한 것입니

다. 만일 그럴 생각이었다면 벌써 예수님이 빵을 만드셨을 것입니다. 마귀가 돌을 주고 빵을 만들라고 했을 때 벌써 만들었을 것입니다. 그리고 "내가 하나님의 아들이다"라고 했을 것입니다. 그렇게 하려면 왜 십자가에서 돌아가십니까? 복지사회 건설하고 소외된 자들을 구하고 배부르게 하는 것은 신의 권능이 없어도 됩니다. 그런데, 기독교는 그런 차원이 아닙니다. 예수님의 혁명은 지상의 혁명이 아닙니다. 빵의 혁명이 아닙니다. 제가 지금까지 예수님을 믿지 않았던 이유는 바로 그런 이유 때문입니다. 가난한 자에게 빵을 만들어주셨다면 벌써 믿었을 것입니다. 나와 가치가 다르고, 상관없는 사람이라고 생각했습니다. 그런데 평화를 얻고 굶주린 자에게 빵을 주는 것은 하나님의 역할이 아니라는 것을 알았습니다. 그건 인간이 할 수 있는 역할입니다. 인간이 해결할 수 있는 문제를 하나님께 구하지 말아야 합니다. 그건 스스로 노력해야 합니다. 그런데 인간의 힘으로는 도저히 안 되는 것이 있습니다. 바로 5차 방정식입니다. 그건 영성으로 해야 합니다. 바로 성경입니다. 생명의 떡인 성경입니다.

또 어려서부터 성경을 알았나니 성경은 능히 너로 하여금 그리스도 예수 안에 있는 믿음으로 말미암아 구원에 이르는 지혜가 있게 하느니라 (디모데후서 3:15)

『두란노 북리뷰』 2008년 7월호 〈저자와의 만남〉 인터뷰 중에서

문지방 위의 대화 6

지성을 넘어 영성의 두드림으로

자신이 문을 두드리지 않으면 하나님은 절대 열어주시지 않습니다.
지성이라고 하는 욕망이 두드리려고 하지 않기 때문에 안 열어주시는 것이지,
지성이 있는 사람이나 없는 사람이나 두드리면 다 열어주십니다.

우리 사회에서 지성의 대표적인 인물이 영성의 세계로 들어갔다는 것에 많은 의미를 두었던 것 같습니다. 그런데 신앙이 지성과 상치된다거나 대립되는 것은 아니지 않습니까?

그렇죠. 예수님이 세 가지 것을 믿게 하시지 않으셨습니까. 그중 하나가 인카네이션incarnation, 성육화된 육체를 가진 예수님입니다. 육체를 가졌다는 것은 감각을 가졌다는 것이고, 썩어지고 망가지고 소멸되는 예수님, 우리와 똑같은 예수님을 뜻합니다. 그것부터 믿으라고 하셨는데 그게 지성입니다. 반면 하나님의 아들로서의 예수님은 영체, 즉 영성이지요. 그것은 몸을 가진 사람으로서는 도저히 이해하지 못하는 것입니다. 자기 해체를 하지 않고서는, 지적인 내가 강하면 강할수록, 육체를 가진 예수님은 이해가 되지만 하나님의 아들이라는 것은 도저히 믿지 못하는 것이지요. 그런데 비교적 지적이지 않은 사람, 육체의 질서, 인간의 경험이라든지, 분석적 분해라든지 하는 것이 없는 사람들은 오히려 어떤 면에서는 쉽게 데파세dépasser, 즉 횡단할 수 있지요.

예수님은 어부들, 비천한 자, 죄인까지도 포용하시는데, 그게 설교하는 데에는 대단히 좋은 거예요. 이렇게 안 믿는 사람까지도 믿었는데 지적인 사람이라는 너희들이 왜 못 믿느냐? 이런 얘기지요. 지성이 있으면 예수님 못 믿는다는, 지성을

거부하는 듯한 이야기로 들리지만 사실은 아닙니다. 바울 같은 사람을 보면, 그토록 지적인 사람이 핍박을 하던 사람에서 가장 열렬한 사람으로 변하지 않습니까.

이처럼 지성 없이 영성으로 가느냐, 지성이 있으면 영성으로 못 가느냐 하는 토론은 무의미합니다. 지성이 있으면 못 믿는다, 모두 바울이 아니라 베드로처럼 돼야 한다, 어부는 되고 대학교수는 안 된다, 이렇지는 않습니다. 자신이 문을 두드리지 않으면 하나님은 절대 열어주시지 않습니다. 우리 인간에게 자유를 주셨기 때문입니다. 지성이라고 하는 욕망이 두드리려고 하지 않기 때문에 안 열어주시는 것이지, 지성이 있는 사람이나 없는 사람이나 두드리면 다 열어주십니다.

"그 나이에 뭐가 답답해서 세례받는 거냐?" 하고 묻는 질문에 이렇게 이야기하지요. "명예 달라면서 글을 썼더니 명예가 생기더라, 돈 벌려고 애쓰니까 되더라, 또 병 때문에 병원에 다니니까 나아지더라. 그런데 어느 날 너무도 외로워서 무엇을 하든 마음은 채워지지 않고, 세상에 나 혼자구나 싶었다." 일본에 갈 때 그랬거든요. 너무나 절실한 고독이 왔을 때, 절대 나는 하나밖에 없다고 생각했을 때, 즉 영혼이 갈구할 때, 목마를 때, 수돗물이든 1급수든 2급수든 보통 물로는 채울 수 없는 갈증을 느낄 때 어디로 갑니까? 물론 그런 영혼의 아픔과 갈증이 교회에 간다고 해결되진 않지요. 하지만 식당에 가면 만날 맛있는 음식, 입에 맞는 음식이 나오는 것은 아니지요. 그래도 배가 고프면 식당에 갈 수밖에요.

내 영혼이 하나님 곧 살아 계시는 하나님을 갈망하나니 내가 어느 때에 나아가서 하나님의 얼굴을 뵈올까 (시편 42:2)

CGNTV 〈백지연의 스터뷰〉 중에서, 2008. 3. 10.

문지방 위의 대화 7

주님의 뜻대로 하소서

혼자 너무 외로워서 못 살겠습니다.
당신이라면 당신이 내가 되고 내가 당신이 될 것 같습니다.

말씀하신 대로 따님의 이유도 있으셨겠지만, 어찌할 수 없는 존재적 외로움도 있으셨던 것 같은데요. 신앙으로 해서 이런 것을 얻고 싶다는 것이 있으신지요?

내 문학을 조금이라도 읽어본 분이라면 딸 때문에 신앙을 가지게 됐다는 것은 근인이라는 것을 아실 겁니다. 20대부터 나는 돈이나 가난, 또는 권력, 전쟁에서 비롯된 생명이나 안일에 대한 결핍에서 글을 쓴 것이 아닙니다. 절실한 고독, 내가 혼자라는 것에서 시작된 것이지요.

이것은 나만의 고독이 아니라 인간이라면 누구나 가지고 있는 고독입니다. 그래서 완벽한 사랑을 구하기 위해 우리는 문을 두드리는 것이지요. "혼자 너무 외로워서 못 살겠습니다. 당신이라면 'oneness'가 되고 'impartation'이 되어서, 당신이 내가 되고 내가 당신이 될 것 같습니다. 당신이 약속하지 않았습니까. 이 빵이 내 살이다, 이것을 먹으면 너와 나는 똑같이 된다고 약속하시지 않으셨습니까?" 이것이 우리가 구하고, 또 내가 구한 것입니다. 만약 이 세상에서 'oneness'가 될 수 있는 것이 존재한다면, 그게 꽃이든 구름이든 애인이든 그런 것이 이 세상에 존재한다면, 난 절대 세례를 받지 않을 겁니다. 그토록 많은 책을 쓰고, 또 어떤 글에서는 하나님한테 절대 양 잡아주지 말라고 선동한 사람이 이제 와서 왜 그러겠습니까?

   나는 아직도 문지방에 서 있습니다. 나는 한 번도 내가 착한 신도, 교인이라고 생각해본 적이 없습니다. 지금도 갈구하는 중이지요. 정말 하나가 되더냐고 묻는다면, 기도를 하니까 앵프라맹스, 그 아플 때 어머니의 차가운 손에서 느꼈던 영원히 찢을 수 없는 얇은 막이 찢기더냐고 묻는다면, 모른다고 대답할 뿐입니다. 소위 하나의 구제를 받은 사람, 진정 희열에 가득 찬 사람은, 'oneness'를 알게 된 사람은, 이 세상에 내가 혼자가 아니라는 확신을 가진 사람은, 밥을 굶든 먹든, 사랑을 하든 배신을 당하든, 어떤 제왕보다도 권력이 있고 어떤 부자보다도 부자인 것입니다. 아무것도 원하는 것이 없으니까요.

여호와의 말씀이니라 너희를 향한 나의 생각을 내가 아나니 평안이요 재앙이 아니니라 너희에게 미래와 희망을 주는 것이니라 (예레미야 29:11)

CGNTV 〈백지연의 사터뷰〉 중에서, 2008. 3. 10.

문지방 위의 대화 8

문명의 추위 이기려면
잃어버린 집단 지성부터 회복해야

다이아몬드 반지보다 남편이 결혼할 때 준 실반지가
더 소중하다는 걸 깨달으면 지옥이 천당이 됩니다.

지금 우리가 사는 시대를 문명의 추위라고 정의하셨는데요, 그걸 어떻게 회복할 수 있을까요?

살림은 부유해졌는데 마음은 오히려 예전보다 가난해졌어요. 자본주의 사회에선 열심히 일하면 잘살 줄 알았는데 그게 아니니까 혼란에 빠진 거죠. 희망의 봄, 노동의 여름, 수확의 가을을 지나 지금은 전 세계적으로 힘든 시기예요. 문명의 추위를 극복하기 위해선 집단 기억을 나누고 그 안에서 우리가 잃어버린 것을 회복하는 게 첫번째예요. 우리가 무엇을 잃어버렸죠? 불편하고 좁은 달동네에서도 이웃과 사이좋게 지냈는데, 지금은 편한 아파트에 살면서도 층간 소음 때문에 살인도 하잖아요. 우리만 그런 게 아니에요. 아프리카 산족들은 1만 년 가까이 마을을 중심으로 동그랗게 집을 짓고 광장 쪽으로 문을 내 공동생활을 했는데, 최근 화폐가 들어오면서부터 바깥쪽으로 문을 내기 시작했다고 하더군요. 서로 살림살이까지 훤히 알며 가족같이 지내던 사람들이 이젠 완전히 남남이 된 거죠. 공동체가 붕괴된 것은 말할 것도 없고요. 우리 사회가 가장 많이 잃어버린 것, 그리고 시급하게 되찾아야 할 것은 생명 존중과 사랑이에요.

아이가 배고프다고 엄마 젖을 무한대로 먹는 건 아닌 것처럼 인간의 물질적 욕망은 한계가 있어요. 욕망을 물질로 채우지 말고 정신으로 채워야 합니다. 욕망이라는 게 정신의 허기거든요. 아이들 키우는 것만 해도 그래요. 가만히 내버려두면 충분히 행복한데 '엄친아'니 뭐니 해서 자꾸 남과 비교하니까 불행해지는 거예요. 왜 아이들이 커서 모두 의사, 변호사가 돼야 합니까. 하워드 라인골드라는 미국 테크놀로지 분야의 대가는 자신의 책 서문에서 '내가 어려서 그림에 색칠을 할 때 선 바깥으로 나가도 야단치지 않았던 우리 어머니께 감사한다'고 했습니다. 부모가 자녀에게 어떤 존재여야 하는지를 보여주는 상징적인 이야기죠. 엄마들이 자녀가 일류 대학 좋은 과에 들어가라고 닦달하지 않고 밥을 굶든 말든 자신이 좋아하는 일을 하도록 내버려둔다면 우리나라가 세계 최고의 나라가 될 수 있을 것 같아요.

요즘 같은 무한경쟁 시대에 살아남으려면 도덕만으론 부족하지 않을까요? 남들보다 경쟁력도 있어야 하겠고, 스펙도 중요하잖아요.

'스펙'이란 말은 전자제품의 '사양'을 뜻하는 'specification'에서 유래한 거예요. 기기의 특성은 어떻고 메모리는 얼마고 하는. 그걸 사람에게 쓰고 있으니, 인간이 전자제품이 된 거예요. 옛날 사람들은 모든 것을 생명화했는데, 요즘 사람들은 생명이 있는 것도 물질화하는 경향이 있어요. 우리만 해도 하늘에서 비가 오면 '비가 오시네' 했는데, 요즘 사람들은 '이놈의 산성비' 하면서 귀찮아하지 않습니까. 물질적인 빈곤도 재앙이지만 모든 걸 물질화하는 것이야말로 재앙이에요. 칼 폴라니라는 학자는 '현대의 비극은 상품화할 수 없는 것을 상품화하는 데서 시작됐다'고 했죠. 생명을 상품화하고, 땅을 상품화하고. 아이들 기를 쓰고 공부시키는 것도 결국은 상품화시키려고 하는 것 아닌가요. 소유의 관점에서 자유로운 시각으로 보면 우리 모두 부자예요. 아침에 일어나 해돋이를 보고 새소리를 듣고 하는 것들이 얼마나 큰 행복입니까. 그런데 이런 걸 상품화하면 모두가 불행해지는 거죠. 이것만 알아도 인간이 그렇게까지는 비참해지지 않을 텐데. 지금까지 생명을 물질화했는데, 이제부터는 물질을 생명화해야 합니다. 루이뷔통 핸드백보다 어머니의 손때 묻은 가방이, 남의 손에 끼워진 다이아몬드 반지보다 남편이 결혼할 때 준 실반지가 더 소중하다는 걸 깨달으면 지옥이 천당이 됩니다.

『여성동아』 2013년 3월호 인터뷰 중에서

책을 마치며

- 이 책은 저자가 교토에서 머물렀던 세례를 받은 직후인 2007년까지, 저자의 일기와 강연, 저자와의 인터뷰, 신문 기사 등을 모아 정리한 내면의 기록입니다.

- 이 책은 2010년 4월 15일에 발행된 개정판(제3부의 강연 녹취 내용상의 오류를 전면 수정), 2010년 8월 13일에 발행된 신개정판(보다 세부적인 수정 및 보완), 2013년 11월 13일에 발행된 최신개정판(저자가 교토에서 쓴 일기를 토대로 하는 제1부에 내용을 더함)에 이은 개정신판입니다. 최신개정판에 빠졌던 이민아 목사님의 간증을 되살렸습니다.

지성에서 영성으로

초판	1쇄 발행 2010년 3월 10일	14쇄 발행	2010년 4월 13일
개정판	1쇄 발행 2010년 4월 15일	45쇄 발행	2010년 7월 26일
신개정판	1쇄 발행 2010년 8월 13일	83쇄 발행	2013년 6월 17일
최신개정판	1쇄 발행 2013년 11월 20일	9쇄 발행	2017년 4월 5일
개정신판	1쇄 발행 2017년 9월 5일	13쇄 발행	2022년 3월 28일

지은이 이어령
펴낸이 정중모
펴낸곳 도서출판 열림원

출판등록 1980년 5월 19일 (제406-2000-000204호)
주소 경기도 파주시 회동길 152
홈페이지 www.yolimwon.com
이메일 editor@yolimwon.com
전화 031-955-0700
팩스 031-955-0661
인스타그램 @yolimwon

ISBN 979-11-88047-17-8 03230

* 저자와 출판사의 서면 허락 없이 내용의 일부를 무단 인용하거나 발췌하는 것을 금합니다.
* 이 도서의 국립중앙도서관 출판예정도서목록은 서지정보유통시스템(seoji.nl.go.kr)과 국가자료공동목록시스템(nl.go.kr/kolisnet)에서 이용하실 수 있습니다. (CIP제어번호: CIP2017020233)
* 책값은 뒤표지에 있습니다. 잘못된 책은 구입하신 곳에서 교환해드립니다.

만든 이들_ 디자인 이승욱 최정윤